CÓDICE DE ALEPO

CÓDICE DE ALEPO

Em busca de um dos livros mais cobiçados, sagrados e misteriosos do mundo

Matti Friedman

Tradução | Maria do Carmo Zanini

martins Fontes
selo martins

Esta obra foi originalmente publicada em inglês sob o título *The Aleppo Codex* por Algonquin Books of Chapel Hill.

Publisher	Evandro Mendonça Martins Fontes
Coordenação editorial	Vanessa Faleck
Produção editorial	Carolina Cordeiro Lopes
Preparação	Lucas Torrisi
Revisão	Renata Sangeon Bárbara Parente Ubiratan Bueno

Dados Internacionais de Catalogação na Publicação (CIP)
Angélica Ilacqua CRB-8/7057

Friedman, Matti
Códice de Alepo : em busca de um dos livros mais cobiçados, sagrados e misteriosos do mundo / Matti Friedman ; tradução de Maria do Carmo Zanini. – São Paulo : Martins Fontes – selo Martins, 2022.
320 p.

Bibliografia
ISBN 978-65-5554-015-4
Título original: The Aleppo Codex: In Pursuit of One of the World's Most Coveted, Sacred, and Mysterious Books

1. Bíblia – História 2. Códice de Alepo - História I. Título II. Zanini, Maria do Carmo

22-1355 CDD 221.4

Índice para catálogo sistemático:
1. Bíblia – História

Av. Dr. Arnaldo, 2076
01255-000 São Paulo SP Brasil
Tel.: (11) 3116 0000
info@emartinsfontes.com.br
www.emartinsfontes.com.br

A meus pais, Imogene e Raphael Zev,
e à minha esposa, Naama

Até então tinha pensado que cada livro falava das coisas, humanas ou divinas, que estão fora dos livros. Agora apercebia-me que, não raro, os livros falam dos livros, ou melhor, é como se falassem entre si. À luz dessa reflexão, a biblioteca pareceu-me ainda mais inquietante. Era, portanto, o lugar de um longo e secular sussurro, de um diálogo imperceptível entre pergaminhos e pergaminhos, uma coisa viva, um receptáculo de poderes que uma mente humana não podia dominar, tesouro de segredos emanados de tantas mentes, e sobrevivendo à morte daqueles que os tinham produzido ou deles se tinham feito mensageiros.

— Umberto Eco, *O nome da rosa*

Esta é uma obra de não ficção. Citações provenientes de documentos, gravações e minhas próprias entrevistas aparecem entre aspas, mas não as citações que correspondem a reminiscências dos entrevistados, em reconhecimento à imprecisão da memória. As notas de fim informam as fontes.

SUMÁRIO

DRAMATIS PERSONAE

ASHER BAGHDADI: *shamash** da grande sinagoga de Alepo.

BAHIYEH BAGHDADI: filha do *shamash*.

SHAHOUD BAGHDADI: filho do *shamash*.

DAVID BARTOV: chefe de gabinete do presidente Ben-Zvi.

ITZHAK BEN-ZVI: segundo presidente de Israel (1952-63), estudioso e fundador do Instituto Ben-Zvi.

MEIR BENAYAHU: assistente de Ben-Zvi e primeiro diretor do instituto.

UMBERTO CASSUTO: professor universitário e especialista na Bíblia enviado a Alepo em 1943 para estudar o códice.

ITZJAK CHEHEBAR: rabino eminente que fugiu de Alepo em 1952 e acabou liderando a comunidade no exílio em Buenos Aires até sua morte, em 1990.

EDMOND COHEN: contador, natural de Alepo, responsável por esconder o códice na década de 1950.

IBRAHIM EFFENDI COHEN: comerciante têxtil de Alepo, responsável por esconder o códice e tio de Edmond Cohen.

MOSHE COHEN: filho de Edmond Cohen, fugiu da Síria em 1972.

MURAD FAHAM: o mercador de queijos alepino que contrabandeou o códice para Israel.

* O *shamash* é um funcionário religioso com muitos deveres em uma sinagoga, entre eles, a supervisão dos serviços diários e a manutenção dos livros de orações e objetos rituais da sinagoga [N. E.]

EZRA KASSIN: ex-investigador militar israelense e detetive amador especialista no códice.

SHLOMO MOUSSAIEFF: magnata das joias e famoso colecionador de artefatos e manuscritos antigos.

YITZHAK PESSEL: agente israelense lotado em Istambul, responsável pela rota de imigração Síria-Turquia-Israel na década de 1950.

AMNON SHAMOSH: romancista israelense, natural de Alepo, que escreveu a primeira história do códice.

ISAAC SHAMOSH: estudioso enviado a Alepo em 1943 com o intuito de levar o códice para Jerusalém e irmão de Amnon Shamosh.

ISAAC SILO (pseudônimo): habitante de Alexandreta, Turquia, e agente de imigração israelense desde os anos 1940 até sua morte, na década de 1970.

SHLOMO ZALMAN SHRAGAI: diretor da rede global de imigração israelense na década de 1950.

RAFI SUTTON: ex-agente do Mossad, natural de Alepo, que conduziu uma investigação particular sobre o códice.

MOSHE (MUSSA) TAWIL: o rabino-chefe de Alepo que decidiu mandar o códice para Israel.

SALIM (SHLOMO) ZAAFRANI: rabino de Alepo que, juntamente com Tawil, mandou o códice para Israel.

INTRODUÇÃO

Entre julho e agosto de 2008, numa sala escura no subsolo do Museu Nacional de Israel em Jerusalém, encontrei um dos livros mais importantes do planeta. Nunca tinha ouvido falar dele. Um lance sinuoso de escada mais acima, num santuário tranquilo dedicado aos Manuscritos do Mar Morto, turistas suficientes para encher um ou dois ônibus passavam reverentes e em fila pelas vitrines que continham os célebres pergaminhos de Qumran, mas, na galeria logo abaixo, eu era o único visitante.

Longe do centro da exposição e mal iluminado, abria-se um volume considerável. A primeira coisa que me impressionou foi seu ar de dignidade, que se recusava a implorar atenção: o livro não ostentava laminação a ouro nem uma encadernação elaborada, não havia iluminuras em lápis-lazúli ou púrpura, nada além de linhas e mais linhas de uma caligrafia hebraica meticulosa em tinta castanho-escura sobre o pergaminho ligeiramente mais claro, 28 linhas por coluna, três colunas por página. As margens traziam anotações diminutas, acrescentadas por uma outra pessoa. Estava aberto no Livro de Isaías. Os letreiros informavam que o volume era, simplesmente, o exemplar mais perfeito da Bíblia hebraica, a versão inigualável e oficial – para os judeus crentes – da palavra de Deus, como esta foi enviada ao mundo dos homens no idioma que eles compreendiam. Esse tesouro solitário e viajante milenar era o Códice de

Alepo e acabaria tomando boa parte da minha vida nos quatro anos seguintes.

Fiquei intrigado com o pouco que sabia sobre a história do manuscrito e a estranha justaposição de importância e anonimato que o caracterizava e, alguns meses depois de minha primeira visita, entre uma e outra tarefa jornalística como repórter do escritório da Associated Press em Jerusalém – na época, tratava-se de transmitir eletronicamente notícias esporádicas sobre o Oriente Médio, descrevendo as incessantes e infrutíferas manobras políticas e a ocasional carnificina –, arranjei algum tempo para tentar escrever pela primeira vez a respeito dele. No meu entendimento de então, esta era a história do manuscrito: o livro passou séculos escondido na grande sinagoga de Alepo, Síria, onde ficou conhecido como a Coroa de Alepo ou, simplesmente, a Coroa. Foi danificado no incêndio provocado pelos árabes durante uma revolta em 1947, guardado em segredo, contrabandeado para o novo Estado de Israel pelos judeus alepinos quando sua comunidade desapareceu e, em 1958, confiado ao presidente do país, fechando-se, assim, nas palavras de uma das versões oficiais da história, "um ciclo". O volume encadernado de fólios de pergaminho – um códice – fora mantido intacto durante centenas de anos, mas muitas folhas haviam desaparecido misteriosamente por ocasião do incêndio na sinagoga. E isso impedia os estudiosos de recriar o texto perfeito da Bíblia, pois a Coroa nunca havia sido fotografada e não existiam cópias conhecidas. Havia algumas teorias vagas sobre o destino dessas páginas, coisa que relatei por dever profissional, assim como uma nova tentativa de encontrá-las por parte dos curadores do códice, estudiosos do prestigiado Instituto Ben-Zvi de Jerusalém. Li uma parte do material disponível sobre o manuscrito, entrevistei vários eruditos e submeti um artigo de 1.300 palavras a um editor da AP de Nova York.

À época da publicação do artigo, eu não reconhecia ainda a verdadeira implicação do sumiço das páginas da Coroa: um mistério real cujas pistas ainda se escondiam em caixas de documentos esquecidas e mentes idosas. Tampouco enxergava que havia mais um mistério oculto nessa história, algo que viria a ser tão interessante quanto o primeiro: como foi exatamente que o códice saiu de uma gruta escura em Alepo e chegou a Jerusalém? Eu não imaginava, na época, que algo tão antigo pudesse ainda guardar tantas novidades e certamente não me ocorreu que a verdadeira história do manuscrito nunca tivesse sido contada.

Bem que eu gostaria de dizer que notei algo errado na história do códice e que por isso me peguei pensando, meses depois, no volume que tinha visto no museu. Mas nada percebi e, quando de fato comecei a trabalhar neste livro, eu ainda imaginava um relato edificante e descomplicado sobre a recuperação de um artefato cultural que entremeava séculos de história com cores vivas e sobre como ele voltou para casa. Meu sentido de jornalista, uma espécie de zumbido mental que me alertava para a presença de matérias ocultas, só começou a apitar depois que passei alguns meses desconcertantes dando com a cara em portas trancadas.

Encontrei-me com o diretor do Instituto Ben-Zvi, uma organização acadêmica estatal que leva o nome do homem que recebeu o manuscrito quando este chegou a Israel: Itzhak Ben-Zvi, etnógrafo, historiador e presidente do país de 1952 a 1963. O manuscrito está a salvo no Museu Nacional, mas o instituto do presidente já falecido, localizado numa área arborizada de um bairro tranquilo de Jerusalém e dedicado a estudar as comunidades judaicas do Oriente, ainda é o guardião oficial. O tal acadêmico, um homem cortês e cauteloso, deu-me bastante corda e, assim que deixei para trás as generalidades e pedi acesso aos documentos do arquivo do instituto que diziam respeito à Coroa, ele parou de responder aos meus *e-mails*.

Tentando detalhar o que acontecera ao manuscrito desde o incêndio na sinagoga de Alepo em 1947, encontrei um livro em hebraico publicado pelo instituto nos anos 1980. Apesar de narrar com riqueza de detalhes a história da Coroa até 1947, era estranhamente obscuro e contraditório em relação a tudo que acontecera de lá para cá. Fiquei com a impressão – que só aumentava a cada página que eu lia – de que o autor fazia o possível para esconder uma ou várias coisas, e fechei o livro com a sensação inquietante de que sabia menos então do que ao abri-lo.

Liguei para um outro funcionário do instituto e contei que minha intenção era escrever um livro sobre a Coroa de Alepo. "Já existe um livro", ele disse.

Fiquei sabendo de um julgamento que ocorrera em Jerusalém mais de cinquenta anos antes e que, pelo jeito, estava ligado de alguma maneira ao manuscrito. Então descobri que, aparentemente, ninguém tinha os registros oficiais do processo.

Liguei para um dos principais especialistas em manuscritos hebraicos do mundo, um ex-diretor da Biblioteca Nacional de Israel, e, ao me apresentar, mencionei por acaso uma "página" da Coroa. "*Página*, não", disse o bibliotecário, com a mordacidade do desdém na voz. "*Folha*." Se eu não sabia a diferença, talvez fosse melhor escrever sobre outra coisa... Parecia querer dizer que um leigo não tinha o direito de escarafunchar essa história (no linguajar técnico dos bibliotecários, página é um dos lados da folha; fora dos meios acadêmicos, as duas palavras indicam a mesma coisa, e eu as uso como sinônimas neste livro). Então me sugeriu vários artigos para ler, todos escritos por ele, e desligou.

Aos poucos, fui descobrindo uma subcultura de pessoas fascinadas pela Coroa e sua história, estudiosos, colecionadores e judeus alepinos no exílio que se mostravam solícitos à menor menção à obra. Passei a pensar neles como uma espécie de contracultura do Códice de Alepo.

Fui a uma lojinha abarrotada de livros em hebraico nas proximidades da feira livre de Jerusalém Ocidental. Haviam me dito que o proprietário era um judeu alepino que talvez tivesse informações sobre o manuscrito. O livreiro, um homem barbado e de solidéu preto, pediu desculpas: não tinha como me ajudar. Ele também fizera perguntas, todas em vão. "Na comunidade de Alepo, há um pacto de silêncio sobre a Coroa", afirmou.

Ouvi boatos de que agentes do Mossad, o serviço secreto de inteligência israelense, estariam envolvidos, daí contatei um velho espião com quem fizera amizade ao trabalhar numa matéria para a AP, um ex-chefe do Mossad em Beirute e Teerã que agora passava os dias andando de chinelas de um lado para outro num apartamento em Tel Aviv. "Você vai querer falar com Rafi Sutton", ele me disse. Sutton, natural de Alepo e com quase oitenta anos, era um veterano do Mossad e de vários outros ramos do serviço de inteligência israelense. Vinte anos antes, depois de se aposentar como espião profissional, Sutton conduzira sua própria investigação sobre a história recente da Coroa.

Em um de nossos primeiros encontros, ele largou uma pasta de arquivo volumosa sobre a mesinha de centro, reclinou-se e me lançou um olhar de interrogador tão apurado que quase senti seus dedos grossos vasculhando meu cérebro. "O que você sabe?", perguntou, e fez pouco da minha resposta. Eu sabia nada. "A história toda está aqui", disse, inclinando a cabeça na direção da pasta de arquivo, com a ponta do nariz imponente deixando para trás o brilho desconcertante de seu sorriso para indicar um tufo de pelos brancos que lhe brotava do abrigo de malha. Acontece que espiões nunca entregam a informação de graça. A pasta era um recurso de cena, um chamariz, e, por ora, ele não tinha a menor intenção de me deixar ver o que havia lá dentro.

Por meio de meus contatos na contracultura do Códice de Alepo, conheci Ezra Kassin, um homem de quarenta e poucos anos capaz de descrever minuciosamente a grande sinagoga de Alepo e a gruta onde a Coroa se escondia. Mas ele nunca havia colocado os pés lá: vinha de uma família de judeus alepinos e nascera em Israel, onde servira como investigador da polícia do exército e, posteriormente, dirigira um centro de estudos de misticismo judaico. Kassin tinha uma preocupação quase obsessiva com as páginas desaparecidas da Coroa, como se a reconstituição do livro pudesse reunir as peças de algo muito mais importante. À semelhança de Rafi Sutton, o ex-agente do Mossad, Kassin conduzira sua própria investigação amadora sobre a Coroa, documentando-a em fichários e arquivos de computador que ele guardava na casa que dividia com a esposa e um filho de dois anos.

"Escute", ele me disse ao nos encontrarmos num café, "você está prestes a entrar num campo minado." Concordei de cabeça e fingi entender do que ele estava falando. Ele fez que não. Eu não fazia ideia.

"É um galinheiro guardado por arapucas, ciladas, miragens e raposas", ele me revelou. "É só dizer a coisa errada para a pessoa errada e outras dez portas vão se fechar na sua cara." Levou a caneca de *cappuccino* aos lábios, desfrutando o momento.

Minha primeira visita à galeria do Museu Nacional de Israel deveria ter me preparado para o que ainda viria. O volume que vi aberto no Livro de Isaías, o mesmo que me lançou nesta empreitada, não era a Coroa de Alepo. Apenas as duas páginas de cima eram verdadeiras e repousavam sobre um tomo falso engenhosamente providenciado para lembrar o original. Por razões de conservação e segurança, como eu viria a descobrir mais tarde, o resto do manuscrito estava guardado num cofre em outro ponto do edifício. O acesso exigia três chaves diferentes, um cartão magnético e um código secreto. No interior da vitrine havia um truque museográfico que dava aos visitantes a sensação de estar diante da coisa real: como tantos outros elementos desta história, era um artifício conveniente.

Com persistência, as portas foram se abrindo. A história começa no momento em que algo novo nascia e algo muito antigo chegava ao fim e se desenrola entre duas cidades não muito distantes uma da outra – Alepo e Jerusalém –, espalhando-se para outras cidades em outros continentes. A princípio, achei que o tema da matéria era o poder de um grande livro, e ainda é isso, mas de uma maneira muito mais sombria do que fora minha intenção original. Considerando-se a compreensão clara e devastadora da natureza humana contida nas páginas da Coroa, seria até perdoável – acredite-se que as palavras da Bíblia sejam proféticas ou meramente sábias – encarar este relato como o de um livro que previu a própria sina.

Passei a crer que os mistérios irmãos da Coroa estivessem interligados, ambos relacionados à má vontade que enfrentei para arrancar a verdade das pessoas ou até mesmo para que discorressem sobre as andanças do manuscrito no século XX. Trata-se de uma história real, e não de um romance policial bem amarrado, e, entre os instrumentos necessários para encontrar a solução definitiva para o primeiro mistério, o das páginas desaparecidas, teríamos intimações judiciais e uma máquina do tempo. Eu sabia que a certeza seria necessariamente esquiva. Ainda assim, cheguei mais longe do que imaginara possível no começo e descobri uma quantidade considerável de informações surpreendentes, coisas que pouca gente conhecia, que nunca haviam sido publicadas e que me permitiram delinear os contornos de uma resposta. A solução para o segundo mistério – como exatamente o livro foi parar onde acabou parando – é narrada neste livro, pela primeira vez na íntegra.

Ao discutir a busca pelo verdadeiro conhecimento oculto na Bíblia, o grande médico e filósofo Moisés Maimônides, alguém que o leitor em breve encontrará no Cairo do século XII, escreveu:

> Que não se pense que estes grandes segredos sejam plena e completamente conhecidos por qualquer um de nós. Não são. Por vezes, porém, a verdade nos ilumina brevemente e chegamos a

pensar que é dia, e então a matéria e o hábito em suas várias formas voltam a escondê-la e nos vemos mais uma vez na noite escura, quase como nos víamos no princípio. Somos semelhantes a alguém que, na noite tenebrosa, o relâmpago ilumina de tempos em tempos.

Maimônides – que recorreu ao códice do qual tratamos ao preparar seu trabalho brilhante e mais duradouro sobre o direito judaico – referia-se a questões mais grandiosas do que a investigação jornalística, mas eu me peguei repassando suas palavras ao tentar elucidar o que acontecera ao livro. No começo, os escassos fragmentos de informação que fui capaz de reunir não pareciam sugerir uma explicação inteligível, mas, aos poucos, minha investigação passou a dar frutos, e consegui jogar luz sobre a sina do códice. Está além de minhas capacidades restaurar as peças desaparecidas da Coroa de Alepo, mas descobri que várias peças ausentes nesta história só aguardavam que alguém as recuperasse.

Este livro começou como um projeto motivado pela curiosidade. No entanto, à medida que os fatos se revelavam cada vez mais truncados e decepcionantes, à medida que eu aprimorava minha capacidade de garimpar segredos em pastas de arquivo e começava a passar boa parte do meu tempo com idosos, recolhendo lembranças que se desfaziam feito pergaminho chamuscado, acabei descobrindo outra motivação. Se não havia como restaurar a integridade da Coroa de Alepo, seria preciso fazer o possível para que sua história fosse reconstituída. Devíamos isso às pessoas que a escreveram, leram, fizeram juras em seu nome e a protegeram com a própria vida no decorrer de dez séculos.

Primeira Parte

..... 1 .....

Flushing Meadow

As primeiras limusines foram parando ao lado das árvores sem folhas e de um verdadeiro pomar de mastros e bandeiras em Flushing Meadow, nos arredores de Nova York, despejando os passageiros num edifício cinzento que abrigara outrora um rinque de patinação. A multidão se aglomerava do lado de fora, no frio. Lá dentro, um auditório se enchia de espectadores e delegados. Era 29 de novembro de 1947, um sábado à tarde.

As imagens granulosas captadas em filme naquele dia mostram homens de paletó sentados em fileiras diante de uma plataforma elevada onde três dignitários davam as costas para uma pintura gigantesca do globo. Assistentes iam e vinham, deixando a plataforma com maços de papel nas mãos e, no rosto, expressões dignas da solenidade da ocasião: os representantes enviados a essa nova organização mundial, as Nações Unidas, estavam prestes a mudar os rumos da história com uma simples votação.

"Vamos começar", disse o homem do meio – era o diplomata que presidia a assembleia, um brasileiro – e um microfone prateado sobre a plataforma captou as palavras em inglês, pronunciadas com sotaque, transmitindo-as para os operários judeus das confecções que se acotovelavam em volta de aparelhos de rádio no Lower East Side de Manhattan, cruzando o Atlântico para chegar aos campos de refugiados da Segunda Guerra Mundial, que mal terminara dois anos antes, e rumo ao Oriente, alcançando os estudantes árabes em Damasco, os mercadores de Jafa e do Cairo, os lojistas da arenosa Tel Aviv, uma cidade que não tinha sequer trinta anos. Alguns deles já tinham os lápis de prontidão para anotar os votos. A maioria de dois terços faria com que a Palestina, governada pelos britânicos desde 1917, fosse dividida em dois Estados, um para os judeus, outro para os árabes. A votação se deu após meses de diplomacia desesperada e política de intimidação influenciada pelo horror dos últimos acontecimentos na Europa. Para os defensores do movimento nacionalista judaico, o sionismo, a aprovação da resolução faria justiça a um povo perseguido e seria a concretização de um sonho bimilenário de renascimento nacional. Para os árabes da Palestina e dos países vizinhos, seria a imposição de uma entidade estrangeira no coração do Oriente Médio, uma humilhação insuportável e a certeza de uma guerra.

No norte da Síria, a quase 10 mil quilômetros de Nova York, era noite. Um aviador que chegasse do ocidente, cruzando a tela plana do Mediterrâneo, avistaria primeiro a lua cheia daquela noite refletida na água, em seguida uma vastidão escura de pastagens tribais e campos cultivados que se estendiam continente adentro, rumo ao Eufrates e aos desertos do interior. Alepo surgiria lá embaixo como um aglomerado de luzes no ponto de encontro de ferrovias e rodovias convergentes, vindas de todas as direções, uma cidade que se expandia em torno das ruas centrais do bazar, perto da massa em ruínas da Cidadela. Lá embaixo, naquelas ruas, com as lojas agora fechadas, as mulheres do *manzul* recebiam os clientes, os homens se deixavam afundar na fumaça dos cafés, feito mergulhadores em alto-mar, com tubos entre os lábios, inalando o oxigênio perfumado dos narguilés. Passagens labirínticas partiam dos arredores da Cidade Antiga e levavam ao bairro onde os judeus sempre viveram, e, no centro desse bairro, atrás de muros altos, ficava a grande sinagoga. Dentro da sinagoga, no fim de um corredor, descendo-se alguns degraus, havia uma gruta escura. Na gruta, jazia um cofre de ferro com duas fechaduras, e, dentro do cofre, ficava o livro.

Em Alepo, o *shamash* da grande sinagoga – Asher Baghdadi era o nome dele –, um homem magro de túnica longa, deveria estar fazendo a ronda àquela altura, terminando o *shabat* e depois da saída dos últimos congregantes, percorrendo as salas como de costume, atravessando o pátio onde se faziam as preces no verão, passando pela gruta conhecida como a Caverna do Profeta Elias, que abrigava o cofre. A dupla fechadura era uma precaução a mais, desta vez contra os próprios guardiões do tesouro, pois exigia que os dois anciões a quem as chaves foram confiadas estivessem presentes e de olho um no outro quando se abrisse o cofre. E isso raramente acontecia. O *shamash* não era tão importante para que lhe coubesse uma daquelas chaves, mas ele tinha de fato uma chave de ferro, que abria o portão da sinagoga e era do tamanho do antebraço de uma menininha. O *shamash* cruzava uma passagem estreita e subia três lances de escada até sua casa, cujas janelas davam para o pátio deserto do edifício que acabara de deixar. Lampiões de querosene bruxuleavam nas vielas.

Boa parte dos judeus de Alepo, pelo jeito, fazia apenas uma vaga ideia do que acontecia em Flushing Meadow. Muitos acreditavam que a Palestina pouco tinha a ver com eles, e somente alguns felizardos possuíam um rádio. Entre aqueles que compreendiam a gravidade dos acontecimentos estava Rafi Sutton, então com quinze anos, o espião aposentado que eu viria a conhecer seis décadas mais tarde. Rafi estava na sala de estar de sua casa, num bairro moderno que abrigava os judeus, muçulmanos e cristãos de classe média que haviam fugido da aglomeração e da pobreza da Cidade Antiga. Acompanhado pelos pais e as irmãs, sentava-se ao lado de um rádio Zenith acomodado num gabinete de madeira.

Na transmissão de Flushing Meadow, a voz monótona de um norte-americano substituiu a do brasileiro. A nova voz começou a ler uma lista.

"Afeganistão?", perguntou, repetindo em seguida a resposta inaudível da assembleia: "Não."

"Argentina", disse. "Argentina? Abstenção."

"Austrália? Sim."

Dias e semanas antes da votação, os líderes e diplomatas árabes haviam abandonado as ameaças de erradicar à força o enclave israelita na Palestina e passaram a ameaçar os judeus do vulnerável arquipélago da Diáspora que se estendia pelo Islã: Bagdá, Alepo, Alexandria, Túnis, Casablanca. Havia 800 mil judeus em países árabes e outros 200 mil em estados islâmicos não árabes, como o Irã e a Turquia. A maioria dessas pessoas não era sionista, mas isso não importava: agora eram reféns. "Um milhão de judeus em países muçulmanos terão suas vidas ameaçadas pelo estabelecimento de um Estado israelita", alertou um representante egípcio. Se a resolução fosse acatada, dissera o primeiro-ministro do Irã, "medidas severas seriam tomadas contra os judeus em países árabes". A situação dos judeus em territórios árabes poderia se tornar "muito precária", um delegado árabe da Palestina lembrara a todos. Alegou que, mesmo que os governos árabes fizessem o possível para protegê-los, "os governos, em geral, se veem incapazes de impedir a agitação e a violência da turba".

"El Salvador?", continuou a voz do norte-americano. "Abstenção."

"Etiópia? Abstenção."

"França?"

No recinto em Flushing Meadow, várias pessoas prenderam o fôlego: os franceses andavam indecisos e esperava-se que se abstivessem.

"Sim", disse a voz do norte-americano, e o auditório irrompeu em vivas impetuosos.

"A empolgação se materializou como dor física", lembrou um delegado sionista ali presente.

O rádio de Rafi emitiu o som de uma batida: era o brasileiro pedindo ordem com seu martelinho, lá do outro lado do Atlântico. Rafi e os pais estavam preocupados com os três irmãos mais velhos do garoto, que haviam saído de casa para se juntar ao projeto sionista na Palestina anos antes, irmãos a quem Rafi conhecia basicamente pelas cartas que enviavam. A mãe dele, que era analfabeta, o fazia ler as cartas em voz alta antes de enfiar as fotografias de rapazes bronzeados, inclusas nos envelopes, na moldura de madeira do espelho do guarda-roupa. Os Sutton ainda não estavam preocupados consigo mesmos.

"Ucrânia?", ouviu-se a voz do norte-americano. "Sim."

"África do Sul? Sim."

"União Soviética? Sim."

"Reino Unido? Abstenção."

"Estados Unidos? Sim", disse o norte-americano.

Terminada a votação, o brasileiro voltou a bater seu martelinho. Os presentes o viram colocar os óculos. "Quando ele falou", lembraria mais tarde um dos representantes judeus, "fomos tomados por um sentimento que só se apodera de um homem uma vez na vida. Lá no alto, parecíamos ouvir o bater das asas da história."

O diplomata brasileiro passou a ler uma folha de papel. "A resolução da Comissão Especial para a Palestina foi acatada com 33 votos a favor, 13 contra e 10 abstenções." Gritos irromperam do salão.

Na Jerusalém britânica, a multidão foi para as ruas. Caminhões com alto-falantes circularam pelo setor judeu, acordando as pessoas para a comemoração, e os funcionários de uma vinícola rolaram um barril até o centro da cidade e começaram a distribuir gratuitamente a bebida. Golda Meir, futura primeira-ministra israelense, discursou para os convivas da sacada do prédio baixo que abrigava a sede da Agência Judaica, a liderança sionista na Palestina. "Faz 2 mil anos que esperamos nossa libertação. Agora que chegou, o momento é tão formidável e maravilhoso que não há palavras humanas para descrevê-lo. Judeus, *mazel tov*!"

Os líderes e diplomatas árabes responderam com ira aturdida. "Meu país jamais reconhecerá essa decisão", avisou o representante da Síria junto às Nações Unidas antes de ele mesmo e outros delegados árabes deixarem a assembleia em protesto. "Jamais aceitará de bom grado a responsabilidade por isso. Que outros, e não nós, arquem com as consequências." Logo os clérigos do seminário islâmico de Al-Azhar, no Cairo, publicariam uma nota conclamando um "*jihad* global em defesa da Palestina árabe". A divisão síria da Irmandade Muçulmana repetiria a convocação para a guerra santa, afirmando que a batalha seria de "vida ou morte" para os árabes, "que o povo mais vil, corrupto, traiçoeiro e destrutivo desejava conquistar e desalojar".

Em Alepo, os pais de Rafi Sutton desligaram o rádio. Lá fora, nas ruas, não se ouvia um pio. Nada havia mudado. Ainda.

Na antiga sinagoga onde a Coroa era guardada havia 200 mil noites, aquela noite, que seria a última, em nada pareceu diferente.

A Coroa chegara à sinagoga vinda de um mundo em que se travavam guerras com espadas e flechas, um mundo que, a oeste, não ultrapassava o litoral do Atlântico. Fosse lá o que tivesse mudado fora da gruta da Coroa desde então, seus zeladores ainda provinham de sucessivas gerações de judeus da mesmíssima colônia da Diáspora, que já existia antes da origem do Islã ou do cristianismo. Os judeus alepinos juravam sobre a Coroa, acendiam velas em sua gruta e oravam ali pela saúde dos doentes. Cada geração ampliava a rede de histórias que cercavam e protegiam o tesouro, mesmo que praticamente nenhum de seus adoradores tivesse posto os olhos nele. A moral dessas histórias era sempre a mesma. Certa vez, tempos atrás, contava uma delas, os anciões tiraram a Coroa da sinagoga, e uma peste logo afligiu os judeus, aplacando-se somente quando a Coroa foi devolvida. Num outro conto, a Coroa também era removida, apenas para reaparecer milagrosamente no seu devido lugar. Se algum mal ocorresse ao tesouro, de acordo com tradições de grande antiguidade e importância, ou mesmo se o livro chegasse um dia a deixar a sinagoga, a comunidade estaria condenada. Provavelmente fantasioso, muitos admitem hoje, tempos depois dos acontecimentos em questão, mas, ato contínuo, eles destacam invariavelmente que, no fim das contas, foi isso mesmo que ocorreu.

Uma inscrição no livro diz o seguinte:

> Bendito aquele que a preserva,
> maldito aquele que a rouba,
> maldito aquele que a vende,
> maldito aquele que a penhora.
> Não se pode vendê-la nem aviltá-la para sempre.

Os delegados em Flushing Meadow desencadearam os acontecimentos que levariam a uma guerra na Palestina, a uma vitória dos judeus e ao nascimento do Estado de Israel. São fatos bem conhecidos. Mas também colocaram em andamento uma cadeia de acontecimentos bem diferente e que poucos conhecem: a história da Coroa de Alepo, que precisa ser resgatada depois de décadas de negligência, mito e fraude deliberada.

..... 2 .....

Alepo

Alepo acordou cautelosa no dia seguinte à votação.

Numa manhã qualquer, o *shamash*, Asher Baghdadi, talvez deixasse o pequeno apartamento ao lado da sinagoga e andasse até o mercado para comprar pão sírio com gergelim ou um pote de *sahlab*, uma bebida doce feita com leite, salepo, canela e nozes picadas. Sua filha, Bahiyeh, que me contaria isso anos depois, aparece numa fotografia de família dos anos 1940: uma criança bochechuda e de olhar desconfiado. Quando me vi sentado em sua sala de estar, ela já era avó e fumava um cigarro atrás do outro, usava calças compridas e tamancos de borracha. Vivia num outro país, falava uma outra língua e era conhecida por outro nome. Olhando para a luminária comum aparafusada no seu teto numa cidadezinha ao sul de Tel Aviv, ela descreveu os lustres de cristal que via na infância ao acompanhar o pai em suas rondas pela grande sinagoga. Ela se lembrava de ruídos estranhos e salas secretas, e de um determinado ponto onde costumava se posicionar para sentir uma misteriosa corrente de ar frio. O papel de Bahiyeh nesta história é pequeno, mas passei a vê-la – suas lembranças de menina, o idioma árabe quase esquecido e a geladeira abastecida de receitas sírias – como um vestígio imaculado da Alepo judaica, um mundo que acabou quando ela tinha onze anos.

Bahiyeh e uma combinação variável de seus doze irmãos e irmãs acordavam todos os dias sobre os colchões estirados no chão e comiam pão com mel de tâmaras ou a geleia que a mãe fazia deixando damascos sob uma chapa de vidro no telhado. Então todos desciam a escada e ganhavam as ruas de sua cidade. Mas não naquela manhã.

Numa das ruas da Cidade Antiga, não muito longe dali, Murad Faham percorria o caminho entre sua casa e o bazar quando encontrou um conhecido, que lhe fez um alerta. Faham era um mercador de queijos que beirava os quarenta anos. Como muitos judeus da cidade, ele ainda não ouvira as notícias vindas de Flushing Meadow e da Palestina, onde o conflito já irrompera naquela manhã. O relato desses acontecimentos, do ponto de vista de Faham, encontra-se em reminiscências orais que seriam gravadas e transcritas trinta anos mais tarde.

"Aonde vai?", perguntou o homem.

"Ao mercado", Faham respondeu.

"Diga aos lojistas judeus para fecharem as portas agora mesmo", disse o homem. Então ele colou o rosto ao de Faham e lhe sussurrou ao pé do ouvido: "hoje os judeus tomaram a Terra", ele disse, "e esta gente quer nos fazer uma coisa que o Criador do Mundo não deseja que soframos. Diga-lhes que é melhor fecharem as lojas".

Faham fez isso mesmo e voltava depressa para casa quando encontrou, desta vez, um negociante muçulmano, seu conhecido.

"Murad, o que faz aqui fora, andando por aí? Vá para casa", disse o homem. Ele o escoltava quando se viram diante de um bando de estudantes gritando palavras de ordem contra a partilha aprovada no dia anterior. Eram apenas crianças, mas, pela primeira vez naquela manhã, Faham teve medo.

"Por favor, vá para casa e fique lá dentro", rogou o negociante. "Sabemos que algo muito ruim está para acontecer."

Às portas da Cidade Antiga, no bairro moderno de Jamiliyeh, Rafi Sutton estava bem desperto, mesmo tendo escutado o rádio até tarde na noite anterior.

À época desses acontecimentos, no fim de 1947, Rafi era o rei adolescente de um mundinho que se podia cruzar a pé em uma hora: de sua casa em frente à mercearia Mazreb, com seus sanduíches na baguete, à moda francesa, tão populares entre os garotos judeus mais velhos que tentavam impressionar as namoradas, até os bulevares sombreados onde cada vez mais automóveis se imiscuíam às carruagens tiradas por cavalos, cada vez menos comuns, passando pelo Cinéma Roxy, pelo bordel e entrando no emaranhado medieval da Cidade Antiga e dos *souks*, que pululavam de vida, o ar carregado por séculos e séculos de especiarias, até a grande sinagoga que abrigava o livro secreto. Se tomasse *le tramway* – um resquício da dominação colonial francesa que terminara apenas no ano anterior –, o itinerário seria ainda mais breve, e, para Rafi, o bonde era gratuito: ele subia num dos carros amarelos cortados pela elegante faixa azul, entrando pela porta da frente, e passava para o fundo antes de o cobrador recolher as passagens. Quando o cobrador o alcançava, ele já estava agarrado às duas alças que ladeavam a porta de trás, dobrava os joelhos e saltava no ar, um garoto de *shorts*, o bonde ainda em movimento, aterrissando de pé e desaparecendo entre os caminhões e os cavalos resfolegantes.

Durante a Segunda Guerra Mundial, antes de as coisas piorarem, a vida de Rafi era uma sucessão indistinta de cerimônias à luz de tochas dos Escoteiros – *l'éclaireur toujours prêt!* ["escoteiros, sempre alerta!"] –, partidas de pique-bandeira, aulas de Torá e francês. A comida era racionada, e mandavam Rafi ficar na fila para pegar o açúcar mascavo que deixava uma espuma desagradável em cima do chá. Ele e os amigos se entretinham com os boatos de espiões nazistas que estariam instalando antenas nos telhados de Alepo e transmitindo mensagens secretas em código Morse para Hitler. Parece-me que, ao me contar isso, Rafi achava que tais preocupações prenunciavam a carreira que ele acabaria escolhendo, depois de ter sido expulso daquele

A grande sinagoga de Alepo no começo do século XX.

mundo, agora que ele olhava para trás com a visão do inimigo, como agente do Mossad.

Naqueles tempos, seu mundo girava em torno do majestoso rádio Zenith, que ocupava um lugar de honra no apartamento de sua família, no alto de uma escadaria sinuosa no bairro de Jamiliyeh, onde a maioria das famílias tinha mais dinheiro que a dele. Uma massa semioval de madeira lustrosa e circuitos, o rádio chegara com a mãe em uma de suas visitas aos irmãos ricos, que eram joalheiros em Beirute. Haviam comprado um modelo mais recente e deixaram-na ficar com o antigo, que ela levou consigo no trem para Alepo. Foi assim que a família de Rafi, apesar dos anos de enfermidade e dificuldades financeiras do pai idoso, arranjou um rádio, um luxo que atraía parentes e amigos para sua sala de estar à noite, interessados em acompanhar o progresso da guerra. O Zenith comunicava aos adultos as vitórias alemãs e a impressionante queda da França, a terra dos soldados e policiais que Sutton sempre vira nas ruas, dos sanduíches na baguete da mercearia e da língua que muitos judeus dali alegavam falar, com muito orgulho, melhor do que seu idioma materno, o árabe.

Com a derrota dos dirigentes franceses da Síria diante da *blitzkrieg* alemã na Europa de 1940, Alepo passou a ser controlada pelo governo fantoche nazista de Vichy. Rafi não precisou que o rádio lhe contasse isso, nem lhe falasse sobre a ameaça concomitante de uma perseguição que os judeus dali desconheciam, nem sobre a invasão misericordiosa, no ano seguinte, por um cortejo desconcertante de novos soldados: canadenses, nigerianos, neozelandeses, indianos e uma infinidade de estrangeiros de tons de pele e uniformes diversos. Os pais de Rafi às vezes o mandavam procurar soldados judeus – havia alguns entre a horda da Comunidade Britânica de Nações que se abateu sobre a cidade – e trazê-los para comer na casa deles durante o *shabat*. E ele não precisou que o Zenith o informasse dos problemas que começaram para valer em Alepo no fim da guerra, com a França mais uma vez no controle e muitos sírios pressionando para pôr um fim ao domínio colonial. No começo, a cólera das ruas dirigia-se apenas aos franceses. Os judeus – que eram beneficiados pela influência dos franceses, contavam com a proteção deles e estavam apavorados com a perspectiva de uma Síria independente – uniram-se aos protestos maciços com todo o entusiasmo que foram capazes de simular. Até mesmo Rafi participou. O líder das manifestações, montado nos ombros de outra pessoa, gritava para a multidão: "*Ana de Gaulle, hibouni!*". Sou de Gaulle, me adorem! E a multidão respondia: "*Hara aleik!*". Vá à merda! E quebravam fachadas de lojas ou viravam um bonde.

Em determinada ocasião, Rafi viu um bando de homens parar um jipe do exército francês, mandar os soldados descerem, amarrar as mãos deles e obrigá-los a se deitarem na rua, com a cabeça apoiada na sarjeta. E arrebentaram-lhes os crânios a pedradas. Em 1946, os franceses desistiram e deixaram os sírios por conta própria. Sem os franceses, os judeus ficaram à mercê de seus conterrâneos. A escola de ensino médio judaica e de língua francesa de Rafi, a Alliance Israélite, foi fechada na mesma hora.

No momento em que chegou ao fim, o mundo de Rafi consistia, talvez, de 10 mil pessoas com alguns sobrenomes recorrentes e raízes mais profundas do que as de praticamente qualquer outra colônia judaica do planeta, um misto de pessoas que sempre viveram ali ou ali foram dar com o passar dos séculos, fugindo da perseguição ou atrás de negócios. Os judeus alepinos já eram uma comunidade antiga quando as legiões romanas destruíram o templo de Jerusalém em 70 d.C., já eram uma comunidade antiga quando os conquistadores muçulmanos chegaram, no século VII. Estavam ali havia dois milênios e meio, apesar de as estimativas consagradas dos moradores não admitirem nada menos que três. A tradição associava as raízes da comunidade à captura da cidade por Joabe, general dos exércitos do rei Davi, num episódio mencionado de passagem na Bíblia. De acordo com uma das histórias – do tipo que tenta enaltecer algo muito antigo e impressionante alegando ser este ainda mais antigo e impressionante do que já é –, foi o próprio general quem lançou os alicerces da grande sinagoga e também os da Cidadela de Alepo.

Os habitantes árabes chamavam a cidade de Halab. Os judeus ainda a chamavam, ocasionalmente, pelo nome que a Bíblia lhe dava, Arã-Tzova. Era para fazer questão de que ali não eram hóspedes de ninguém. Entre os judeus, havia famílias como os Dayan e os Tawil, cuja presença na cidade remontava a milhares de anos, e famílias como os Sutton ou os Kassin, que haviam fugido da Inquisição espanhola. Havia os Di Piccioto, ramo de uma família mercante da Toscana, e os Baghdadi, como a família do *shamash*, que eram do Iraque, e até mesmo famílias com os sobrenomes Hornstein e Goldman, que vinham da Europa Oriental. Conservadoras, tradicionais e patriarcais, chegavam a incluir alguns livres-pensadores, um ou outro sionista e pelo menos um comunista, que deu aos filhos os nomes de Lênin, Stálin e Karl.

Desde a ascensão do Islã, os judeus eram uma minoria tolerada, ou *dhimmi*, uma posição social concedida a judeus e cristãos por serem monoteístas. Apesar da tendência crescente em nossa época de retratar o mundo islâmico pré-moderno como um paraíso de tolerância religiosa no qual os judeus vicejavam, eles sempre viveram à mercê de soberanos volúveis e da disposição de uma maioria hostil. Aos olhos dessa maioria, eles eram afetados, não tinham honra e, por definição, nem poder, mas, enquanto aceitassem a supremacia dos muçulmanos, poderiam viver, guardar sua religião e, por vezes, até mesmo prosperar. O pai de Rafi, como o pai de todo mundo, negociava com os muçulmanos, e a maioria dos judeus de Alepo comprava os doces de massa folhada dos padeiros muçulmanos e a carne *kosher* de açougueiros muçulmanos que empregavam judeus para executar o ritual de abate. Mas o antigo contrato social já estava se desfazendo quando Rafi nasceu.

Com o aparecimento dos franceses e de outras potências europeias nas terras do Islã, os judeus começaram a esquecer seu devido lugar, passaram a aprender idiomas estrangeiros, a melhorar a educação de seus filhos, a ter êxito nos negócios e, muitas vezes, a deixar os muçulmanos para trás. Na Argélia, adotavam a cidadania francesa, que não era concedida aos muçulmanos. No centro do Cairo, sob o regime britânico, os judeus construíram uma grande sinagoga inspirada na arquitetura dos faraós. Os muçulmanos árabes, que cada vez mais se viam como um grupo nacional – que até podia admitir cristãos árabes, mas não os judeus árabes –, se ressentiam com a invasão crescente dos países ocidentais, ao passo que os judeus eram incentivados pela proteção e o amparo dos estrangeiros. Quando outros judeus – os europeus – começaram a chegar às bateladas à Palestina, o antagonismo piorou, obrigando os judeus do mundo islâmico a jurar lealdade aos vizinhos. "Os judeus da Síria não têm a menor relação com a questão sionista", dizia um anúncio melancólico que um clube juvenil judaico de Damasco, a capital da Síria, publicou nos jornais da cidade em 1929. "Ao contrário, eles dividem com seus concidadãos árabes todas as alegrias e tristezas." Os muçulmanos, dizia a peça, precisavam "diferenciar os sionistas europeus dos judeus que vivem há tempos nestas terras".

Durante a Segunda Guerra Mundial, a esmagadora maioria dos cidadãos sírios apoiava Hitler, e o líder dos árabes palestinos passou parte da guerra em Berlim, empenhado em fazer propaganda nazista e recrutar soldados para a SS. Os *Protocolos dos sábios de Sião*, uma ficção czarista que pretendia revelar uma conspiração judaica para controlar tudo o que acontecia no mundo, foi traduzido para o árabe e circulou por toda parte. Os iraquianos de Bagdá, onde um terço da população era judaica, massacraram 180 judeus dentro de suas próprias casas e lojas em 1941. Quatro anos mais tarde, a multidão lincharia outros 130 na Líbia e, entre um fato e outro, ocorreriam incidentes de menor monta.

A quantidade de insultos que Rafi recebia na rua começou a aumentar na mesma medida que as manchetes sensacionalistas dos jornais alardeavam as atrocidades cometidas pelos judeus contra os árabes da Palestina. Ele se acostumou a ouvir a palavra *yahudi* – judeu – como xingamento. O filho adolescente de um dos rabinos-chefes da cidade, que costumava usar uma boina preta à moda francesa, desistiu do adereço e passou a andar com a cabeça descoberta depois que valentões muçulmanos deram para arrancá-lo com piparotes. Um homem que entrevistei, apenas um garotinho na época, lembrou-se de como era voltar da escola naqueles tempos: era partir em desabalada carreira pelas ruas e, assim que avistasse a casa, berrar para a mãe abrir a porta.

Com o dia da votação em Flushing Meadow cada vez mais próximo, os rabinos e as celebridades da Alepo judaica, assim como seus semelhantes em todo o mundo islâmico, tentaram se distanciar publicamente do sionismo. Um dos líderes da comunidade, o rabino Moshe Tawil, levantou-se na sinagoga de Rafi no *shabat* e fez um sermão condenando o movimento nacionalista judaico na Palestina. O rabino alertou a congregação para o fato de os jovens judeus alepinos da Palestina, que viviam entre os socialistas seculares da Europa, consumirem alimentos impuros e abandonarem a religião de seus pais, o que não deixava de ser verdade. O lugar dos judeus de Alepo era Alepo, e eles nada tinham a ver com as aspirações temerárias de outros judeus ao sul dali. O rabino ergueu as mãos para o céu e surpreendeu Rafi desfazendo-se em lágrimas.

····· 3 ·····

O incêndio

O FILHO ADOLESCENTE do rabino Moshe Tawil, Isaac, ficou sabendo da votação nas Nações Unidas ao acordar naquela manhã em sua casa, próxima à de Rafi, às portas da Cidade Antiga, e ouvir os berros que vinham da rua: *Sayouni, sayouni*. Significava "sionista". Já idoso, além de rabino como o pai, ele entremeava suas reminiscências com tapas intermitentes na mesa, que faziam meu gravador digital pular. Contou-me que desceu a escada e acabou se vendo no meio de uma multidão, que já reunira milhares de homens.

Filastin biladna, wal-yahud kilabna, eles gritavam: a Palestina é nossa terra, e os judeus, nossos cachorros. Isaac não hesitou em fazer o que os judeus vinham fazendo em todos aqueles anos de efervescência nacionalista na Síria: juntou-se à turba, ergueu o punho cerrado, gritou palavras de ordem como todos os outros e rezou para que ninguém reparasse nele.

Em frente à sinagoga moderna e suntuosa do bairro, mais para o fim da rua, Isaac assistiu sem ser notado aos policiais que ajudavam os revoltosos a alcançar as janelas e entrar no santuário. Alguns deles levavam latas de querosene. O sábio mais respeitado da comunidade, Moises Mizrahi, um homem arqueado e de fez vermelho que todos acreditavam ter cem anos, estava lá dentro. Isaac viu os mesmos policiais escoltá-lo para fora. Na rua, diante da sinagoga, os revoltosos erigiram uma enorme pilha de livros de orações, rolos da Torá e tratados do Talmude, e atearam-lhe fogo.

Àquela altura, a maioria dos judeus de Alepo havia se trancado em casa. Turbas itinerantes queimaram as outras sinagogas do bairro e um clube juvenil judaico, em que os garotos que haviam ficado acordados para acompanhar pelo rádio a sessão nas Nações Unidas na noite anterior haviam celebrado quebrando taças de vinho e, tolos que eram, cantando o hino sionista em alto e bom som para que os vizinhos ouvissem. Os revoltosos arrebentaram a vitrine da mercearia Mazreb, entraram por ali mesmo e saquearam o lugar. Atearam fogo a salas de oração menores, ao seminário religioso dirigido pelo pai de Isaac, a dezenas de lojas judaicas e a pilhas de xales de oração e filactérios.

Os incêndios se espalharam pelas vias da cidade na direção da antiga Alepo e do Bairro Judeu, onde, num apartamento não muito distante da grande sinagoga, um menino de nove anos – um alfaiate na casa dos setenta quando eu o entrevistei num apartamento em Tel Aviv – ouviu os revoltosos que tentavam derrubar o portão que levava ao pátio interno do prédio de sua família. As pancadas cessaram apenas quando os revoltosos desistiram e começaram a subir o muro. Urros de raiva vinham lá de fora. Os judeus da Palestina, gritava alguém, estavam arrancando bebês muçulmanos do ventre de suas mães. Os pais do garoto barricaram a família no principal cômodo da casa, sob os queijos redondos que pendiam do teto alto para que os gatos não os pegassem. Então os revoltosos já estavam à porta, e o menino escapou descalço por uma janela, chegando a uma viela lateral no momento em que invadiram a casa. Depois de tomar o que a família tinha de valor, usaram o querosene e o carvão que os pais dele haviam armazenado para o inverno e tocaram fogo no prédio.

Bahiyeh Baghdadi, a filha do *shamash*, não muito longe da casa em chamas do menino, encolhia-se no porão do prédio

Os Baghdadi de Alepo, *aprox.* 1940. Asher Baghdadi, o *shamash*, usa a túnica longa e listrada. Bahiyeh é a menina sentada num banquinho à esquerda dele.

de sua família. Urros animalescos e abafados se seguiam a cada estilhaçar de vidro lá fora. Ela sabia que a turba já havia cruzado a viela e entrado na antiga sinagoga de seu pai.

"*Indna jabas, indna tin, wa-indna yahud a-sakin*", eram as palavras entoadas na rua logo acima. Era para ser uma piada: temos melancias, temos figos e temos judeus na ponta da faca. Uma mulher apóstata, ex-judia que se convertera ao islamismo, estava na entrada, rogando aos revoltosos, em nome de seu profeta, para que poupassem o edifício: "*dahilkom, dahilkom*", ela gritava – por favor, por favor. Ao me contar isso, a filha do *shamash*, hoje idosa, encarou-me de olhos arregalados.

O *shamash*, Asher, levantou-se e cobriu a cabeça com o manto, à moda árabe. Ia salvar a Coroa. A irmã de doze anos de Bahiyeh, Carmela, o segurou e implorou que não fosse, mas ele foi mesmo assim, e ela o acompanhou. O mais longe que Carmela chegou foi alguns passos viela adentro, aí uma pedra atingiu-lhe a cabeça, atirando-a inconsciente no chão. O *shamash* a pegou no colo e recuou para dentro de sua casa sob uma saraivada de pedras.

Os vizinhos árabes apareceram e disseram à família do *shamash* para fugir, ou queimariam o prédio, mas os Baghdadi estavam demasiadamente assustados para se arriscar do lado de fora. "Asher, Asher, venha ver sua sinagoga", os revoltosos o provocavam. O *shamash* permaneceu no porão. Àquela altura, as pessoas que assistiam a tudo dos telhados de suas casas no bairro de Rafi, às portas da Cidade Antiga, já podiam ver a fumaça negra que subia do Bairro Judeu. Ali, abaixo do nível da rua, porém, Bahiyeh e a família não viam nada disso.

Dentro da grande sinagoga, os revoltosos encontraram uma caixa de metal escondida numa gruta e a levaram para o pátio. Devem ter imaginado que havia algo de valor lá dentro que pudessem roubar. Tinha duas fechaduras, mas não era exatamente um cofre. Simplesmente usaram uma alavanca para abri-la por trás e a emborcaram. Livros velhos caíram no chão.

Um deles era maior que os demais. Continha quinhentas páginas de pergaminho, cada uma com três colunas de meticulosa caligrafia hebraica, 28 linhas em cada coluna. O que restara da antiga capa do volume se desintegrou, e as folhas se espalharam pelas pedras lisas do pátio. E, sem mais nem menos, removeram-se as teias de superstição que haviam preservado a Coroa em perfeito estado durante séculos.

Alguém riscou um fósforo e o encostou no querosene derramado.

Um mês depois, a edição de 2 de janeiro de 1948 do jornal hebraico *Haaretz* estaria à venda em Tel Aviv com as manchetes a seguir na primeira página:

MAIS DE 500 IMIGRANTES DESEMBARCAM NA PRAIA EM NAHARIYA

Um navio transportando húngaros, lituanos e poloneses, sobreviventes da guerra na Europa, enfrentara bravamente o bloqueio marítimo britânico imposto com o intuito de aplacar a fúria dos árabes que queriam os refugiados judeus fora da Palestina. Os imigrantes desembarcaram em segurança numa praia perto de uma cidadezinha israelita na costa do Mediterrâneo.

DEZENAS DE ÁRABES MORTOS EM DUAS AÇÕES RETALIATÓRIAS DA HAGANÁ EM HAIFA E SALAMA

TRÊS HOMENS DA HAGANÁ MORTOS PERTO DE HAIFA, UM JUDEU MORTO A FACADAS EM JERUSALÉM

A Haganá era a organização militar judaica na Palestina. A violência da guerra entre judeus e árabes ia aumentando à medida que os britânicos se preparavam para partir. Eram diárias as emboscadas nas estradas, as bombas, as retaliações e as retaliações às retaliações. Ainda faltavam quatro meses para a proclamação do Estado de Israel e a invasão pelos exércitos ativos árabes.

E, entre as matérias do dia, havia esta:

A BÍBLIA DE ALEPO

> Se as notícias publicadas pelos jornais forem verdadeiras, a famosa Bíblia que era a glória da comunidade judaica de Alepo, a Bíblia que, segundo a tradição, foi usada pelo próprio Maimônides, foi consumida pelo fogo na revolta contra os judeus de Alepo que irrompeu semanas atrás. A "Coroa de Arã-Tzova", como era conhecida [...], se perdeu para sempre, segundo o que ouvimos.

Com o enclave judeu na Palestina em guerra e sua própria existência em cheque, o autor – um acadêmico e especialista na Bíblia – pranteava um livro. "Ainda nos resta esperar", ele escreveu,

> que tal informação não passe de falsas bazófias da parte dos revoltosos e que, de fato, esse livro maravilhoso tenha sobrevivido mais

uma vez. Mas não passa de uma esperança tênue, e é provável que essa relíquia querida da sabedoria medieva tenha desaparecido nas chamas quando atearam fogo à antiga sinagoga de Alepo.

Talvez seja difícil, em nossa época, entender como seria possível um livro evocar tamanha paixão. O códice havia sobrevivido à era em que fora criado, quando os livros eram objetos de imenso valor, produto de grande arte e erudição, e um repositório de conhecimento insubstituível. Sobrevivera e chegara aos tempos da imprensa e da fotografia, mas mantivera seu valor sem igual graças ao zelo de seus guardiões: não existiam cópias conhecidas.

Um exame mais minucioso das folhas de pergaminho espalhadas pelo pátio da sinagoga de Alepo permitirá que se compreenda o que era esse livro. Em suas páginas havia inscrições que fizeram as vezes de salvo-conduto, revelando um bocado sobre as razões para a criação da Coroa e onde fora produzida – pois o Códice de Alepo não vinha originalmente de Alepo e já era antigo quando chegou ali – e por onde andara desde então, e o que sua perda significava para as pessoas que o veneravam.

····· 4 ·····

O escriba ligeiro de Tiberíades

Tiberíades, *aprox.* 930 d.C.

Os homens que criaram a Coroa provavelmente viam todos os dias a mesma paisagem que vi quando visitei sua cidade mais de um milênio depois: a superfície uniforme do mar da Galileia estendendo-se até a elevação estéril do planalto de Golã lá do outro lado, manchada apenas pelos barcos de pesca que pontilhavam a água. Tiberíades era um aglomerado de mercados e construções de pedra na margem oeste.

"Este é o códice completo dos 24 livros", dizia uma inscrição na Coroa, "escrito por nosso mestre e rabino Shlomo, conhecido como Ben-Buya'a, o escriba ligeiro, que o espírito santo o guie."

Shlomo Ben-Buya'a, o escriba ligeiro, sentava-se no chão ou sobre um colchão. Colocava uma tábua sobre os joelhos, então abria o fólio de pergaminho.

O escriba trabalhava sob a direção de outro homem, um mestre que conhecia todas as consoantes e vogais das escrituras sagradas e era mais famoso que o primeiro. Esse erudito, Aarão Ben-Asher, informa a mesmíssima inscrição, era o "senhor dos escribas e pai dos sábios". Talvez estivesse presente quando o escriba pôs os olhos na primeira página em branco, já riscada com um instrumento afiado para delinear uma grade de linhas e colunas, e tocou o pergaminho com a pena. "*No princípio*", escreveu, "*ao criar Deus os céus e a terra.*"

Imagino Ben-Buya'a pronunciando cada palavra em voz alta, segundo a tradição dos escribas hebreus, antes de aplicar a tinta aos retângulos de couro e traçar as letras angulosas que adornariam as linhas horizontais feito pingentes.

Naquele tempo, nove a cada dez judeus do mundo, entre eles o escriba e o erudito, viviam nas terras do Islã. Tiberíades, governada por uma dinastia muçulmana de Bagdá, era famosa entre os judeus como um centro de estudos do hebraico. A cidade atraía estudiosos israelitas vindos de longe, como um certo Eli, filho de Judá, o Nazireu; o título indicava que ele fizera votos semelhantes aos de um monge para não beber vinho nem cortar os cabelos. Eli parece ter chegado à cidade por volta dessa época para estudar a língua sagrada. Um de seus interesses era a pronúncia da letra *r.* "Eu passava um bom tempo sentado nas praças e ruas de Tiberíades", escreveu o estudioso – em árabe, pois, embora estudasse o hebraico, o árabe era o idioma dos eruditos judeus –, "escutando o falar do povo e dos homens simples, estudando a língua e seus princípios básicos."

Ao ler isso, imaginei Eli, o peregrino linguístico, circulando pelos mercados ao ar livre onde os comerciantes apregoavam azeitonas, tâmaras e peixes do mar da Galileia, atento a palavras e fraseados interessantes do hebraico, enquanto o escriba Ben-Buya'a, sentado num recinto ali perto, transcrevia o livro divino naquele mesmo idioma, linha por linha.

Novecentos anos haviam se passado desde que Jesus de Nazaré caminhara às margens do lago. Não muito mais do que isso se passou desde que as legiões romanas arrasaram o templo de Jerusalém e suprimiram a soberania israelita que ainda existia na província da Judeia. Alguns judeus continuaram na terra de Israel, muitos em Tiberíades, mas a maioria havia se dispersado, embrenhando-se ainda mais em países distantes até que a atração de sua terra natal mal se fizesse sentir. Passariam a reconhecer a autoridade de reis que não eram os seus e seriam apresentados a deuses que não eram aquele que, segundo seu entendimento, criara os céus e a terra. Sua linha vital de comunicação com a Judeia e Jerusalém era muito longa e só ficava mais extensa. Com o passar dos anos, ficaria ainda mais tênue.

> [...] a terra era sem forma e vazia;
> e havia escuridão sobre a face do abismo,
> e o espírito de Deus pairava sobre a face das águas.

Assim prosseguiu o escriba, preenchendo 28 linhas com letras de fôrma antes de começar uma nova coluna, três colunas antes de passar para uma nova página.

O livro que o escriba copiava era uma trama de histórias entrelaçadas de personagens complexas que interagiam com uma única divindade transcendente à qual os judeus acreditavam que seu destino estava ligado. Eram histórias que seus ancestrais contavam uns aos outros muito antes de explicar sua relação com esse Deus, com sua terra e entre si, e de adotar a lei e a ordem, deixando para trás a anarquia. Era seu guia para o mundo. O livro começou a tomar forma antes que o primeiro templo de Jerusalém fosse destruído por um exército babilônio em 586 a.C. Durante o reinado de Josias, algumas décadas antes, conta a Bíblia no Livro dos Reis, um dos sacerdotes encontrou um "livro da lei" no templo, uma alusão no próprio texto ao fato de que as histórias já haviam sido registradas por escrito. Mais tarde, exilados na Babilônia, os escribas continuariam a escrever e editar, e, por volta do século v a.C., a obra que conhecemos como a Torá – os Cinco Livros de Moisés, ou o Pentateuco – já havia tomado forma.

Esses cinco livros, a Torá, são o cerne da religião judaica. É um rolo da Torá que se lê em voz alta toda semana na sinagoga num ciclo anual de porções sucessivas que começa com a criação do universo e termina com a morte de Moisés. Outros livros foram acrescentados posteriormente: as profecias morais e sociais do humilde Amós; as visões de Deus de Ezequiel, vividas junto ao rio Quebar durante o exílio na Babilônia; a linguagem de conotação sexual do Cântico dos Cânticos. Outros livros ficaram de fora. Por volta do século I de nossa era, depois de os judeus terem retornado à sua terra e terem sido mais uma vez exilados, dessa vez por Roma, os livros da Bíblia haviam sido selecionados, editados e aprimorados, transformando-se nas escrituras que conhecemos hoje.

A princípio, essas histórias eram apenas uma de várias meadas que formavam a vida nacional dos israelitas. Eles também tinham uma terra, uma língua e um templo que era o centro de sua religião. Mas isso mudou com a destruição do templo por Roma em 70 d.C. e o exílio dos judeus. Nenhum outro povo até então havia sobrevivido intacto a uma dispersão: a debandada implicava o desaparecimento. Se era para os judeus serem a exceção, em vez de terem um rei, um templo ou uma geografia que os unisse, precisavam de alguma outra coisa que os ligasse, algo que fosse portátil. Surgiu, então, a ideia de que as pessoas poderiam ser unidas por palavras.

Às segundas e quintas e no *shabat*, em sinagogas de todo o mundo, um membro da congregação abre uma arca e dali retira um livro. São dois rolos, pois assim se escreviam os livros antigamente. Em seu interior, encontra-se registrada a Torá, os cinco primeiros livros da Bíblia hebraica. No alto dos rolos costuma haver uma coroa de prata: os judeus vestem seu livro com a elegância de um rei e se levantam respeitosamente quando este é retirado da arca, exatamente como fariam se um dignitário entrasse na sala. Os judeus no exílio não teriam mais seu próprio rei para protegê-los nem governá-los. Não teriam poder político. Em vez disso, teriam um livro para, onde quer que estivessem, conectá-los uns aos outros e ao poder e à proteção do Rei dos Reis.

Um membro da congregação deposita os rolos sobre uma mesa e os separa, abrindo o volume e revelando longas colunas de letras hebraicas em preto, preparando-se para ler o livro em voz alta. Mas não é possível lê-lo simplesmente. Escreve-se o hebraico, assim como o árabe, sem boa parte de suas vogais, e imagina-se que o leitor reconheça a palavra e inclua os sons vocálicos de memória. Para demonstrar o problema que isso gera, imagine-se diante da palavra *mt*. Seria *mata*? *Mete? Mito? Mote?* Agora imagine mais de 300 mil palavras grafadas sem as vogais: assim é a Bíblia hebraica. Tampouco há uma pontuação, e algumas palavras são escritas de certa maneira e lidas de outra. E, mesmo assim, apesar dessa ausência de informações adequadas, é imperativo ler o volume com absoluta precisão: quando o leitor entoa a escritura, outras pessoas se posicionam ao lado dele, atentas a possíveis erros. Os congregantes às vezes fazem correções em voz alta, e, nesse caso, o leitor se vê obrigado a voltar e repetir as palavras. Em raras ocasiões, o leitor encontra um erro no próprio volume – um equívoco do escriba, uma letra apagada pelo tempo ou pelo abrir e fechar constante do pergaminho –, e a leitura é interrompida. Os devotos mais instruídos se reúnem para examinar o volume: se for considerado defeituoso, será devolvido à arca. Um defeito, por mais insignificante que seja, inutilizará o volume inteiro. Mais tarde, este será levado a um escriba, para que seja corrigido. Um outro volume é trazido, e só então a leitura é retomada.

Subjacente a todo esse rigor está o argumento de que o texto é um só e que, em questões como essa, a anarquia é uma abominação. Os católicos têm Roma, uma mesma instituição religiosa que mantém unidas todas as partes que constituem a igreja, mas, depois do exílio dos judeus, Jerusalém era apenas uma ideia, e não uma organização. O judaísmo não tinha uma instituição central, apenas milhares de comunidades independentes ligadas pelo teor de sua crença e prática religiosa. Os judeus não continuariam unidos por um livro se não lessem exatamente o mesmo texto, porque diferenças mínimas poderiam levar a interpretações divergentes e a um cisma religioso. E, mesmo assim, boa parte das informações cruciais para a leitura adequada do livro não se encontrava no livro propriamente dito.

Era preciso um outro livro, portanto, que instruísse as pessoas a como ler o primeiro. Tinha de ser registrado por escrito antes que o conhecimento suplementar crucial, transmitido oralmente havia séculos, se perdesse na Diáspora. Foi por isso que criaram a Coroa.

A linguagem da Bíblia tinha de ser clara e incontestável. A grafia e a pronúncia tinham de ser padronizadas, e a pontuação, introduzida. Mas não era só isso, porque a escritura bíblica implicava mais do que se podia transmitir pelo mero significado das palavras. O texto narra várias verdades, as aparentes e as ocultas. O texto precisa ser perfeito, porque, quando imperfeito, perde informações vitais para a mensagem divina do livro. Não é só a questão de precisarmos conhecer o exato significado das palavras, nos diz a tradição judaica, porque não sabemos e não temos como saber qual seria o significado exato. Pode ser que o conhecêssemos outrora e pode ser que voltemos a sabê-lo um dia, mas, por ora, as informações precisam ser preservadas, mesmo que escapem à nossa compreensão. Um sinalzinho vocálico que produza uma diferença mínima na pronúncia de uma palavra – por exemplo, o prolongamento da sílaba *a* num *aa* – poderia esconder informações secretas e preciosas. Assim como os quinze pontos misteriosos grafados acima de certas palavras da escritura ou as regras desconcertantes que instruem os escribas a grafar certas letras em tamanho grande e outras em tamanho pequeno. Se perdermos essas coisas, perderemos o conhecimento que Deus queria que tivéssemos, mesmo que não saibamos por quê.

Diz uma das tradições que o sábio Akiva, que viveu no período romano, costumava interpretar não só as letras isoladas, mas também seus minúsculos floreios caligráficos, as "coroas das letras". Mesmo isso era importante. Uma outra tradição conta que os Cinco Livros de Moisés são, na verdade, uma versão estendida do nome de Deus, que é uma outra maneira de dizer que não se pode errar uma letra sequer. Uma outra tradição ainda nos lembra que, ao criar a luz, Deus não a criou simplesmente. Ele *disse*: "Haja luz". Criou o mundo com as palavras, que são, portanto, uma espécie de croqui da criação e da natureza do universo. Todo aspecto ínfimo da escritura, por mais inútil que possamos pensar que seja, tolos que somos, é uma parte do código.

Centenas de anos haviam se passado desde a destruição do templo quando um grupo de eruditos de Tiberíades começou a compilar o texto oficial da Bíblia, inventando um sistema com linhazinhas, ganchos e pontos que simbolizavam as vogais e a cantilena, a entonação com que se canta o texto, que também serve decisivamente para marcar a pontuação e a acentuação. O projeto, que levou séculos, ficou conhecido como Massorá, a partir da palavra hebraica que significava "passar adiante". Seu objetivo era recolher e registrar tradições orais, chegar a um consenso nos casos em que havia discordância e, por fim, criar o texto bíblico no qual todos os outros viriam a se basear.

Entre os rabinos envolvidos no projeto, os mais importantes eram os da dinastia Ben-Asher, que produzira cinco ou seis gerações de estudiosos. O filho mais notável dessa família era Aarão, e sua obra mais grandiosa – aquela que marcaria o fim do processo de busca pela escritura perfeita – era essa. Vários códices bíblicos seriam produzidos nos séculos posteriores, e certos exemplos de altíssima qualidade viriam a ser chamados de coroas da Torá ou, simplesmente, de coroas. Esse códice, a derradeira façanha de centenas de anos de erudição e o mais preciso e famoso de todos, viria a ser conhecido como *a* Coroa. Existem dezenas de milhares de rolos da Torá, mas a Coroa é uma só.

O rabino Aarão Ben-Asher e o escriba ligeiro Shlomo Ben-Buya'a trabalharam juntos durante vários anos. Já que a intenção do livro era servir como referência, e não ser um objeto ritualístico a ser lido na sinagoga, este não precisava ser um rolo. Os rolos, naquela época, já eram obsoletos, no que se referia ao registro de documentos de utilidade prática. Em vez disso, seria um códice encadernado ou o que hoje chamaríamos simplesmente de livro. A invenção do códice possibilitaria aos estudiosos folhear com facilidade a escritura sem ter de enrolar e desenrolar metros e metros de pergaminho.

Os curtidores deixavam o couro de molho, esticavam-no e raspavam-no, removendo os restos de pelo de um lado e as vísceras do outro. Ben-Buya'a escrevia as letras com uma tinta indelével à base de noz-de-galha em pó, sulfato ferroso e fuligem. Acima, abaixo e ao lado dessas letras, em pouco menos de quinhentas folhas de pergaminho, Ben-Asher acrescentou os sinais que indicavam as vogais e a cantilena. Adicionou milhares de diminutas anotações às margens. Algumas não passavam de uma letra. Por exemplo, a letra hebraica *lamed* indicava uma palavra que não se repetia em ponto algum do texto bíblico. Um *bet*, a segunda letra do alfabeto hebraico, indicava uma palavra que aparecia duas vezes. Anotações mais extensas alertam que algumas palavras não devem ser lidas como são escritas ou mostram outros trechos nos quais se pode encontrar uma certa palavra rara. Ben-Asher conseguia fazer isso, pois sabia todo o texto de cor. Quando o escriba e o erudito terminaram, o novo códice estava pronto para ganhar o mundo. Mais de mil anos depois, o livro deles ainda seria o mais importante à disposição dos estudiosos da Bíblia hebraica.

Segunda Parte

····· 5 ·····

O tesouro da sinagoga

O CHAZAN* DA sinagoga encaixava as palavras em hebraico – "*a ele que é caro ao meu coração, o profeta Elias*" – numa antiga melodia alepina, e duas moças de vestido curto, mal equilibradas sobre os sapatos de salto, circulavam pelo santuário com uma bandeja de prata nas mãos, levando dez velas acesas e notas espalhadas de dinheiro para a caridade. Os homens não tinham barba e usavam paletós escuros ou jaquetas de couro e solidéus de veludo preto. Alguns portavam filactérios e BlackBerries. Apertavam-se as mãos e trocavam beijos no rosto, um em cada face. Um deles trazia o xale de oração dentro de uma sacola de pano bordada, na qual se lia o sobrenome Sha'alo, um dos clãs de Alepo. As mulheres, em seu próprio setor, tendiam a ser morenas e deslumbrantes. De uma das fileiras mais atrás, eu observava tudo.

Uma mãe de poucos dias, vestida de branco e com o ventre ainda distendido, entrou no santuário pelos fundos. A mãe dela trazia o recém-nascido numa almofada. O jovem pai tomou o menino das mulheres e o levou na direção dos homens reunidos perto da entrada. Entoaram as bênçãos tradicionais do rito de circuncisão enquanto um deles preparava seus instrumentos afiados. Então o bebê choramingou de dor e a cerimônia terminou. As pessoas beijavam a mãe e diziam "*Mabruk*", parabéns,

* O *chazan* é o precentor treinado dentro do judaísmo para guiar a recitação das orações nas sinagogas [N. E.]

em árabe. "Que venham outros, *inshallah*", acrescentou um homem sorridente da idade dela. Se for a vontade de Alá.

Saí da sinagoga e fui dar num bulevar amplo ladeado por árvores e casas de tijolinho à vista tipicamente norte-americanas, e um táxi amarelo passou a toda só para confirmar que eu estava, de fato, no Brooklyn, em Nova York.

A Alepo judaica não existe mais. Hoje, a grande sinagoga da cidade síria é um edifício vazio bem no meio de um Bairro Judeu que não tem mais judeus. A gruta da Coroa, o centro nervoso secreto da vida espiritual da comunidade, encerra apenas o ar parado, e o volume que era guardado ali anda tão ausente quanto seus guardiões. Usando o mecanismo de sobrevivência portátil embutido em sua religião – o livro –, os exilados haviam se reagrupado em colônias pequenas e coesas por todo o planeta, em Buenos Aires, Cidade do Panamá, Tóquio e Milão. A maior delas fica neste distrito de Nova York, a placa de Petri em que fragmentos de mundos israelitas perdidos são cultivados e recriados, em que hoje os judeus de Alepo vivem em outras comunidades, sinagogas e seminários rabínicos que ostentam nomes de cidadezinhas perdidas da Polônia e da Ucrânia. Eles e seus descendentes sobreviveram e prosperaram, mas, em sua cidade de origem, um mundo erigido durante milhares de anos simplesmente desapareceu. Poucos parecem ter percebido isso, fora os judeus alepinos.

No dia da revolta em 1947, dezoito casas de oração judaicas já tinham sido devastadas quando o governo sírio finalmente enviou soldados para dispersar os revoltosos ao anoitecer. A Coroa, até onde se sabia, havia queimado no incêndio da grande sinagoga, juntamente com várias outras escrituras.

Os revoltosos também haviam ateado fogo a cinquenta lojas, cinco escolas e a uma quantidade desconhecida de casas que pertenciam a seus vizinhos judeus. Circulavam histórias entre os judeus sobre revoltosos que haviam feito luvas e bolsas com o pergaminho dos livros sagrados que foram saqueados. As famílias israelitas abastadas de Alepo, aquelas que mantinham as sinagogas e escolas com seu dinheiro, que arranjavam dotes para as noivas carentes e tinham a influência necessária para interferir no governo, já haviam fugido para a costa mediterrânea e os bairros cosmopolitas de Beirute. Logo estariam a bordo de navios a caminho da Europa e da América, para nunca mais voltar. Poucos dias depois da revolta, a comunidade não tinha mais liderança nem recursos.

Apenas uma casa de oração saiu incólume: uma construção modesta que os revoltosos deixaram passar por ser fora de mão e ficar numa viela particularmente estreita. Foi ali, no primeiro *shabat* depois da revolta, que vários dos homens judeus que ainda restavam na cidade foram rezar.

Algumas das pessoas que se reuniram na sinagoga naquela manhã de *shabat* ainda acreditavam que a vida voltaria ao normal. Outras sabiam que não. Mas estavam todas magoadas e furiosas, por isso mais uma oração foi acrescentada à cerimônia habitual: o capítulo 83 do livro dos Salmos. Isaac Tawil, o filho do rabino, berrou as palavras como todos os outros, despejando sua raiva em versículos hebraicos que os "amaldiçoados", como ele os chamava, não entenderiam se os ouvissem pelas janelas próximas, como certamente o fizeram. Não muito longe dali ficava a grande sinagoga devastada, com o pátio coalhado de pergaminhos, o cofre arrombado e largado num canto. "*Ó Deus, não te mantenhas em silêncio; não ajas como um surdo e não te cales, ó Deus*", entoaram emocionados, exatamente como faria o filho do rabino, sentado à minha frente em Tel Aviv mais de sessenta anos depois, de olhos fechados.

> Pois eis que rugem teus inimigos, e os que te odeiam levantaram suas cabeças [...]
>
> Meu Deus! Faz com que sejam como o pó no redemoinho e como a palha ao vento.
>
> Como o fogo que consome a floresta e como a chama que incendeia montanhas;
>
> Persegue-os com tua tempestade e atemoriza-os com tua tormenta.

Os relatos sobre a revolta de Alepo geralmente repetiam a alegação de que a turba matara dezenas de judeus, como se, sem essas mortes, a violência nem sequer aparecesse na escala das tragédias judaicas. A alegação é falsa. Ninguém foi morto, estuprado nem saiu gravemente ferido, e, se a destruição descomunal era alguma indicação de até que ponto chegava a tolerância dos muçulmanos da cidade aos judeus, temos de reconhecer que esse fato também era. No bairro de classe média onde Rafi Sutton morava, muçulmanos se colocaram à porta das casas israelitas e enfrentaram os saqueadores, e o próprio Rafi foi se abrigar com a família no apartamento de vizinhos muçulmanos. Alguns judeus de Alepo entenderam que o fato de os revoltosos não terem matado ninguém era razão para manter a esperança de que nem tudo estava perdido. Era a década de 1940, e falamos de um povo com poucas alternativas decentes e praticamente expectativa nenhuma de ser tratado com gentileza. Outros viram a coisa como prova de que as autoridades estavam no comando, incentivando a devastação das propriedades – e, portanto, do sustento e do futuro da comunidade –, mas pondo um fim à desordem antes que sangue fosse derramado.

Ainda levaria tempo, mas a destruição da comunidade estava em andamento. Os judeus, e não seus inimigos, agora seriam levados como a aresta diante do vento, até não restar nenhum. Mas a perda do bem mais sagrado da comunidade foi uma impostura engenhosa.

As autoridades sírias sabiam sobre o códice e conheciam seu valor, e talvez considerassem o manuscrito um artefato cultural que pertencia à história de seu novo país. Agentes do regime já haviam indagado um dos rabinos a respeito do livro. Um médico armênio e rico da cidade, talvez colecionador de manuscritos, também entrara em contato com o mesmo rabino e averiguara a possibilidade de comprar o livro. A Coroa corria perigo e, para enganar aqueles que a procuravam, os anciões judeus espalharam a mentira de que fora destruída.

Posteriormente, o que de fato teria acontecido com o livro acabaria virando uma controvérsia quase ridícula. Se todas as histórias contadas ao longo dos anos por judeus alepinos sobre pessoas que teriam supostamente retirado a Coroa da sinagoga forem verdadeiras, então pelo menos uns doze homens diferentes estiveram lá ao mesmo tempo e recolheram o mesmíssimo livro.

Numa das histórias, um rabino, que mais tarde emigraria para a Cidade do México, teria entrado na grande sinagoga depois que a paz retornara a Alepo. Pelo menos é o que ele contaria anos depois a um escritor na pátria que veio a adotar. Lá dentro, ele teria encontrado a Coroa chamuscada. Ele a pegou e escondeu nas ruínas da sinagoga, onde teria sido recuperada mais tarde.

Uma outra versão foi narrada num livro escrito por um judeu alepino do Brooklyn: durante a revolta, a Coroa foi surrupiada por ninguém menos que um ministro do governo sírio, que fugiu com ela para o Líbano. Ao voltar, foi apanhado pelas autoridades sírias e condenado à forca, e o livro foi devolvido aos judeus.

Um outro relato partiria de Murad Faham, o mercador de queijos que ficou sabendo da votação nas Nações Unidas ao seguir a pé para o bazar e que logo voltará a aparecer como um dos protagonistas desta história.

Após a revolta – contaria Faham bem mais tarde, na gravação de seu testemunho oral –, ele vestiu um manto de lã à moda árabe e saiu para a rua. O dia estava quase raiando. Foi a pé até a grande sinagoga, passando pelas carcaças das lojas israelitas, entrou pelo portão e viu que o fogo havia enegrecido as paredes e derretido os suportes metálicos sob os bancos. Encontrou o cofre que ficava na Caverna do Profeta Elias. Lá dentro estava a Coroa, que ardia em chamas, mas, sabia-se lá como, ainda não fora consumida. Eis um elemento mágico inspirado, talvez, pela história da sarça ardente do Êxodo. "Eu a tomei nas mãos, uma bola de fogo, e a embrulhei no meu manto", contou Faham. Esse manto "era como o de um beduíno, espesso e feito inteiramente de lã, por isso não foi afetado pelo fogo". Apareceram alguns árabes, que o tomaram por um deles, cumprimentaram-no sem lhe dar muita atenção e continuaram a saquear a sinagoga, arrancando pedaços de prata dos adornos em forma de romã que se colocavam no alto dos rolos da Torá.

Faham foi à casa do *shamash*, Asher Baghdadi, que estava assustado demais para abrir a porta.

Não tenha medo, Faham implorou.

Não posso ir à sinagoga, Baghdadi disse.

Não vá à sinagoga, só abra a porta, quero falar com você, disse Faham. Quando o *shamash* finalmente abriu a porta, Faham lhe entregou o embrulho e disse do que se tratava.

Não quero levá-la para casa, explicou. Fique com ela e a entregue amanhã para um dos anciões da comunidade.

Esse relato, o mais dramático e minucioso de todos, foi o mesmo que citei ingenuamente no meu primeiro artigo sobre a Coroa. Continua a ser meu predileto. Como os outros, porém, não passa de ficção*.

Ouvi uma outra versão de um rabino que conheci seis décadas depois desses acontecimentos. Eu o encontrei encurvado e fraco, bebericando chá e lendo um livro talmúdico numa sinagoga nos arredores de Tel Aviv. Eu acompanhava Ezra Kassin, o ex-investigador da polícia do exército e detetive amador especializado na Coroa, que me avisou que o rabino sofrera vários derrames e talvez não estivesse mais lúcido. Ezra se apresentou como o neto de um homem de Alepo cujo nome também era

---

* Em 1958, Faham testemunhou que, entre setembro e outubro de 1957, dez anos depois da revolta, ele nem sequer sabia que a Coroa havia sobrevivido ao incêndio na sinagoga, contradizendo sua afirmação bem posterior de que ele mesmo a teria salvo.

Ezra Kassin. O rabino resmungou alguma coisa e fiz um sinal para Ezra, indicando que era melhor irmos embora, pois o homem estava claramente debilitado. Ezra me ignorou. O rabino disse mais uma frase que não consegui entender, então falou: "Seu avô era alfaiate em Alepo". Ezra fez que sim. "Era um homem puro e simples", disse o rabino. "Não existem mais pessoas assim." Aí começou a falar como se já esperasse nossa visita. Com o olho bom, ele me fitava intensamente, e imaginei que, com o outro olho, leitoso e cego, ele perscrutava o passado.

"Atacavam as sinagogas", ele disse, fazendo pausas para tossir violentamente, "as salas de estudo, a escola judaica. Queimavam os rolos da Torá e chegavam cada vez mais perto. Ficamos três dias dentro de casa." Mas, no terceiro dia, ele quis ir à grande sinagoga. "Era tamanha a nossa tristeza que chorávamos e líamos cânticos de lamentação", ele contou, referindo-se aos poemas que os judeus liam para recordar a destruição dos templos de Jerusalém. "Vimos rolos da Torá despedaçados, pedaços e mais pedaços na sinagoga [...]. Eu... eu mesmo vi a Coroa, no chão [...]. Eu me aproximei e peguei a Coroa. Eu a guardei numa sacola", ele disse. Então ele a entregou para um dos homens encarregados da sinagoga. "Depois os *goyim* pensariam que ela havia queimado."

Algumas histórias – e existem várias – têm pontos comuns, outras contêm traços de verdade. Algumas poderiam ser explicadas pelo simples fato de que havia diversos livros sagrados na grande sinagoga e praticamente ninguém vira a Coroa ou sabia que aparência ela tinha: o que julgavam ser o grande livro poderia muito bem ser outro manuscrito. Mas parece evidente que a proliferação de histórias se fundamenta no papel da Coroa como talismã e símbolo dos judeus alepinos. Se o livro estivesse a salvo, eles também estariam; se não estivesse, muito menos eles. Agora passara a simbolizar o momento em que sua comunidade fora destruída, e todos queriam tomar parte na história.

A narrativa mais confiável, a única corroborada por inúmeras outras fontes – e simplesmente aquela que faz mais sentido –, atribui o mérito a um homem que nunca se vangloriou disso nem cogitou registrar seu relato. Seria o próprio *shamash*.

Asher Baghdadi não era apenas o encarregado de cuidar da sinagoga, mas também a pessoa que morava mais perto do lugar e, portanto, conseguiria chegar lá com relativa facilidade. Logo cedo, no dia seguinte à revolta, o *shamash* pegou um de seus filhos adultos, atravessou a viela que separava sua casa da sinagoga e entrou no pátio, encontrando-o tomado por livros e fragmentos de pergaminho chamuscados. Abaixou-se e começou a vasculhar as páginas em busca de pedaços da Coroa.

"Vi meu pai chorar feito criancinha", rememoraria o filho dele, Shahoud, num documentário feito para a tevê quarenta anos depois. "Eu disse: '*Abba*, o que aconteceu? Levante-se, por que está sentado aí?'" Shahoud se inclinou e passou a ajudar o pai a separar o material. O que ele encontrou será de nosso interesse mais adiante.

Na casa do *shamash*, que fora saqueada, mas não queimada, sua filha Carmela – a mesma que levara uma pedrada na cabeça durante a revolta – acordou na manhã daquele dia e viu que o pai não estava. Ela se lembrava de vê-lo voltar trazendo um saco de aniagem. Tremendo de emoção, ele disse *ouça, ó Israel*, repetindo a prece que fazem os judeus em momentos de grande perigo ou antes de morrer.

Vejam o que fizeram, ele disse aos filhos, e abriu o saco. Lá dentro havia folhas de pergaminho.

Salvei o que pude, falou.

Passado um intervalo de vários dias ou talvez várias semanas, Baghdadi entregou o livro a um dos líderes remanescentes da comunidade, que lhe deu uma modesta quantia em dinheiro como recompensa. Os anciões, em segredo, passaram-no para um mercador cristão de sua confiança e imaginaram que ninguém suspeitaria de nada. Ao mesmo tempo, espalharam a história de que a Coroa havia se perdido. Quando a cidade pareceu voltar ao normal, quatro ou cinco meses depois, os líderes passaram o códice para o almoxarifado de Ibrahim Effendi Cohen, um mercador de tecidos judeu. O lugar ficava num dos bazares da Cidade Antiga. A Coroa permaneceria ali, perfeitamente escondida, durante uma década.

..... 6 .....

O círculo de Jerusalém

DOIS MESES DEPOIS da votação nas Nações Unidas, o setor judeu de Jerusalém viu-se sufocado por emboscadas árabes aos comboios de suprimentos que chegavam da planície costeira pela rodovia. Os elos de comunicação com o mundo exterior eram irregulares, e o abastecimento alimentar, escasso e cada vez menor. Com os atentados a bomba, terroristas árabes e judeus travavam campanhas contra os civis do outro lado. "Jerusalém está praticamente se isolando atrás de uma cortina de medo", escreveu um repórter do *New York Times*.

"Vamos dormir e nunca temos certeza se vamos acordar", confidenciou uma mãe árabe numa carta a seu filho. "Nem são as balas que nos incomodam tanto, mas as explosões de dinamite enquanto dormimos. As pessoas acordam no meio da noite sob os escombros de suas casas."

Em 17 de janeiro, os homens da milícia israelita Irgun mandaram um tambor de óleo cheio de dinamite na direção de um grupo de árabes que aguardava a condução no ponto de ônibus, matando dezessete deles. Na madrugada de 22 de fevereiro, seis desertores do exército britânico e ex-policiais a serviço do comando árabe da Palestina estacionaram quatro veículos militares roubados na rua Ben-Yehuda, no centro do setor judeu da cidade. Os explosivos dentro deles, preparados por um fabricante de bombas árabe treinado pela SS, foram detonados às 6h30, destruindo quatro prédios e matando 58 pessoas.

Menos de três semanas depois disso, e menos de uma semana antes de um outro atentado a bomba letal no setor judeu, três eruditos da Universidade Hebraica participaram de uma reunião urgente. O assunto era a Coroa de Alepo e, mais especificamente, as notícias dramáticas que haviam acabado de chegar da Síria, trazidas por uma mulher que fugira de lá. "A comunidade inteira foi destruída e sobraram poucos, apenas os pobres, sem ninguém que os lidere ou organize", informavam as minutas da reunião de 5 de março. A mulher, obviamente considerada uma testemunha fidedigna pelos estudiosos, "visitou por acaso a sinagoga, e o *shamash* lhe revelou que conseguira salvar o que sobrou da Coroa, que agora está aos cuidados dele". O livro sobrevivera.

Os judeus alepinos e o governo sírio não eram os únicos de olho no códice. Jerusalém também abrigava um círculo de homens que se preocupava com o livro e já havia tentado obtê-lo, sem lograr êxito.

O líder do círculo de Jerusalém era Itzhak Ben-Zvi. Nascido Isaac Chimchelevitch na Ucrânia, Ben-Zvi era um líder sionista e, mais tarde, seria o segundo presidente do Estado de Israel, um cargo influente, apesar de protocolar em sua essência. Era também etnógrafo e antropólogo. Hoje é lembrado como um dos grandes nomes da história de Israel. Praticamente toda cidadezinha do país tem uma rua com o nome dele, e sua imagem aparece na nota de cem *shekels*. Em 1935, visitando Alepo, o futuro presidente obtivera a permissão dos anciões da comunidade para passar os olhos pelo códice, coisa da qual jamais se esquecera.

No começo dos anos 1940, os estudiosos da Universidade Hebraica em Jerusalém – à época, ainda sob o firme domínio britânico – resolveram produzir uma nova edição da Bíblia hebraica, a mais precisa de todos os tempos, para acabar de vez com a vergonha de longa data de terem sido todas as outras edições contemporâneas publicadas por cristãos. Para tanto, decidiram que precisavam da Coroa, a versão mais exata das escrituras. Como não existiam cópias, precisavam da original. E, por não serem apenas acadêmicos, mas também sionistas, Ben-Zvi e seus colegas acreditavam que o devido lugar do livro mais importante do judaísmo era Jerusalém, o centro espiritual do renascimento nacional judaico. Também receavam que autoridades ou colecionadores sírios se apoderassem do livro – antes da revolta, era de conhecimento geral em Alepo que supostos compradores haviam oferecido à comunidade uma fortuna pelo códice – ou que este se perdesse na convulsão da Segunda Guerra Mundial, que, na época, chegava ao auge. Sem entender a força da relação dos judeus alepinos com o códice nem sua convicção de que não se podia tirar o livro do lugar, os acadêmicos esperavam que o simples fato de mandar alguém a Alepo para reivindicá-lo já bastasse.

No começo de 1943, Isaac Shamosh, um jovem professor de literatura árabe da Universidade Hebraica, saltou de um trem em Alepo. Shamosh devia saber que suas chances de êxito eram mínimas. Nascera e crescera na cidade e por isso mesmo fora escolhido para a missão. Fora outrora sionista e, simultaneamente, nacionalista sírio (coisa que chegara a fazer sentido durante algum tempo), e mudara-se para Jerusalém com o intuito de assumir o cargo docente depois de um atirador árabe matar seu antecessor em casa, com uma bala disparada através da janela, durante um período de turbulência anterior.

Ao abordar os anciões de Alepo, ele recebeu a resposta brusca e direta que, sem dúvida, esperava: o livro nunca deixaria a grande sinagoga. Contudo, ele já se preparava para voltar à Palestina via Beirute quando foi procurado por vários de seus antigos amigos de Alepo, jovens de ternos e ideias modernas que viam a liderança tradicional da comunidade como desesperadoramente retrógrada. Shamosh, posteriormente, descreveria essa conversa em diversas ocasiões – como viria a me contar seu irmão caçula, anos depois da morte do professor –, pois passaria a ver aquele momento como um dos mais cruciais de sua vida.

Sabemos que a Coroa corre perigo aqui, os amigos disseram, e sabemos quem são os dois homens que detêm as chaves. Diga-nos o número do seu vagão e a hora da partida do trem para Beirute, e traga uma mala vazia.

Talvez Shamosh tenha se lembrado da inscrição na Coroa – "maldito aquele que a rouba" – ou da tradição que prometia destruir a comunidade se o livro saísse dali. Talvez estivesse simplesmente com medo. Voltou à Palestina de mãos vazias e, quando ele contou aos outros estudiosos em Jerusalém o que acontecera, Ben-Zvi respondeu com uma frase irônica que o acadêmico nunca esqueceu: é uma pena termos mandado um homem honesto. Essas palavras viriam a assombrar o emissário mais tarde, quando chegou a notícia de que o livro fora destruído, porque poderia ter salvado o códice se o tivesse roubado.

Alguns meses depois de se ver de volta em Jerusalém, Shamosh retornou à Síria, dessa vez acompanhado pelo secretário da Universidade Hebraica. Os eruditos de Jerusalém haviam diminuído suas expectativas e agora torciam apenas para que convencessem os anciões de Alepo a deixá-los fotografar o códice. No século anterior, os predecessores desses mesmos rabinos haviam deixado dois homens, um estudioso de Oxford e um missionário cristão, fotografar páginas avulsas do livro, mas agora até mesmo isso estava fora de questão. Eles acreditavam que, se permitissem a reprodução, seu tesouro perderia o valor. "Minha semana foi péssima, e não era bem isso que eu esperava", queixou-se o secretário ao presidente da universidade, em carta escrita no papel timbrado do hotel. "Por quê? Nossos judeus alepinos não tinham decidido se nos deixariam copiar e comparar, e foi somente depois de muitas tentativas que convocaram uma reunião do conselho da comunidade e concordaram em nos dar o aval, mas não estão satisfeitos em relação à segurança para impedir um possível furto." Sugeriu num memorando classificado como "confidencial" que, se a permissão para fotografar o códice fosse negada, eles talvez tentariam fazê-lo mesmo assim, de maneira dissimulada. Durante a conversa, os judeus alepinos disseram ao acadêmico que não gostariam de receber cartas com o carimbo postal da Palestina, preocupados com a possibilidade de que os tomassem por simpatizantes do sionismo. Tratava-se, desdenhou o secretário, do "temor dos judeus da Diáspora". Por fim, os anciões de Alepo concordaram em permitir o acesso de apenas um dos estudiosos ao manuscrito, sem que o fotografasse nem o retirasse da sinagoga.

Os dois emissários voltaram a Jerusalém, e mais um membro do círculo, o professor doutor Umberto Cassuto, especialista na Bíblia e italiano de origem que fora outrora o rabino-chefe de Florença, foi a Alepo em dezembro daquele ano. Uma fotografia antiga de Cassuto mostra um homem de barba branca e afilada e um extravagante bigode de pontas retorcidas examinando um livro através dos óculos de aro redondo.

Cassuto foi recebido da maneira já conhecida por muita gente que tenta fazer negócios ou uma reportagem no Oriente Médio. "Quando cheguei lá", Cassuto escreveria mais tarde, "eles me receberam com toda a cortesia, mas, no que dizia respeito à Coroa, disseram-me logo de saída: se Vossa Excelência quiser ver a Coroa, sem dúvida teremos o prazer de exibi-la por um quarto de hora." Seguiram-se mais discussões e súplicas. Ele marcou uma reunião com um dos anciões. O ancião não apareceu, depois pediu desculpas e prometeu que iria na manhã seguinte, mas não o fez, e assim por diante, até que Cassuto ameaçasse – sem convencer ninguém, de acordo com seu diário – "procurar outra comunidade que queira colaborar com essa obra santa". Claro que nenhuma outra comunidade tinha a Coroa. Ele disse que teria de contar a seus colegas da universidade que os judeus de Alepo "recusavam-se a ajudar". Enfim o levaram à grande sinagoga, depois de cruzar a Cidade Antiga, e lá foi recebido pelos dois anciões com as chaves. As duas fechaduras foram abertas, e um deles pegou a Coroa. O estudioso visitante era acompanhado por vários guardiões, ele escreveria mais tarde, homens que estavam ali "para vigiar a Coroa, e talvez, quem sabe, também para me vigiar, para que não fotografasse nada, Deus nos livre".

Os próprios guardas, todos rabinos jovens, nunca tinham visto a Coroa e ainda se lembrariam da visita do estrangeiro muito tempo depois. Um deles era o rabino idoso e cego de um olho que eu encontraria na sinagoga nos arredores de Tel Aviv quase setenta anos depois e que me daria sua própria versão do salvamento do códice. "Nós o vigiamos", disse o rabino, referindo-se a Cassuto. "O que fizemos? Abrimos a Coroa, a capa de pano, lembro-me disso." Ele viu que a Coroa era especial, por causa da precisão inabalável do escriba. "A beleza da Coroa não estava no fato de ser um manuscrito esplêndido – existem outros mais bonitos –, sua beleza estava no fato de que, do começo ao fim, do Gênesis às Crônicas, a escrita era a mesma. A mesma forma. Aí estava a beleza."

O professor se sentava na sinagoga e fazia anotações, reparando nas palavras do texto que tinham a grafia contestada. A Coroa, escreveu em seu diário, era uma caixa de madeira revestida de couro vermelho, e as capas do códice se prendiam às duas partes da caixa. "A costura dos fólios se desfez em diversos pontos, e o livro está separado em várias peças", escreveu. Viu que, em algumas das páginas, as palavras haviam se apagado e foram reforçadas com tinta nova por escribas anônimos no decorrer dos séculos.

No fim das contas, os anciões aceitaram deixar Cassuto passar várias horas com o manuscrito, e não apenas quinze minutos. Quando o tempo acabava, os homens com as chaves voltavam e devolviam o códice ao cofre. Essa rotina se repetiu por

Professor Umberto Cassuto.

quase uma semana até o acadêmico retornar a Jerusalém, depois de examinar apenas uma pequena parte das escrituras. Outras questões o oprimiam. Em novembro de 1943, semanas antes de ele chegar a Alepo, a SS começara a exterminar os judeus de Florença, onde o filho de Cassuto, Nathan, era rabino. Nathan e a esposa, Chana, foram mandados para a Polônia e internados no campo de concentração de Auschwitz. Nathan morreria ali. A filha de Cassuto, Hulda, fugiu dos alemães, mas seu marido, Saul, também morreu em Auschwitz. Enquanto o professor estudava a Coroa em Alepo, seus três netos pequenos estavam escondidos em Florença, para não serem capturados: os dois garotos, com famílias católicas; e a menina, com as freiras do convento de La Calza.

Após a revolta em Alepo, quando chegou a Jerusalém a notícia de que o livro fora destruído, coube ao professor Cassuto redigir o obituário para o jornal. Sua aflição pela perda do livro só parece mais lancinante quando compreendemos que Cassuto sabia bem o que era o pesar. Os judeus de Alepo, escreveu, acendiam velas diante do cofre da Coroa e ali rezavam para que os doentes fossem curados, acreditavam que ela protegia cada um deles e sua comunidade de todo mal. Descreveu as medidas de segurança: as duas fechaduras, os homens que o vigiavam o tempo todo. "O manto da lenda cobria o livro, como se as nuvens da honra e o nevoeiro da pureza o envolvessem", dizia o artigo. "Mas o conhecimento secreto e os tesouros escondidos não têm utilidade alguma, e todo o cuidado e zelo dos alepinos impossibilitavam que se aprendesse com o livro ou se desfrutasse de sua sabedoria." As medidas de segurança severas, ele escreveu – e seu ressentimento é evidente no texto impresso no jornal antigo –, foram "mais que suficientes para afastar aqueles que queriam aprender ou para dificultar seu trabalho, mas, infelizmente, parecem não ter adiantado muita coisa contra a turba revoltada".

Quando os estudiosos da Universidade Hebraica se reuniram em março de 1948, dois meses depois da publicação do artigo no *Haaretz*, para discutir a notícia de que o livro havia sobrevivido, Cassuto estava presente. Parecia agora que sua tristeza pela perda da Coroa tinha sido prematura. Ben-Zvi, que, na condição de líder político, preocupava-se mais com a ferocidade cada vez maior da guerra contra os árabes, não estava lá, mas foi informado. Os estudiosos fizeram uma segunda reunião alguns dias depois para discutir a mesma notícia, tudo isso enquanto a universidade mergulhava quase literalmente na violência. Estudantes e professores dos departamentos de física e química estavam fabricando pólvora e explosivos. Dois meses antes da reunião, em meados de janeiro, 35 combatentes judeus, em sua maioria estudantes da universidade, haviam sido emboscados e mortos ao tentarem reforçar um grupo de assentamentos sitiados ao sul de Jerusalém. O filho de Ben-Zvi, Eli, que estava defendendo um *kibutz* no norte, tombou em combate naquele mês. Cinco semanas depois da reunião, em 13 de abril, Chana Cassuto, a nora viúva do professor, que sobrevivera a Auschwitz e conseguira chegar a Israel, estaria num comboio israelita atacado de emboscada ao tentar passar por um bairro árabe a caminho do hospital no monte Scopus, bem perto do *campus* da universidade. Ela estaria entre os 78 mortos.

Os acadêmicos avaliaram a possibilidade de tentar mais uma vez trazer a Coroa para Jerusalém. A fronteira entre a Palestina e a Síria ainda estava aberta, boa parte dos anciões alepinos que frustraram a tentativa de 1943 não estava mais em cena, e os estudiosos pensavam que o *shamash* Asher Baghdadi ainda tinha o manuscrito e poderia ser convencido a entregá-lo. As informações à disposição deles estavam desatualizadas: àquela altura, o *shamash* já tinha passado o códice para os outros líderes da comunidade. Em todo caso, o professor Cassuto foi contra. "Não podemos deixar parecer que a universidade tem algum interesse em se aproveitar da tragédia da comunidade de Alepo e que está tentando obter o que não conseguiu em tempos de paz", ele disse. Além do mais, "o *shamash* não passa de um guardião temporário do que sobrou e não está autorizado a passá-lo para outras mãos, e não temos permissão para receber o códice das mãos dele".

Nada foi feito. Dois meses mais tarde, com o fim do Mandato Britânico na Palestina, a declaração de independência de Israel e a invasão dos cinco exércitos árabes, a fronteira com a Síria seria fechada de vez, e a Coroa estaria fora de alcance, lá do outro lado.

Jerusalém havia abrigado o códice tempos antes, apenas para vê-lo acabar nas mãos de saqueadores estrangeiros. A cidade teria de esperar um pouco mais pelo retorno da Coroa.

····· 7 ·····

Jerusalém saqueada

Jerusalém, 1099 d.C.

Os CAVALEIROS e soldados de infantaria cristãos sob o comando do duque Godofredo de Bulhão estavam acampados diante de uma das quinas da muralha da cidade, nos arredores do Bairro Judeu. Atrás deles, a nordeste dali, ficava o monte Scopus, onde a Universidade Hebraica viria a se situar séculos mais tarde.

As almas condenadas presas em Jerusalém sem dúvida ouviam os gritos dos soldados em línguas desconhecidas, o barulho dos carpinteiros que terminavam as grandes máquinas de cerco. Entre o domingo e a terça-feira daquela semana de julho de 1099 – uns 170 anos depois da criação da Coroa em Tiberíades, vários dias de viagem ao norte dali –, os homens de Godofredo foram trazendo a madeira de longe para construir sua bastida, uma torre de assalto. Sofriam de tal maneira com a escassez de água que "por um denário não se podia comprar o bastante para matar a sede", de acordo com um cavaleiro que nos deixou um relato minucioso desses acontecimentos, a *Gesta francorum*, mas não seu nome. Uma outra força dos cruzados, esta sob o comando de Raimundo de Saint-Gilles, conde de Toulouse, preparava-se para atacar a fortaleza que defendia o flanco oeste de Jerusalém. As privações dos cruzados sedentos empalideciam perante o sofrimento das pessoas acuadas na cidade naquela semana, e esse sofrimento, por sua vez, nada seria em comparação com o que estava por vir.

Três anos e meio haviam se passado desde que o papa Urbano II proclamara a Cruzada em Clermont, França, e cinco semanas desde que os combatentes cristãos alcançaram o túmulo do profeta Samuel no alto da colina e botaram pela primeira vez os olhos no objetivo de sua demanda. Jerusalém, que abrigava o sepulcro de Jesus, mas era governada pelos seguidores de Maomé, deve ter lhes parecido um lugar modesto, apequenado pela grandiosidade de Constantinopla e outras cidades que visitaram ou saquearam no caminho. Havia, talvez, 25 mil pessoas no interior da muralha. A cúpula de um santuário islâmico no alto do monte do Templo dominava a cidade. O cavaleiro anônimo nos conta que, conforme o cerco ia chegando ao clímax na quarta e quinta-feiras daquela semana, bispos e padres pregavam para os soldados cristãos, instruindo-os a rezar, dar esmola e jejuar. Então, ao raiar do dia na sexta-feira, as forças dos cruzados que cercavam Jerusalém atacaram as muralhas. Enfrentaram uma resistência feroz.

"Na alvorada da sexta-feira, atacamos a cidade de todos os lados, mas nada conseguimos, o que nos deixou estupefatos e receosíssimos", escreveu o cavaleiro, que respondia a Godofredo. A força de ataque descobriu, de acordo com outro cronista da batalha, que parte da guarnição muçulmana era formada, na verdade, por judeus.

Mox gentilis adest, Judaeus, Turcus, Arabsque,
Missilibus, jaculis obsistitur, igne, veneno.
At nostri jaculis opponunt pectora nuda.

Tratava-se do monge francês Gilo de Paris, que comporia seu poema alguns anos depois desses fatos.

Súbito chegaram os pagãos, judeus, turcos e árabes;
atacados por projéteis e lanças, fogo e veneno,

> mas nossos homens enfrentavam projéteis e lanças de peito descoberto,
> suportando o duro flagelo como penitência.

Segundo o costume, os habitantes de uma cidade eram convocados para defender a seção da muralha mais próxima de onde moravam. O ataque de Godofredo partia do canto nordeste de Jerusalém, perto do bairro dos judeus, e, portanto, havia judeus entre os defensores*. Hoje, essa área no interior das muralhas é o Bairro Muçulmano, e o teatro de operações de Godofredo lá fora é uma via pública movimentada, um museu de arqueologia e uma escola árabe.

Ao raiar da sexta-feira, 15 de julho, depois de uma noite de "descanso para o povo judeu", escreveu o monge Gilo, os cristãos finalmente avançaram com suas bastidas.

> As pedras que se precipitavam sobre as coberturas de vime trançado atravessavam-nas,
> e vigas, escudos e homens tombavam do alto do castelo de cerco.
> Mesmo às portas da morte, ao inimigo não faltava coragem.

A força disparatada que defendia a cidade rechaçou uma leva de atacantes após outra, entre as quais se encontrava o cavaleiro anônimo. "Contudo, quando chegou a hora em que nosso senhor Jesus Cristo se deixou padecer na cruz por todos nós", conta, "nossos cavaleiros na bastida lutaram com bravura, liderados pelo duque Godofredo e seu irmão, o conde Eustácio." O primeiro cruzado a saltar da torre para a muralha de Jerusalém foi um cavaleiro chamado Letoldo. As defesas finalmente ruíram,

---

* Gilo de Paris, o monge cluniacense francês que compôs a narrativa poética sobre os judeus que resistiram aos cruzados, não foi testemunha ocular do ocorrido, mas cronistas cruzados fazem relatos semelhantes. Um deles é Alberto de Aquisgrão, que menciona, em sua *História da expedição a Jerusalém*, "uma defesa obstinada" no porto de Haifa por parte dos "cidadãos da raça judia".

e os cristãos tomaram de roldão o Bairro Judeu, passando ao resto da cidade. Muitos habitantes correram para se proteger na mesquita de Al-Aqsa, que os cruzados diziam ser o Templo de Salomão.

"Nossos homens foram atrás deles, matando-os e abatendo-os até o Templo de Salomão", escreveu o cavaleiro anônimo, "onde o massacre foi tamanho que nossos homens andavam até os tornozelos no sangue inimigo." Nesse ponto, todos os cronistas cristãos competem pela descrição mais sangrenta: os relatos diferem em relação ao sangue, que chegava ora aos tornozelos, ao alto das botas, às panturrilhas ou aos joelhos dos combatentes, ora às rédeas dos cavalos. Os cruzados chacinaram vários milhares de pessoas no monte do Templo. Um grupo de homens e mulheres se escondeu no teto de Al-Aqsa, e, num ato isolado de misericórdia, dois comandantes cruzados entregaram-lhes seus estandartes, para protegê-los de todo mal. Mais tarde, porém, outros combatentes cristãos chegaram ao teto da mesquita e mataram o grupo todo mesmo assim, atirando os corpos para baixo. Em outro ponto da cidade, os cruzados decapitavam soldados e não combatentes, além de obrigar os feridos pelas flechas a se atirarem das torres. Outras tantas pessoas foram torturadas e queimadas vivas. Os soldados provençais que não participaram da pilhagem ao monte do Templo pegaram os cadáveres que já haviam sido despojados de seus pertences valiosos e os estriparam, para procurar entre as vísceras o dinheiro engolido como medida de segurança. Em seguida, queimaram os corpos e peneiraram as cinzas à procura de ouro. Os cristãos tomaram cavalos e mulas, apoderaram-se de casas e saquearam locais de oração. De acordo com um cronista muçulmano, muitos judeus da cidade fugiram para uma das sinagogas, à qual "os francos atearam fogo, com todos lá dentro".

O povo judeu, naquela época, encontrava-se dividido pelo cisma mais perigoso de sua história, e havia duas seitas na cidade.

A primeira era a dos rabanitas, que seguiam as leis e tradições orais dos rabinos: são os predecessores dos judeus de hoje. A segunda era rival da primeira, formada por partidários da heresia caraíta que só obedeciam às leis escritas na Torá e rejeitavam os rabinos, suas restrições e brechas para escapar delas. Os caraítas prosperavam nas terras do Islã, e Jerusalém era um de seus centros. Estão praticamente extintos em nossa época, mas sua pujança, durante algum tempo, desafiou o judaísmo dos rabinos. Para os caraítas, somente as palavras da Bíblia eram verdadeiras, e nada era capaz de desviar a atenção deles desse livro. Sua denominação significava "o povo das escrituras". Era justo, portanto, que detivessem seu exemplar mais perfeito.

Em algum momento do século XI, um patrono rico dos caraítas havia comprado o códice criado por Ben-Asher, também caraíta, como acreditam muitos estudiosos. Uma dedicatória registrada na Coroa nos informa que o nome desse doador era Israel, filho de Simha, da cidade de Baçorá, no atual Iraque, e que ele era "sábio, engenhoso, probo, honesto e generoso". Israel doou o manuscrito à sinagoga caraíta de Jerusalém, onde seria guardado pelos "grandes líderes" da seita na cidade, Josias e Ezequias. Deveria ficar sempre aos cuidados deles. Três vezes por ano, nos dias de festa, de acordo com a inscrição, os líderes deveriam exibir publicamente seu tesouro às "comunidades da cidade santa". Surpreendentemente, parece que isso incluía até mesmo os rivais rabanitas. A importância do códice era tal que transcendia a rixa sectária dos judeus. Naqueles dias, esperava-se que as pessoas "o lessem, examinassem e usassem para ensinar tanto quanto lhes aprouvesse", e, se em qualquer outra época do ano um estudioso quisesse usar o códice, os líderes deviam "mostrar-lho, para que visse, conhecesse e compreendesse".

Mesmo antes da chegada dos exércitos cristãos do Ocidente em 1099, os judeus haviam passado por várias décadas desconcertantes e violentas de turbulência. O poder do califado abássida de Bagdá, com suas bandeiras negras, fora transferido para a dinastia fatímida no Cairo, e então as forças rapinantes dos turcos seljúcidas chegaram a Jerusalém com seus exércitos de arqueiros montados, passando a controlar a cidade para, pouco depois, se verem expulsos pelos fatímidas, não muito antes de aparecerem os cristãos. Baseando-se, em parte, no cálculo de que mil anos haviam se passado desde a destruição do templo por Roma, muitos judeus do Oriente Médio e da Europa, consultando seus livros proféticos, concluíram que os fatos tenebrosos das últimas décadas do século XI só podiam indicar que o Fim dos Tempos estava próximo.

"Ramo do filho de Jessé, até quando continuarás enterrado?", escreveu o poeta judeu andaluz Salomão Ibn Gabirol. Era uma referência ao rei Davi, filho de Jessé, de cuja estirpe viria o Messias. "Por que um escravo haveria de governar o filho da nobreza? Faz mil anos que fui escravizado", escreveu. Uma outra história anterior às Cruzadas falava de um homem na França ou Espanha que subia às copas das árvores à noite e voava de uma para outra, cumprindo, assim, a profecia do livro de Daniel: "*e eis que vinha nas nuvens do céu um como o filho do homem*". As autoridades gentílicas executaram o impostor.

"Vi as tropas do Ocidente que em massa se moviam, e não sei onde hão de virar", escreveu um certo Menachem, filho de Elias, de algum ponto do Império Bizantino, ao ver os cruzados avançarem. Contou que um embusteiro que alegava ser o profeta Elias, arauto do Messias, havia se revelado no Helesponto, e que chegara do reino judeu dos cazares a notícia de que dezessete comunidades percorriam o deserto para encontrar as dez tribos perdidas de Israel. O Messias estava chegando. "Quando os ocidentais, todos eles, alcançarem a Terra de Israel, a eira estará cheia, e então Deus ordenará: '*levanta-te e debulha, ó filha de Sião*'", escreveu, citando o profeta Miqueias.

Se alguns enxergavam nisso os presságios da redenção, outros viram a catástrofe. Quando os cruzados plebeus, em sua sangrenta expedição a Jerusalém em 1096, passaram comunidades israelitas inteiras a fio de espada na Renânia, um judeu escreveu: "Esperávamos a paz, mas recebemos o pesar; procurávamos a redenção, mas encontramos o terror". A notícia do massacre chegou a Jerusalém possivelmente dois anos antes do exército cruzado, e pode-se imaginar o efeito que isso teve sobre as pessoas encurraladas no interior das muralhas.

As forças que atacaram a cidade eram movidas por sua própria interpretação dos mesmos livros divinos. De acordo com um cronista, os cruzados não esqueciam a ira com que Deus se voltou contra o rei Saul quando este poupou um rei inimigo, em vez de cumprir a ordem de matar todo vivente que encontrasse. "De espadas desembainhadas, nossa gente percorreu rapidamente a cidade", escreveu um historiador cruzado, "e não poupou quem quer que fosse, mesmo quando imploravam misericórdia." O cavaleiro anônimo viu corpos empilhados "em montes altos como as casas" do lado de fora das muralhas. "Ninguém jamais presenciara nem ouvira falar de tão grande chacina de pagãos, pois foram queimados em piras que lembravam pirâmides, e ninguém além de Deus saberia dizer quantos eram", escreveu. Quando chegou a Jerusalém em dezembro daquele ano, cinco meses depois dos combates, o clérigo Fulquério de Chartres relatou que a fedentina dos mortos ainda era tão forte que ele e os companheiros foram obrigados a cobrir o nariz e a boca. Os cruzados destruíram o bairro dos judeus, até mesmo as sinagogas, e podemos supor que, com elas, foram-se centenas ou milhares de rolos e códices sagrados. Tomaram alguns dos livros remanescentes como butim, sabendo que os judeus pagariam para redimi-los. Um dos volumes a sobreviver foi um códice em hebraico, com três colunas por página, 28 linhas por coluna.

A notícia da destruição de Jerusalém logo chegou à próspera comunidade judaica de Fostate, às margens do Nilo, vizinha à metrópole islâmica do Cairo. O líder da comunidade celebrou os ritos de lamentação ao recebê-la, rasgando as vestes e "chorando pelos mortos e os rolos da lei profanados", de acordo com uma testemunha. "Os francos chegaram e mataram todos na cidade, pertencessem a Ismael ou Israel, e os poucos que sobreviveram ao massacre foram feitos prisioneiros", escreveu um outro judeu no Egito. Um terceiro, porém, descreveu o "grande desastre" que se abatera sobre os judeus de Jerusalém: sua sinagoga foi queimada, e muitos foram mortos ou capturados, juntamente com suas Torás.

Os judeus de Fostate pareciam se preocupar com os livros quase tanto quanto se preocupavam com as pessoas, e a correspondência da época mencionava ambos. Respondendo aos apelos que vinham da Terra Santa, esses judeus se reuniram em sua sinagoga, enviaram cartas, levantaram dinheiro e, no prazo de um mês, despacharam um emissário que levava dinares e instruções para "redimir os Rolos da Torá e [pagar o] resgate do povo de Deus, aprisionado pelo Reino do Mal, que Deus o destrua". Os livros são os primeiros a aparecer na frase. Um homem rico da cidade litorânea de Ascalão tomou um empréstimo e redimiu cem exemplares dos livros dos Profetas, oito rolos da Torá e 230 códices da Bíblia. Os cativos comprados aos francos foram levados por terra a Fostate, atravessando o deserto, pois as naus de guerra dos cruzados agora patrulhavam a costa. Muitos judeus pereceram no caminho.

O códice de Tiberíades, intacto, deixou a cidade saqueada e foi exilar-se no Egito. Uma das inscrições da Coroa ordenava que nunca fosse redimida, uma tentativa antecipada de impedir que a roubassem. Mas a ordem foi ignorada, e está claro que o resgate foi pago. Juntamente com outros despojos de Jerusalém destruída, o livro cruzou o deserto e chegou a um lugar seguro em Fostate, onde foi entregue a um escriba. "Removida pela comunidade do Egito e por direito de remissão dos espólios de Jerusalém, a cidade santa, que venha a ser reconstruída", ele escreveu.

..... 8 .....

O pulo

Bahiyeh, a filha do *shamash*, repetiu para mim a pergunta exatamente como a ouvira tantos anos antes: num sussurro. Ela sabia que havia informantes em toda parte, apesar de ter apenas doze anos.

"*Fi tafeh*?" Vai ter pulo?

Era outubro ou novembro de 1948. O novo Estado de Israel, proclamado em maio daquele ano, batalhava contra as forças militares combinadas do mundo árabe, que incluíam o exército sírio. Bahiyeh sabia que o tal "pulo" era um grupo prestes a deixar ilegalmente o país e entrar em Israel. Os foragidos se arriscavam a acabar na prisão ou coisa pior. Os judeus não tinham permissão para deixar a Síria, nem mesmo para viajar entre uma cidade e outra do país: o regime não queria que os judeus dali reforçassem as fileiras sionistas, e parece que os via como moeda de troca e uma válvula de escape conveniente para a indignação popular. Não demoraria muito para o governo começar a carimbar os passaportes deles em vermelho com a palavra *mousawi* – "mosaico", de "Moisés", que significava "judeu" –, para que pudessem ser identificados com mais facilidade. Já circulavam histórias sobre o que acontecia com quem era flagrado tentando escapar, histórias que só ficariam mais frequentes e piores nos meses e anos que se seguiriam: atiravam-se os foragidos nas prisões do regime, onde eram torturados e passavam fome. Outros simplesmente desapareciam durante o percurso. Mas havia bons motivos para tentar mesmo assim. Em agosto de 1948, um ou dois meses antes de Bahiyeh começar a ouvir falar para valer dos "pulos" secretos, uma turba em Damasco matou treze judeus, entre eles oito crianças. Havia agentes israelenses trabalhando em segredo na Síria, e havia árabes sírios dispostos a ajudar em troca de dinheiro. Havia maneiras de sair do país para quem se dispusesse a correr o risco.

O *shamash* não queria abandonar sua casa nem sua sinagoga em ruínas. Mas a mãe de Bahiyeh, Gratzia, queria tirar da Síria as três filhas adolescentes – Frieda, Carmela e Rachel –, pois temia que fossem estupradas ou sequestradas pelos muçulmanos. Teria sido algo impossível não muito tempo antes, quando a antiga ordem social e o lugar que os judeus ocupavam nela ainda estavam assegurados, mas a antiga ordem não mais se aplicava. Um dos irmãos adultos de Bahiyeh cuidou de tudo, e um contrabandista transportou as três moças mais velhas até o outro lado da fronteira com o Líbano, dominado pelos cristãos e ainda relativamente seguro. A partir dali, atravessaram a pé os limites setentrionais e montanhosos de Israel e chegaram a um *kibutz* de fronteira. Com isso, restavam Bahiyeh e seis de seus irmãos e irmãs.

O pulo de Bahiyeh se deu às 22h de uma certa noite no fim de 1948. Levando apenas uma bolsinha e suas joias, Gratzia Baghdadi enfiou as crianças no banco traseiro de um táxi. Bahiyeh tinha apenas o vestido e os sapatos que usava naquele momento. A mãe molhou a mão de um soldado para passar por um posto de controle na estrada ao sul de Damasco, onde o táxi os deixou na casa de uma família cristã que, sabia-se lá como, havia se transformado numa parada obrigatória da rota clandestina para Israel.

Bahiyeh lembrava-se de uma mulher que saiu da casa, com o dedo sobre os lábios: se pegarem vocês aqui, vão mandar todos de volta, ela disse às crianças.

Um outro táxi os apanhou, cruzou com eles a fronteira do Líbano e os deixou numa sinagoga em Beirute. O chão estava coalhado de colchões e tomado por outros refugiados. Alguém deu a cada um dos recém-chegados um pedaço de *halawi* e uma fatia de pão.

Lembrem-se, não conheço vocês, e vocês não me conhecem, um árabe disse à família na noite seguinte ao levá-la, acompanhada de outras dez pessoas, a um ponto de encontro em algum lugar nos arredores de Beirute.

Ande com as crianças como se estivessem passeando, ele disse à mãe de Bahiyeh, como se fosse normal uma família israelita passear à noite pela zona rural libanesa. Recomendou que não dessem um pio. Era inverno, estação em que as frutas cítricas amadureciam, e os ramos baixos e carregados acertavam a cabeça de Bahiyeh, que seguia a mãe por um pomar de toranjas. O bater das frutas em sua cabeça seria a lembrança mais nítida que a filha do *shamash* teria décadas depois.

Não tardaram a chegar ao litoral. Barcos de pesca esperavam por eles, e um homem a jogou dentro de um deles como se ela fosse um saco de farinha. O barco estava tão superlotado que Bahiyeh poderia estender o bracinho por cima da amurada e tocar as ondas. Começou a chover, e um dos pescadores sugeriu aos que tivessem um Deus que começassem a rezar. Uma mulher chorava, pois não conseguia encontrar seu rebento, que devia estar em outro barco.

Depois de algumas horas no mar, Bahiyeh foi retirada do barco e, com dificuldade, andou até uma praia muito parecida com aquela que acabara de deixar. Homens de camisa azul estavam a postos para recebê-los. Entregaram cobertores e chá quente aos recém-chegados. Também lhes deram arenque em conserva, uma iguaria da Europa Oriental, e devem ter pensado que faziam uma gentileza. Bahiyeh, criada à base de queijo e especiarias em sua cidade, achou a coisa abominável. Nunca mais voltaria a ver Alepo.

Bahiyeh Baghdadi, de doze anos, foi uma das centenas de milhares de pessoas da Europa, do norte da África e do Oriente Médio a entrar no novo Estado de Israel naquele ano, enquanto grassava a guerra com os árabes. Cedo ou tarde, quase todos os judeus que viviam em países árabes seriam expulsos, e dois terços desse contingente chegariam a Israel: profissionais liberais francófonos das cidades mediterrâneas, integrantes dos clãs das aldeias esquálidas do interior, torrentes de refugiados que vinham de todo lugar entre o Marrocos e o Irã. A maioria era pobre; quem tinha mais condições preferia a Europa e as Américas. Os agentes de imigração israelenses levavam os refugiados para turboélices fretados em pistas de decolagem desertas ou barcos que aguardavam em segredo nas angras escuras do litoral norte-africano, e dali para a confusão ensolarada do novo país.

Esses recém-chegados pouco tinham em comum com os judeus europeus, que até então eram a maioria. Alguns líderes de Israel, mesmo que se esforçassem para abrigar, vestir e empregar os novatos, viam-nos como espécimes inferiores de que o novo Estado precisava principalmente porque sua pretensa força de trabalho europeia fora aniquilada. Tinham a tendência de se referir a todos os novos imigrantes, até mesmo os europeus, segundo as generalizações étnicas e arrogantes da época. Um relatório governamental declarava que os imigrantes da Europa eram preguiçosos e não se prestavam ao trabalho braçal; os sírios, iraquianos, iranianos e líbios eram "geralmente saudáveis"; e os norte-africanos, "em sua maioria desamparados, esquentadinhos, desorganizados e nacionalistas" e "de nível sociocultural baixo". Os turcos eram "bom material humano", e os iemenitas eram "perspicazes". Um membro do parlamento israelense, o Knesset, descreveu os judeus dos países árabes como "medievos", em geral. No auge da onda migratória que se seguiu à fundação de Israel, o Ministério de Relações

Exteriores mandou um memorando a seus representantes, destacando que a maioria dos recém-chegados vinha do Oriente Médio: "isso afetará todos os aspectos da vida no país", dizia, alertando que a "preservação do nível cultural do país exige um influxo migratório do Ocidente, e não só dos atrasados países levantinos". Um alto funcionário da Agência Judaica, que cuidava da imigração, afirmou: "Talvez não sejam os judeus que queríamos, mas não podemos lhes dizer que não venham". Apesar dessas ressalvas e discriminações, a imigração nunca foi limitada de uma maneira significativa, e Israel fez de tudo para trazer o máximo de judeus o mais rápido possível, independentemente de origem, e para assimilá-los dentro de suas possibilidades.

Mais ou menos na época em que Bahiyeh fugiu, apareceu um cartaz numa parede perto do Shika Café, em Alepo, com uma lista de garotos que seriam recrutados pelo exército sírio. Vários deles eram judeus, oficialmente considerados sírios como todos os demais e, portanto, não dispensados do serviço militar. Um deles era Rafi Sutton, o espião aposentado que fui conhecer já idoso. Ele tinha, então, dezessete anos.

Àquela altura, já fazia meses que Rafi via os rapazes muçulmanos passarem marchando ou em caminhões abertos pelas ruas antes de partirem animados para o campo de batalha na Palestina. Muitos eram garotos da sua vizinhança. Levavam fuzis, que volta e meia disparavam para o alto, usavam na cabeça lenços quadriculados, faziam ginástica e praticavam com as armas num campo de futebol perto da casa dele. Com o prolongamento do conflito e a coisa começando a ir de mal a pior para os sírios, ele passou a ver soldados, alguns enfaixados e apoiados em muletas, voltarem para casa em jipes e caminhões crivados de buracos de bala.

Rafi se apresentou à junta do serviço militar em maio de 1949, como o instruíram a fazer. Rafi ouvira histórias sobre o que aguardava os soldados judeus no exército e, quando saiu com uma nova carteira de identidade militar e uma data de convocação oficial para daí algumas semanas, ele parou nos degraus largos do edifício e jurou que encontraria uma saída.

A família de Rafi chegara a Alepo 450 anos antes, depois que os cristãos da Espanha expulsaram os judeus. A história de como chegaram estava no sobrenome da família - não na versão anglicizada, Sutton, mas na original, Setehon. Conta a história que um dos exilados espanhóis era um rabino de sobrenome Seton. Chegando a um porto, foi obrigado a decidir para onde iria. O mundo conhecido não se estendia muito além na direção oeste. Não muito longe dali ficavam Gibraltar e o que os estudiosos gentios chamavam de *finis terrae*, com mares desconhecidos mais adiante. Por isso, o rabino decidiu seguir para o leste. Ouvira falar de uma cidade logo depois da orla oriental do Mediterrâneo onde os judeus, sabia-se lá como, viviam ininterruptamente havia milhares de anos: Alepo, um farol para um homem reduzido a trouxas com seus pertences e livros, uma esposa e um monte de crianças desabrigadas. Para angariar o favor da providência divina na perigosa travessia marítima, ele tomou a letra hebraica que representa o nome de Deus - *heh*, que se pronuncia como o *h* na palavra inglesa *hat* - e a inseriu em seu sobrenome. No Gênesis, Deus fizera algo parecido com Abrão, o filho dos idólatras, que passou a ser Abraão. Seton virou Setehon, e o rabino esperava que, com isso, sua família chegasse sã e salva a seu novo lar. Ele deve ter se orgulhado de sua precaução quando lograram êxito.

Os descendentes do rabino teriam de se mudar mais uma vez. Para Rafi, a saída passava pelo ponto de táxi na porta do Hotel Baron, um ponto de referência importante de Alepo, onde T. E. Lawrence havia se hospedado quando ainda era Lawrence da Arábia, e onde Agatha Christie foi hóspede enquanto escrevia *Assassinato no Expresso do Oriente*. Os judeus, via de regra, não dirigiam táxis, mas havia uma exceção: um homem conhecido em toda parte pela alcunha de Ufo e que fazia a linha Alepo-Beirute para a empresa de táxis Al-Karnak. Rafi o procurou em meio ao burburinho de taxistas e prostitutas na frente do Baron.

Todos os pontos de travessia da fronteira ali no sul da Síria que levavam diretamente a Beirute eram patrulhados intensamente, disse o taxista. Em vez disso, tentariam entrar no Líbano pelo norte, seguindo de carro pela rodovia litorânea até a cidade de Trípoli, onde pouca gente cruzava a fronteira e o patrulhamento seria menos intenso. Rafi deveria vestir-se como árabe, de solidéu e manto brancos, e nada mais levar consigo. Partiriam num horário em que não se esperava que judeu algum tomasse a estrada: no *shabat*, quando conduzir veículos era proibido. Rafi nunca havia profanado o *shabat* e se sentiu mal só de pensar nisso.

Mesmo assim, no último *shabat* de maio, às cinco da manhã, Ufo estacionou o carro na frente da mesquita perto da casa de Rafi, apagou os faróis e bateu à porta. O pai de Rafi apertou a testa do filho com a mão para abençoá-lo. A mãe chorou, e a irmã, parada à soleira da porta, se despediu às pressas quando ele correu para fora. Dentro do táxi havia outros dois garotos judeus. Tiraram as roupas europeias e vestiram os trajes árabes. O primeiro soldado que encontraram no posto de controle nos arredores da cidade fez algumas perguntas e, com um aceno, mandou que prosseguissem. Pararam numa cidadezinha pelo caminho para matar o tempo, porque o taxista queria chegar à travessia depois de escurecer, daí seguiram para a fronteira, passando por aldeiazinhas do litoral mediterrâneo. Era quase meia-noite quando o táxi finalmente se aproximou da fronteira libanesa. Havia um posto de vigilância das forças armadas algumas centenas de metros adiante, descendo o morro. As luzes estavam apagadas.

O taxista desligou o motor e os faróis e deixou o carro rodar. A 45 metros do posto de controle, acionou os freios. Todos se puseram a ouvir: silêncio. O taxista saiu do carro e foi andando até o posto de fronteira, onde viu dois soldados adormecidos dentro da guarita. Ele puxou com todo o cuidado a corda que erguia a cancela, voltou para o carro, deixou a porta aberta para não fazer barulho sem necessidade e continuou descendo na direção do posto. Rafi chegou a pensar que seu coração disparado acordaria os guardas. O medo era tão grande que ele sentia a força se esvair de suas pernas. Então já estavam do outro lado, haviam deixado para trás Trípoli, os jardins e as igrejas de Jounieh nos arredores de Beirute, e seus tios, os joalheiros que deram o rádio Zenith à família de Rafi, já erguiam os olhos de suas bancadas para ver a porta do estabelecimento se abrir e deixar entrar o filho da irmã alepina.

Rafi queria entrar em Israel por terra, mas esse plano foi arruinado pela notícia de que as autoridades libanesas, geralmente nada afeitas a intervir, resolveram mostrar serviço contra Israel, reprimindo os refugiados judeus que atravessavam clandestinamente a fronteira. Não muito antes de Rafi chegar, os libaneses haviam detido um grupo de judeus sírios na fronteira bem no meio da noite e mandado todos eles para a prisão. Sem ter o que fazer em Beirute, Rafi deu para frequentar o Café Bahrain, perto do porto, onde certo dia um pescador de trinta e poucos anos lhe perguntou se ele tinha fogo. Rafi não fumava. O pescador usava um colar com um crucifixo e dizia se chamar Michel. Depois de encontrar Michel uma ou outra vez no prazo de algumas semanas, Rafi criou coragem para fazer um teste. Disse ao pescador que conhecia um homem que precisava entregar uma caixa na ilha de Chipre. Michel estaria disposto a fazer o serviço?

Dependia do valor, Michel teria dito, de acordo com o que Rafi se lembrava. Um preço justo seriam quinhentas libras. Rafi concordou de cabeça. Alguns dias depois, voltou a procurar Michel e mencionou que conhecia duas pessoas devidamente

Rafi Sutton em Beirute, 1949.

documentadas que precisavam ir para Chipre. Ele as levaria? Sim, Michel respondeu.

Alguns dias depois, Rafi informou Michel de que as duas pessoas tinham mudado de ideia, e agora queriam ir para outro lado.

Que outro lado?, perguntou Michel. Para onde mais se pode ir daqui, se não para a Palestina?

Digamos que seja para a Palestina, Rafi respondeu, e pensou: pronto, está dito.

Michel talvez não tenha ficado tão surpreso quanto Rafi esperava. Por que começar com toda aquela baboseira sobre Chipre e a caixa?, perguntou. Diga logo que quer fugir para Israel, e eu o levo para lá.

A coisa estava ficando complicada demais para um adolescente, e logo figuras da comunidade judaica de Beirute estavam cuidando do planejamento. Não demorou muito para o grupo passar de três garotos alepinos para algumas dezenas de maioria síria e uns judeus iraquianos que também foram parar no Líbano. No fim das contas, já eram mais de 150 pessoas. Em vez de um barco de pesca, levariam dois barcos grandes, que seriam pilotados por parentes de Michel. A data foi marcada para a festa de Rosh Hashaná, pelo mesmo motivo que os meninos haviam saído de Alepo no *shabat*: ninguém suspeitaria que eles tentariam cruzar clandestinamente a fronteira no ano-novo judaico.

Em pequenos grupos e ainda durante o dia, os foragidos foram chegando de táxi ao movimentado porto pesqueiro de Beirute e transportados em lanchas para os barcos que os aguardavam. Não levavam bagagem e se vestiam como turistas. Rafi foi sentar-se perto da proa, espremido entre outros corpos, com os sapatos que comprara um dia antes mergulhados na água até os tornozelos. Estava usando todas as roupas que possuía, que incluíam cinco pares de meias, quatro cuecas e várias camisetas e calças.

Um dos barcos logo saiu do curso, então o motor pifou, e os passageiros perderam a costa de vista. Um barco rebocou o outro. No barco de Rafi havia um homem que ele reconhecera como um advogado importante de Alepo e, quando este tirou os óculos escuros horas depois, Rafi achou graça ao ver a forma das lentes marcadas em branco no rosto do advogado avermelhado pelo sol. O tempo virou, a noite caiu, ventos enregelantes seguiam-se a pancadas de chuva, e uma viagem que devia levar apenas algumas horas prolongou-se noite adentro até o dia seguinte. Os foragidos tremiam de frio e exaustão quando finalmente escutaram o som do casco batendo nas pedras.

Rafi chapinhou na água das piscinas naturais com seus sapatos estragados, evitando as pedras afiadas do litoral da Galileia, e foi desabar na areia. Não tardou a ver os faróis de um jipe e algo que por pouco achou que não pudesse ser real: dois policiais correndo na direção da praia, berrando numa língua que ele só conhecia da sinagoga. Foram cercados pelos refugiados, que lhes seguravam as mãos, aos prantos. Era setembro de 1949, o segundo dia do ano-novo judaico.

····· 9 ·····

O presidente

QUANDO SE TORNOU presidente de Israel, Yitzhak Ben-Zvi não esqueceu a Coroa de Alepo. Nada disso. Ele usou a influência de seu novo cargo para ajudá-lo em sua busca. Seu jovem chefe de gabinete, David Bartov, ouviu falar da Coroa pela primeira vez logo depois de Ben-Zvi assumir o cargo em 1952 e ainda ouviria regularmente falar dela outras tantas vezes. Bartov acreditava que o país tinha problemas mais urgentes e brincava com os outros servidores sobre as "alucinações" do presidente, ele me contaria bem mais tarde, ao me conhecer, agora um homem digno e de movimentos lentos num residencial geriátrico de Jerusalém.

Jerusalém, onde ficava o gabinete da presidência, era uma cidade dividida. Ouviam-se tiroteios regulares de uma ponta à outra da linha urbana que separava o lado judeu no oeste do setor árabe no leste, controlado pela Jordânia. Israel era um campo de refugiados caótico, heroico e desesperado, um país de apenas quatro anos de idade cuja população havia mais do que dobrado desde a independência, suas cidades e campos de assimilação estavam abarrotados de judeus europeus de paletó e boné, mulheres com números tatuados na pele, pastores das montanhas do Atlas de túnica longa e mãos pintadas com hena, iemenitas, russos, romenos, gregos, uma massa confusa e depauperada de humanidade que, de alguma maneira, sentia-se ao mesmo tempo em casa e sem casa. "A 'congregação dos exilados', como os sionistas se referem a essa invasão sofrida, é o principal motivo de orgulho – e também o principal fardo e o desespero crescente – do Estado de Israel", contou um jornalista da *New Yorker* numa carta mais ou menos contemporânea. Assimilar os imigrantes – particularmente aqueles que vêm do Oriente – num estado viável exigirá milagres, ele escreveu, acrescentando, porém, como convite à reflexão: "Aonde for neste país, o visitante verá sinais da iminência desses milagres".

Depois de assumir a presidência, um cargo simbólico que concedia a quem o detinha pouco poder político, mas consideráveis estatura e autoridade aos olhos do público, Ben-Zvi se reuniu com um líder judeu norte-americano importante e tentou convencê-lo a financiar uma tentativa de obter a Coroa. O norte-americano, ao sair da sala do presidente, encontrou o jovem chefe de gabinete e girou o dedo indicador contra a própria têmpora: Ben-Zvi era louco. O presidente tentou o primeiro-ministro do país, David Ben-Gurion, mas foi encontrá-lo preocupado com outras questões. Numa ocasião diferente, o presidente disse a seu chefe de gabinete para convocar o diretor do Mossad. O novo serviço de inteligência tinha agentes na Síria que estavam organizando a emigração ilegal e recolhendo informações, e talvez pudessem ajudar. Bartov não participou da reunião, mas lembrava-se de um incrédulo Ben-Zvi lhe contando mais tarde que o espião mais importante do país não fazia ideia do que *era* a Coroa de Alepo. Depois disso, por dias a fio, o presidente perguntaria a Bartov se o Mossad respondera, e todas as vezes o chefe de gabinete era obrigado a dizer não. Por fim, ele teve de informar Ben-Zvi de que os espiões de Israel tinham outros compromissos e não poderiam aceitar a missão do presidente.

Yitzhak Ben-Zvi era um dos líderes e símbolos mais importantes da nação. À semelhança de Ben-Gurion, seu amigo e colega, ele era membro de um grupinho de revolucionários utópicos que fugiram da perseguição e da miséria opressiva na zona de assentamento judeu da Rússia no começo do século XX, trocando-as por uma vida de labuta incessante, episódios recorrentes de malária, discussões ideológicas violentas e busca de um sonho improvável na Palestina turca. No fim, Ben-Zvi e seus camaradas haviam criado o Estado judeu que desejavam mesmo contra todas as probabilidades, quase que contra a própria lógica dos incidentes humanos. Encararam a história e viram-na se dobrar à sua vontade. "Com a tenacidade que os latinos dedicam ao amor e os franceses, à comida, eles buscaram e entregaram a ideia de um Sião Redivivo", escreveu o historiador israelense Amos Elon a respeito dessa geração. "Seu principal passatempo era compor diatribes argumentativas, litigiosas e ideológicas uns contra os outros, defendendo a superioridade de uma concepção de socialismo ou sionismo, ou um amálgama de ambos, sobre todas as outras."

Ben-Zvi, a exemplo de outros líderes do país, tinha os olhos cruelmente fixos e firmes no futuro, mas diferia de boa parte deles por se deixar fascinar pelo passado. Era um viajante ávido, e dizia-se que sabia falar oito línguas. Observando os diversos costumes e idiomas dos judeus do mundo, Ben-Zvi viu traços de uma identidade nacional comum que "nem as nevascas nos cantos mais remotos do Norte nem as tempestades do Iêmen conseguiram extinguir". Era aficionado por arqueologia e via a busca por vestígios físicos do passado como uma maneira de estabelecer um elo físico entre o povo de Israel e sua terra. Os novos pioneiros, porém, por marcharem rumo a um glorioso futuro socialista, tinham pouca serventia para o passado e muitas vezes destruíam negligentemente os artefatos que desenterravam; Ben-Zvi organizou simpósios para educar o Novo Judeu que ele ajudara a criar a respeitar as antiguidades.

O presidente também diferia de muitos de seus iguais na liderança israelense no que tocava à sua maneira de abordar os novos imigrantes que chegavam do Oriente. Ele tinha em comum

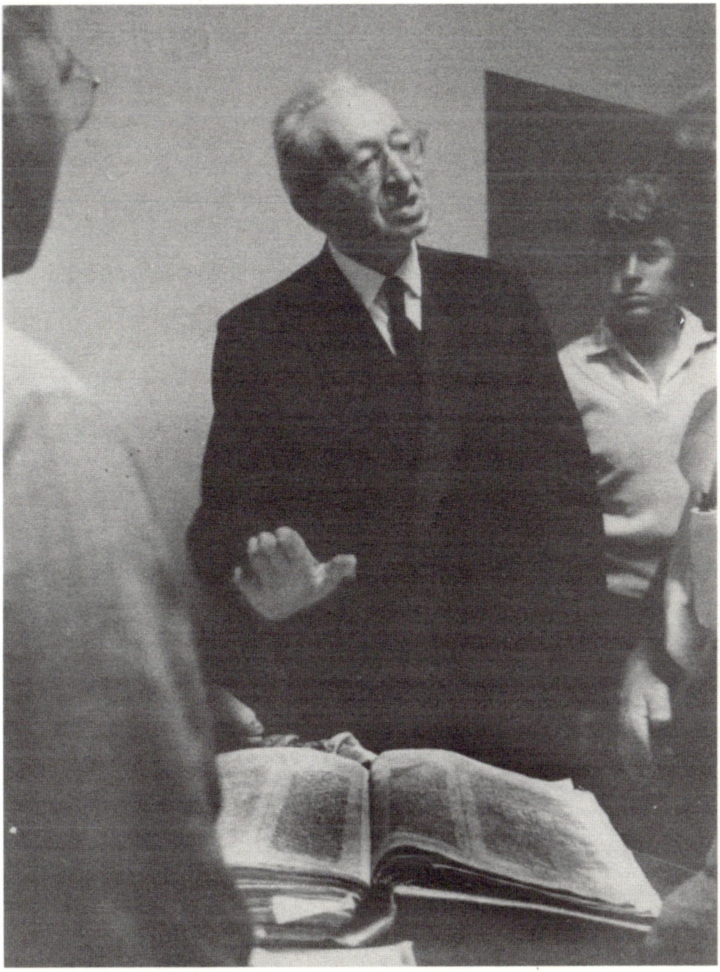

Presidente Ben-Zvi e um manuscrito hebraico.

com os colegas o paternalismo acidental, mas não o desdém. Ele via uma cultura "em que sobravam tradições ricas e capacidade de transmissão", se bem que "escondida sob um pálio de primitivismo e levantinismo". Ele tinha fascínio por esses judeus e montou um centro acadêmico para estudá-los, o Instituto para

Estudo das Comunidades Judaicas do Oriente Médio. Seu novo instituto havia escolhido "as tribos judaicas mais retrógradas", disse ele em 1952, pessoas "cujos bens culturais não têm um curador responsável".

O exílio dos judeus chegara ao fim, no que dizia respeito a Ben-Zvi, e devia agora ser estudado e comemorado em museus. A mística da Coroa, que fora escrita na terra de Israel e depois preservada por uma das colônias mais veneráveis do judaísmo no Oriente e que agora se encontrava torturantemente indisponível, roçava vários de seus interesses ao mesmo tempo. Um símbolo judaico tão forte precisava estar em Jerusalém, a capital do novo Estado que havia tomado o lugar da Diáspora. Mais especificamente, tinha de estar no instituto de Ben-Zvi, onde, sonhava ele, seria estudado por acadêmicos, e não guardado em sigilo por rabinos.

Os Arquivos do Estado de Israel contêm uma carta escrita em 1953 pelo rabino-chefe sefardita de Israel, Ben-Zion Ouziel, num hebraico floreado, sapecado de citações das escrituras e dirigido aos líderes da comunidade de Alepo no exílio, rogando-lhes que mandassem a Coroa para Jerusalém. Assim como o presidente, o rabino recebera permissão para ver o livro muito de relance na sinagoga de Alepo e nunca o esquecera. Ele acreditava que a Coroa ainda estivesse nas mãos do mercador cristão, um sinal de como era difícil obter informações precisas sobre o paradeiro do manuscrito, que já não estava mais nas mãos dos judeus havia anos. "Desde que soube que a antiga sinagoga de Arã-Tzova foi destruída", escreveu o rabino, "e que a Coroa foi removida do lugar e das mãos fiéis que a guardavam – como pude ver com meus próprios olhos à época, quando a mantinham numa caixa de ferro como se fosse um tesouro precioso, e, de fato, o é, como se dizia: *ela é mais cara que pérolas, e não há nada em nossos pertences que se compare* –, vivo temeroso com a sina desse manuscrito precioso." Ele continuaria:

> Ouvi dizer que hoje está com um gentio, guardada em local secreto. Gostaria de supor que esse gentio que a detém fosse um homem de confiança, mas, no fim das contas, não passa de uma pessoa transitória que mesmo em vida poderia mudar de ideia nas atuais circunstâncias. Temo, portanto, que a Coroa caia, durante a vida dele ou depois de sua morte, em mãos estrangeiras das quais não conseguiremos resgatá-la. Se essa Coroa preciosa – que nossos pais e rabinos labutaram para passar aos filhos de sua comunidade, para que continuasse protegida nas mãos de Israel – se perdesse, nosso silêncio seria considerado um pecado.

Após essa introdução, o rabino passou para o que ele acreditava ser o âmago do problema: a maldição que recairia sobre quem tirasse o livro do lugar.

> Ouvi dizer que os filhos de Arã-Tzova têm medo de tocar nesse livro sagrado por causa do que se escreveu sobre a pessoa que o tirará do lugar. Mas agora, já que a Coroa foi arrancada de seu lugar e retirada das mãos que a guardavam, trata-se de um medo vão, e não se pode deixá-la nas mãos de estrangeiros. Não há dúvida de que essa não era a intenção daqueles que escreveram o livro e de que, longe disso, era a opinião e o desejo deles que a Coroa permanecesse sob a guarda zelosa e cuidadosa de Israel. E se não o fizermos, seremos todos responsáveis perante Deus, o outorgador da Torá, e perante aqueles que escreveram a Coroa, pois não fizemos tudo que poderíamos ter feito para salvá-la.

A carta em nada ajudou, e o rabino morreu não muito depois disso.

Ben-Zvi continuou tentando. Encontrou-se com Isaac Dayan, o rabino que liderava a pequena comunidade de judeus alepinos em Israel e, sem obter êxito, pressionou-o para que tirasse o livro da Síria. "Ficamos com a impressão de que o rabino Dayan tem esse desejo, mas não o sentido necessário de urgência", escreveu o secretário do presidente depois da reunião de 1955.

O presidente encontrou Isaac Shalom, um abastado judeu alepino que morava em Nova York e era o dono de uma fábrica de refrigeradores em Israel, torcendo para que o homem de negócios mexesse os pauzinhos em Alepo, e reforçou o pedido com uma carta vários meses depois. Desde que se encontraram, escreveu Ben-Zvi em julho de 1955, "não ouvi do senhor mais nada sobre a 'Coroa'. Não sei se já contatou Alepo em relação a esse assunto". Novas informações chegavam aos poucos ao gabinete do presidente, e Ben-Zvi soube que a Coroa estava aos cuidados de quatro membros da comunidade alepina. "À luz dessa informação", Ben-Zvi escreveu, "acredito ter chegado a hora de agir em relação a esse assunto. A responsabilidade pela Coroa cabe a essas quatro pessoas, e há uma chance de influenciá-las e exigir que a entreguem." Israel cobriria todas as despesas, ele escreveu, e seu embaixador em Paris ajudaria a tirar a Coroa da Síria pelas vias diplomáticas.

O presidente estava preparado para ir mais longe. A comunidade alepina dependia muito do dinheiro enviado por judeus norte-americanos por meio de uma organização conhecida como a Comissão Mista de Distribuição. O presidente imaginou que ameaçar essa verba – o que implicaria colocar em risco a sobrevivência da comunidade – talvez os ajudasse a conseguir o livro. "Estou, portanto, requisitando que você use toda a sua influência nessa questão e renove a pressão financeira sobre a comunidade de Alepo", escreveu o presidente a Isaac Shalom em Nova York. "Como já lhe mencionei, o diretório da Comissão, que envia o orçamento da comunidade alepina, exigiu isso da comunidade. Peço que você também mantenha contato com eles." Representantes israelenses agindo em segredo na Síria estavam a postos, ele deu a entender. "As pessoas que detêm a Coroa precisam saber que, assim que tivermos sua concordância, o encarregado de recebê-la entrará em contato com elas."

Bartov, o chefe de gabinete do presidente, lembrava-se de ter pensado – mas não se atrevido a dizê-lo em voz alta perto do presidente – que os rabinos de Alepo nunca aceitariam desfazer-se de seu livro e que, mesmo que o fizessem, tirá-lo de um país inimigo seria mais difícil e perigoso do que talvez valesse a pena. Ele subestimava Ben-Zvi.

..... 10 .....

A missão do mercador

DURANTE TODOS AQUELES ANOS, enquanto milênios de vida judaica em Alepo chegavam ao fim – os guardiões da Coroa cada vez mais escassos, os judeus remanescentes sujeitados à discriminação oficial e ao ódio da população e dependentes da caridade estrangeira –, o manuscrito ficou escondido na Cidade Antiga, aos cuidados do rico mercador Ibrahim Effendi Cohen e de seu sobrinho já adulto, Edmond Cohen. Ninguém mais sabia disso fora um grupo restrito que incluía alguns dos últimos líderes da comunidade e os dois zeladores.

Ibrahim Effendi era o arquétipo de um judeu alepino. Tivera outrora um emprego importante na prefeitura e um escritório comercial no alto de um lance de escadas no canto do *souk* de Alepo conhecido como Khan al-Jumruk, o Caravançará Aduaneiro. Seu título respeitoso, *effendi*, era um resquício da época dos turcos. Ele usava colete, relógio de bolso e corrente, e tinha uma grande escrivaninha de madeira e um abridor de cartas de ouro. Num dos cantos de seu escritório ficava o telefone que ele usava para lucrar com a diáspora alepina, que começara décadas antes da revolta, quando os filhos da comunidade começaram a abandonar o Oriente Médio em depressão econômica para buscar uma vida melhor no Ocidente. Ibrahim Effendi negociava com parentes e emigrantes alepinos nos entrepostos de algodão e tecidos de Manchester e nas firmas de Nova York, São

Paulo, Buenos Aires e Tóquio. No negócio alepino, um parente em Milão talvez ficasse de olho no que as mulheres italianas elegantes andavam vestindo e mandasse as especificações para Alepo, onde um outro parente ainda na cidade natal – Ibrahim Effendi, no caso – cuidaria de comprar o algodão e remetê-lo para um parente em Calcutá, onde seria beneficiado, depois voltaria para o oeste, para um outro parente em Manchester vendê-lo. Ibrahim Effendi, que nunca encostou numa peça de tecido, ficava com uma porcentagem: era conhecido como um *commisionji*. Agora o escritório do mercador vivia vazio boa parte do tempo, pois os judeus estavam proibidos de ir e vir livremente pelo país ou de negociar com o mundo lá fora. Os grandes comerciantes de uma era anterior, como Ibrahim Effendi, com seu relógio de bolso e o obsoleto título honorífico otomano, haviam partido ou estavam desempregados.

Em Alepo, os judeus iam desaparecendo um a um, aos pares ou em pequenos grupos, cruzando a fronteira e recorrendo a subornos e blefes para sair do país. Em meados da década de 1950, restavam uns 2 mil deles, dos quais um terço estava desamparado. Viviam ameaçados pela maliciosa propaganda governamental e com medo da turba, obrigados a aceitar arranjos cada vez mais incômodos com a polícia secreta, os *mukhabarat*, que montaram seu quartel-general na casa espaçosa de uma família judaica que havia fugido. Os judeus viviam, "se não aterrorizados, certamente em medo constante, atormentados pelas forças de segurança sírias", escreveu um visitante em 1957. Em retrospecto, sabemos que esses seriam os últimos anos da comunidade, mas não era algo tão claro na época. Nunca pareceu inevitável que, havendo um Estado de Israel, as comunidades judaicas nas terras do Islã deixariam de existir, e vários anos se passaram até que isso ficasse evidente. Em setembro de 1957, quando os judeus perceberam que o fim se aproximava, os últimos rabinos finalmente fizeram o impensável.

Neste ponto, mais uma vez, a história volta ao mercador de queijos Murad Faham, que aparecera numa rua da Cidade Antiga na manhã anterior à revolta e que, muito mais tarde, viria a lembrar que salvara a Coroa, retirando-a da sinagoga. Em 1957, Faham beirava os cinquenta anos. Havia perdido o pai quando menino e assumira o negócio de queijos da família ainda na adolescência. Faham posteriormente contaria que, anos depois da revolta em Alepo, teria ajudado a distribuir o dinheiro da caridade norte-americana aos judeus pobres e também mandado judeus clandestinamente para Israel. Em meados da década de 1950, os atos do mercador de queijos em prol da comunidade judaica fariam com que fosse preso e torturado pela polícia secreta síria na famigerada prisão de al-Mezze (al-Mezze manteria a má fama por mais meio século, até ser fechada pelo regime no ano 2000). Os interrogadores "apagavam cigarros na minha pele, e acendiam fósforos e os enfiavam na minha boca até minha garganta arder", disse Faham no testemunho oral gravado no fim da década de 1970. Ele protestou, dizendo que passara por uma cirurgia havia pouco tempo, e eles lhe perguntaram onde: quando ele mostrou o ponto exato, foi aí que bateram. Outras surras fizeram-no perder quase toda a visão de um dos olhos. Faham romanceava dramaticamente suas reminiscências, e é impossível confirmar os detalhes desses fatos, mas essa narrativa parece conter pelo menos um grão de verdade e, por isso, ainda vale a pena citá-la.

Com o passar dos anos, alguns judeus de Alepo conseguiram obter passaportes estrangeiros, que lhes propiciaram um certo grau de proteção. Faham tinha cidadania iraniana, e pode ser que isso o tenha poupado de um tratamento bem pior. A polícia secreta o liberou – era um "homem alquebrado", contou-me o filho –, expulsando-o em seguida, acompanhado da família, mandando-os através da fronteira para a Turquia e permitindo-lhes levar apenas colchões e alguns pertences pessoais. Faham foi ao Irã, onde fez *lobby* para voltar para casa, se não permanentemente, pelo menos para vender suas propriedades e cobrar algumas dívidas. Os sírios aceitaram deixá-lo retornar apenas brevemente em setembro de 1957, para recolher suas coisas e voltar a partir, de uma vez por todas.

Certa noite, pouco antes de deixar a Síria, Faham foi à sinagoga, onde encontrou os dois rabinos-chefes da comunidade, Moshe Tawil – o rabino que atacara o sionismo na sinagoga de Rafi Sutton anos antes – e seu colega, Salim Zaafrani. Via de regra, os judeus não tinham permissão legal para sair do país, e os rabinos perceberam que a partida de Faham, sob ordens do governo e com um passaporte estrangeiro, apresentava uma oportunidade que não voltaria a se repetir.

"O rabino Tawil disse que tinha segredos para me contar, mas que tinha medo das autoridades", Faham disse no testemunho registrado por escrito no ano seguinte. "Eu lhe disse para não ter medo, para confiar em Deus."

"A Coroa que sobreviveu ao incêndio deve ser levada para Israel", Tawil lhe disse, reconhecendo, para todos os efeitos, que a comunidade judaica de Alepo estava extinta.

Seria perigoso, avisou o rabino. As autoridades queriam o livro e ouviram a mentira de que o códice se perdera. Se a Coroa fosse encontrada enquanto a mandassem clandestinamente para fora do país, o portador e os líderes da comunidade correriam perigo. "Deve ser feito em total sigilo", Tawil se lembraria de ter dito ao mercador em seu próprio testemunho um ou dois anos depois. "Temíamos que o governo ficasse sabendo e que nos fizesse um grande mal."

"Ele me disse que, se eu não o levasse comigo, ninguém mais seria capaz de levá-lo", Faham recordava, por isso concordou. Os rabinos mandaram tirar o códice de seu esconderijo.

Murad Faham.

A esposa de Faham, Sarina, estava supervisionando os últimos preparativos para a partida da família em sua casa na Cidade Antiga quando Edmond Cohen, uma espécie de filho substituto para Ibrahim Effendi, que nunca havia se casado nem tido os próprios filhos, chegou trazendo uma sacola de pano. Lá dentro havia dois livros. Um era a Coroa de Alepo, e o outro era um manuscrito menor e não tão importante do século XIV, contendo o Pentateuco e conhecido como a Coroinha, que também era guardado na sinagoga e fora resgatado após o incêndio. Sarina não olhou dentro da sacola, ela se lembraria trinta anos depois numa entrevista em vídeo, mas a envolveu num retalho de pano branco, do tipo que se usava para embrulhar os queijos, e a enfiou dentro da máquina de lavar. Colocou sacos de sementes e cebolas por cima. Todos os seus pertences foram amarrados em pacotes grandes e carregados num caminhão, e a família Faham – o mercador de queijos, a esposa e os quatro filhinhos – deixaram sua cidade a caminho da Turquia.

Faham recordaria que, chegando ao posto aduaneiro na fronteira turca, um agente quis abrir os pacotes da família. Faham apresentou seu passaporte iraniano e tentou safar-se na conversa. No começo, o escrevente se recusou a ceder, e a discussão se tornou acalorada, mas então um oficial superior interveio e, com um aceno, liberou a passagem da família e seu tesouro escondido pelo posto de controle e para fora da Síria. Era a primeira vez em seiscentos anos que o livro saía do lugar.

..... 11 .....

Maimônides

Cairo, *circa* 1170 d.C.

O NOME DO MÉDICO, como este era conhecido entre os estudiosos, poetas e cortesãos que orbitavam a corte real no Cairo – al-Ra'is Musa Ibn Maimun al-Andalusi al-Isra'ili –, contava boa parte de sua história: era um *ra'is*, líder do seu povo, e seu nome era Musa, Moisés. Era o filho de um homem chamado Maimun. Era da Andaluzia, na Espanha islâmica, nascido por volta de 1138 no Guadalquivir, em meio às 132 torres e os treze portões de Córdoba, onde, nos jardins fragrantes de reis muçulmanos, rabinos-cortesãos redigiam com o mesmo requinte tratados legais em hebraico e peãs em árabe à beleza física dos jovens. Ele fugiu do terror religioso dos fanáticos berberes almóadas do Alto Atlas no Marrocos e foi obrigado a viver, durante algum tempo, como muçulmano, lendo o Corão e rezando em mesquitas antes de viajar para o leste e encontrar refúgio em Fostate, no Egito, nos arredores da capital, Cairo. Seu idioma era o árabe, e toda a sua vida foi passada sob o regime do Islã. No entanto, como nos informa a última parte de seu título, continuou judeu. A civilização ocidental, que o recorda como um de seus maiores pensadores, conhece-o como Maimônides. É sobre sua mesa que o códice aparece em seguida, depois de ser resgatado dos cruzados e trazido para Fostate quatro décadas antes de seu nascimento.

Quando Maimônides estava na casa dos trinta anos, as terras do Islã eram pressionadas dos dois lados pela cristandade. No oeste, os muçulmanos aos poucos iam perdendo a Espanha para a Reconquista, ao passo que, no leste, a Terra Santa era controlada pelos cruzados e seu Reino de Jerusalém. O rei guerreiro Saladino assumiu o controle pleno do Egito em 1171, depois de uma série de alianças, intrigas e traições desconcertantes acabarem, por fim, com dois séculos de dominação da dinastia fatímida, cujo último rebento – um rapaz de vinte anos que governara o Egito desde os nove – morreu de causas naturais implausíveis e convenientes justo quando Saladino assumiu. Os assassinos, uma seita fanática, leal ao antigo regime e sediada num reduto no cume de uma montanha da Pérsia, enviaram esquadrões suicidas para matar Saladino em várias ocasiões, enquanto ele guerreava com seus rivais muçulmanos e com os francos. Um grupo de matadores se disfarçou como soldados de Saladino. Esse era o mundo que Maimônides conhecia.

Saladino, quando passou a controlar o Egito, manteve muitos dos dignitários da dinastia anterior, entre eles um administrador poderoso e de astúcia renomada chamado Al-Qadi al-Fadil. Esse mestre da intriga, cujo nome de fato o proclamava como o "Juiz Excelente", fez habilmente a transição para o novo regime, trazendo um círculo de protegidos talentosos: o médico judeu espanhol era um deles. Maimônides ia e vinha entre o palácio no Cairo e Fostate, a montante da capital, onde ele vivia num bairro próspero ao sul dos mercados em torno das grandes mesquitas. Havia três sinagogas em Fostate: uma para os caraítas; outra para os judeus que seguiam os rabinos da Babilônia; e a terceira, conhecida como a sinagoga dos jerusalemitas, para os judeus que seguiam os rabinos da terra de Israel. Foi nesta última, conta-nos a inscrição, que a Coroa veio a ser guardada depois do resgate e de chegar ao Egito.

Maimônides estava profundamente envolvido na vida palaciana, pois tratava o próprio Saladino e os membros de sua família e de seu séquito. Ele escreveu um tratado sobre afrodisíacos, *A propósito do coito*, para um sobrinho apaixonado do rei, e redigiu outro a respeito de uma tática política popular na época – *A propósito de venenos e antídotos* –, dedicando-o a seu benfeitor, o vizir, que colocara à disposição dele sua vasta biblioteca, a sala de leitura e os salões literários. Um outro homem do círculo do vizir era um poeta, Ibn Sana al-Mulk, que certa feita dera asas à imaginação ao escrever que, se o doutor Ibn Maimun usasse seu conhecimento para cuidar do presente,

> Ele o curaria do mal da ignorância
> Se a lua cheia lhe pedisse um tratamento,
> Obteria a perfeição que clama ser sua.

A preocupação de Maimônides, porém, não era a política nem a medicina, mas o bem-estar espiritual e político de seu povo disperso, ameaçado em toda parte pelo fascínio e o temor da maioria, pela atração da conversão voluntária ou pela ameaça – que ele conhecia bem graças à sua escaramuça com os almóadas no Marrocos anos antes – da conversão pela espada. Ele se correspondia com as comunidades judaicas do mundo todo, suas missivas eram levadas por viajantes que partiam em barcos dos atracadouros de Fostate e seguiam pelo Nilo, tentando orientá-las com pulso firme e racional, para salvá-las da rendição e da apostasia, por um lado, e, por outro, das ilusões perigosas de falsos messias. Maimônides via o declínio da erudição judaica como ameaça à sobrevivência de um povo unido apenas por sua compreensão de certas escrituras e leis e, por escrito, ele lamentava o fato de praticamente inexistirem cidades que produzissem estudos judaicos de qualidade. Uma das poucas cidades que ele mencionou como exceção era o centro comercial sírio de Alepo, onde o aluno exemplar do médico,

José, filho de Judá, acabaria como estudioso-filósofo-cortesão, seguindo os passos do mestre.

Foi a José em Alepo que o médico dedicou sua obra filosófica mais famosa, *Guia dos perplexos*. O *Guia* foi uma tentativa de apresentar – de maneira oblíqua e dissimulada, em charadas e parábolas planejadas para confundir os ignorantes – o verdadeiro conhecimento de Deus que se escondia no texto da Bíblia, e para ajudar um estudante sensato a ver que, embora as leis fossem importantes, o conhecimento era mais importante ainda. Boa parte da primeira seção do livro se dedica a uma análise do idioma da Bíblia. Era algo crucial, porque, compreendendo-se o hebraico com precisão, era possível inferir os significados ocultos do livro. A Bíblia não era um livro comum, era um labirinto, e quem não compreendia plenamente sua língua não encontraria o caminho.

O *Guia* foi criado para uma elite intelectual que falava árabe, mas foi para fortalecer as mentes e almas abatidas das pessoas comuns que o médico escreveu sua maior obra sobre o direito em hebraico, o *Mishnê Torah* – literalmente, a "Repetição da Torá" –, catorze livros que viriam a ser um dos pilares centrais do judaísmo. Não se podia mais esperar que os judeus conhecessem os argumentos trocados por rabinos nem como estes chegaram às suas decisões em matéria de direito. Eles precisavam de uma versão simplificada das leis e dos rituais e de um livro que lhes dissesse, de maneira franca e direta, como conduzir suas vidas.

Por volta de 1170, enquanto Maimônides trabalhava em seu projeto legal, seu único irmão partiu em viagem de negócios. Davi, que tinha uns vinte anos, subiu o Nilo 560 quilômetros de barco, detendo-se diante das tumbas e dos templos grandiosos dos faraós em Luxor, então seguiu para o leste numa caravana que atravessou o deserto, enfrentando a sede e os bandoleiros, até um porto do Mar Vermelho. Chegando lá, nada encontrou para comprar, a não ser índigo, então decidiu seguir em frente e cruzar o mar até a Índia. Escreveu uma carta para o irmão, contando a história de sua jornada até ali e pedindo-lhe que tranquilizasse sua esposa, a quem ele chamava de "pequenina". Então tomou um barco rumo ao porto de Áden, e nunca mais se ouviu falar dele.

"O pior desastre a me atingir recentemente, pior que qualquer coisa que eu tenha vivido desde que nasci até este dia, foi o falecimento desse homem direito – que a memória dos justos seja uma bênção – que se afogou no oceano Índico", o médico escreveria posteriormente. Ele escreveria mais tarde que, durante um ano depois de receber a notícia, ficou "prostrado na cama, com uma inflamação grave, febre e confusão mental", e continuou inconsolável. Eis a descrição do pesar de um erudito: "Compreendia facilmente o Talmude e tinha um domínio soberbo da gramática", o médico escreveria a respeito do irmão. "Toda vez que vejo sua caligrafia ou um de seus livros, meu coração estremece dentro do peito, e minha tristeza se reacende."

Os livros também o ajudaram a encontrar consolo, e ele completou seu compêndio legal. O *Mishnê Torah* incluía uma seção que tratava das regras para se escrever a Torá, o texto fundamental sobre o qual gerações de estudiosos como ele haviam erigido a religião judaica. Nesse caso, dentre todos os vários códices bíblicos que deviam estar disponíveis para o líder de uma comunidade rica e de longa data, ele escolheu aquele que claramente considerava a versão definitiva do que ele dizia ser "o livro que ilumina as trevas do mundo". Era aquele que os judeus de Fostate haviam resgatado dos cruzados décadas antes. "E o livro no qual nos fiamos nessas questões", ele escreveu,

> [...] é o livro bem conhecido no Egito, que contém 24 livros, que estava em Jerusalém há alguns anos, a partir do qual se revisam

os livros, e todos se fiaram nele, pois foi revisado por Ben-Asher, e ele trabalhou nesse livro meticulosamente durante muitos anos e o revisou muitas vezes.

Maimônides morreu em 1204, evidentemente deixando o códice em sua biblioteca e aos cuidados de seus descendentes. Em algum momento na última metade do século XIV, um rabino chamado Davi, filho de Josué – tataraneto do médico –, deixou o Cairo numa época de instabilidade política e foi para Alepo. Levou boa parte da biblioteca de seu ancestral ilustre. Parece que o códice estava na coleção que chegou à cidade síria.

Nos séculos que se seguiriam, os viajantes mencionariam a grande Bíblia da cidade. Um relato de 1479 afirma, ao citar Maimônides: "O livro no qual se fiava o grande sábio encontra-se hoje na cidade de Tsova, chamada Alepo, e foi escrito em pergaminho, três colunas por página, e, no fim, está escrito: 'Eu, Aarão Ben-Asher, a revisei'". Com o passar dos anos, passou a ser venerada nem tanto como uma fonte de sabedoria, e mais como um bem precioso de grande antiguidade e valor, como uma joia ou um ornamento. O valor da Coroa de Alepo era tal que até mesmo páginas avulsas eram tratadas como se tivessem grande valor. Muito mais tarde, essa seria sua ruína.

O códice viajara de Tiberíades a Jerusalém, dali para o Cairo, e dali para Alepo. Presenciou o saque devastador à cidade, praticado pelos mongóis em 1401, e a chegada dos turcos otomanos no século seguinte. Sobreviveu em 1822 a um terremoto que matou mais da metade dos habitantes da cidade. Permaneceria ali seiscentos anos, até desaparecerem os judeus das terras do Islã, o mundo de Maimônides.

Oito séculos depois da morte de Maimônides, desembarquei de um avião de passageiros e entrei na redoma perpétua de neblina e fumaça que paira sobre a descendente moderna da cidade dele. Impedido de visitar Alepo por causa do estado de guerra que persiste entre a Síria e meu país, Israel, eu queria ver mesmo assim os vestígios da vida judaica em lugares onde hoje essa vida é inimaginável. No Cairo, pensei, talvez eu encontrasse um resquício que evocasse Maimônides, que me permitisse imaginá-lo sentado à sua escrivaninha com a Coroa, que parecia estar ligada a mim de alguma maneira intangível.

Ibn Maimun ainda é conhecido por alguns egípcios como um filósofo e médico da corte de Saladino, uma personagem de uma época em que as sociedades muçulmanas toleravam os judeus em seu meio. Os judeus partiram, expulsos pelas revoltas da década de 1940, pelas bombas fatais detonadas no antigo Bairro Judeu do Cairo, pela ascensão do nacionalismo pan-árabe de Gamal Abdel Nasser, pela perseguição estatal e pelo roubo de bens. Duas gerações atrás, a comunidade israelita no Cairo chegava a 65 mil pessoas. Hoje são algumas dezenas, todas idosas. Em poucos anos, não restará ninguém.

O governo mantém aberta a grande sinagoga no centro do Cairo, guardada por pelotões de soldados letárgicos e de uniforme branco. Quando a visitei numa manhã de *shabat*, esperando encontrar nem que fossem algumas pessoas rezando, não havia ninguém lá dentro, a não ser o zelador árabe. Ele me tomou pela mão e me mostrou um rolo sobre uma mesa no meio do santuário. "Torá", disse, e estendeu a mão para receber a gorjeta.

Em Fostate, que foi engolida pelo Cairo e ficava a uma breve viagem de metrô do meu hotel, visitei a sinagoga onde a Coroa era guardada outrora, hoje franqueada aos turistas. No andar de cima, nem um vão atrás de uma parede na galeria das mulheres, fica o lugar onde os judeus escondiam o equivalente a séculos de documentos escritos à mão: contratos, cartas, escrituras sagradas, tudo que contivesse o nome de Deus e, portanto, não se podia jogar fora. Quando o *geniza* do Cairo, como viria a ser conhecido, foi encontrado no século XIX, numa das grandes descobertas acadêmicas de nossa época, os documentos incluíam muitos textos escritos à mão pelo próprio Maimônides.

No centro do Cairo fica uma área de ruas comerciais conhecida ainda hoje como o Bairro Judeu, embora não existam mais judeus ali. O bairro estava cheio de consumidores que compravam roupas, tanques de brinquedo com canhões que se acendiam e aves empalhadas em tons nada naturais de amarelo. Mais para o interior das vielas pobres, o alvoroço diminuía e as ruas ficavam mais sujas. Havia uma sinagoga abandonada em algum lugar por ali, num local onde algumas tradições afirmam que Maimônides costumava lecionar ou tratar os pacientes. Levava o nome dele: Musa Ibn Maimun. O regime de Hosni Mubarak, que seria deposto não muito depois disso, estava reformando o edifício e planejava abri-lo ao turismo, uma preocupação peculiar com o legado judaico no país que surgiu justamente quando o Egito tentava eleger seu ministro da cultura diretor da Unesco, o braço cultural das Nações Unidas. A tentativa só ficara mais complicada por causa de declarações passadas desse mesmo ministro, favoráveis à incineração dos livros hebraicos.

Não havia sinal da sinagoga, e as pessoas a quem pedi orientação não ajudaram muito, pois só deram de ombros. Em alguns minutos, eu estava perdido. Percorrendo uma viela, bisbilhotei por uma porta aberta e vi um homem idoso e um adolescente sentados num ateliê às escuras.

"Perdão... Onde fica Musa Ibn Maimun?", perguntei. Eles pareceram surpresos. O adolescente disse: "Gostaria de tomar chá?".

Estávamos bem no meio do mês sagrado do Ramadã, quando os muçulmanos jejuam do nascer ao pôr do sol, e eu evitava comer e beber, a não ser no meu hotel. Eu agradeci e fiz que não. O rapaz apontou um quadro na parede que mostrava Maria e o menino Jesus. Eram cristãos coptas, disse. Restavam alguns coptas no Bairro Judeu, mas os israelitas haviam partido, exceto uma mulher de oitenta anos, contou-me o idoso, mas o adolescente o corrigiu: ela também se fora. Ele fez um gesto com a mão para resumir a situação toda. "Gamal Abdel Nasser", disse. Não sei ao certo se estava explicando a causa do êxodo ou simplesmente colocando a coisa numa perspectiva temporal.

O nome do adolescente era Emad. Depois de uma breve discussão com o pai, que parecia ter uns sessenta anos e, pelo jeito, lembrava-se da sinagoga de Musa Ibn Maimun, ele declarou que poderia levar-me lá. Enfiou-se ainda mais no Bairro Judeu comigo, deixando-me no meu destino um minuto ou dois mais tarde. Eu imaginara um prédio que evocasse Maimônides, mas, em vez disso, deparei com uma carcaça destelhada: uma parede de pedra que contornava salas de chão de terra. Tirei algumas fotografias até um homem, que vestia camisa civil rosa, mas falava com autoridade militar, aparecer e me mandar parar. Guardei a câmera e, quando ele dobrou a esquina, entrei de fininho e me vi no que um dia fora o santuário. Um rapaz me olhou por cima dos óculos de sol de lentes azuladas. Disse que seu nome era Muhammad, o engenheiro encarregado da reforma. Ele se ofereceu para me mostrar o lugar. Esta é a *bimá*, disse, apontando um retângulo de pedra baixo sob uma lona e pronunciando com todo cuidado a palavra hebraica para o altar no qual se lia a Torá. E esta, disse, apontando um nicho na parede norte, é a arca na qual se guardavam os rolos. Ele me levou a uma sala adjacente onde degraus desciam até um pavimento inundado com água fétida e esverdeada que chegava aos joelhos. Esse era o hospital de Ibn Maimun, disse.

Nessa sala havia alguns membros de uma equipe de trabalho formada por adolescentes. Um deles, um garoto que não devia ter mais de catorze anos, em botas de borracha e luvas cirúrgicas, avistou-me e foi até mim, chapinhando na água, e seus colegas acharam graça. Ele abriu um grande e afetuoso sorriso de dentes sujos, baixou a tábua que carregava, fez uma reverência e apertou minha mão com um entusiasmo exagerado. "Bem-vindo", disse em inglês, e, em seguida, esgotado seu vocabulário, apontou a camiseta branca e imunda e se apresentou.

"Musa Ibn Maimun", disse, e os amigos caíram na gargalhada.

O livro não estava mais lá. Maimônides não estava mais lá. Sua gente não estava mais lá. Só restava uma coisa: paredes a encerrar salas vazias. Uma ausência.

..... 12 .....

Alexandreta

ATRAVESSADA A FRONTEIRA entre a Síria e a Turquia, o mercador de queijos e sua família levaram cerca de meia hora para chegar à rústica cidadezinha fronteiriça turca de Alexandreta, no litoral do Mediterrâneo.

Bem no meio da cidade ficava uma loja de roupas que também fazia as vezes de terminal para os judeus que fugiam para Israel. Era dirigida por um homem que chamaremos de Isaac Silo, apenas um agente numa rede vasta dirigida de Jerusalém por uma unidade conhecida como Departamento da Aliá, agência irmã do Mossad, que cuidava da inteligência. *Aliá*, que significa literalmente "ascensão", é a maneira poética em hebraico de se referir à imigração para Israel. O departamento – serviço de espionagem e agência de viagens em igual medida – cuidava daquilo que o país de apenas nove anos de existência via como sua razão de ser e a garantia de sua sobrevivência: a reunião dos judeus.

Por trás dessa finalidade nobre havia os pormenores técnicos de dezenas de milhares de pessoas em trânsito. Os agentes estavam fretando barcos e aviões, colocando imigrantes em ônibus e trens, pagando as passagens, subornando a polícia, depositando dinheiro em contas bancárias de ministros de Estado de dezenas de países, trabalhando com contrabandistas e criminosos e, em geral, fazendo tudo que era necessário para despachar às pressas os judeus de seus lares na Diáspora para sua nova pátria em Israel.

Os agentes da imigração daqueles primeiros tempos às vezes recebiam instruções secretas de seus inspetores através de um programa de rádio israelense que permitia aos ouvintes pedir a canção. Na época, os israelenses muitas vezes pagavam em espécie pelos judeus: os búlgaros recebiam cinquenta dólares por cabeça; os húngaros, trezentos. "Abrimos contas em bancos suíços para ministros de Estado marroquinos. Os sultões do Iêmen preferiam dólares em espécie. Os romenos também queriam dinheiro vivo", disse Shlomo Zalman Shragai, a autoridade que dirigia o Departamento da Aliá na época, a respeito daqueles primeiros tempos. Era, como disse outro agente, "uma operação insana em tempos insanos". Por volta de 1957, quando Faham e sua família saltaram na frente da loja de Silo, um pedacinho das operações do Departamento da Aliá no mundo todo, a onda de imigrantes judeus havia diminuído em comparação com os primeiros dias, mas estava longe de terminar.

Isaac Silo era cidadão turco, um judeu que nascera em Alepo, lojista, açougueiro *kosher* treinado e um membro eminente da diminuta comunidade judaica de Alexandreta, composta de algumas dezenas de famílias. Ele havia encontrado refugiados pela primeira vez durante a guerra mundial, quando grupos de judeus que fugiam da mortandade na Europa e tentavam chegar à Palestina se viram naquele canto remoto da Turquia. Silo começou a acolhê-los por conta própria. Por volta da década de 1950, ele recebia ordens e dinheiro de agentes israelenses em Istambul e era a primeira parada dos judeus que vinham da Síria: aqueles que existiam legalmente, com passaportes estrangeiros ou autorizações legais obtidas por meio de subornos, e aqueles que deixavam ilegalmente o país, conduzidos através da fronteira pela rede de contrabandistas de Silo. Deixando a loja de Silo, os refugiados eram geralmente levados para um hotel, onde permaneciam até Silo conseguir passagem para eles no Marmara, o barco que zarpava a cada poucas semanas de Alexandreta e seguia para o sul, acompanhando a costa, até o porto israelense de Haifa. Às vezes, ele os mandava de ônibus para Istambul, onde eram colocados em aviões da El Al e transportados até o aeroporto de Lod, nos arredores de Tel Aviv.

Os israelenses cobriam os custos de Silo. Alguns de seus vizinhos turcos pareciam não estar muito contentes com o seu trabalho – o arquivo da Agência Judaica preservou duas cartas ameaçadoras enviadas para Silo –, mas, apesar de suas atividades serem tecnicamente ilegais, as autoridades turcas, que tinham relações geralmente boas com Israel, costumavam deixá-lo em paz. Ali em Alexandreta, Silo mantinha contatos em Alepo, fornecendo a seus superiores israelenses informações sobre os judeus daquela cidade. De acordo com um relatório enviado por Silo mais ou menos nessa época, dos 2 mil e poucos judeus que restavam em Alepo, mais de noventa por cento desejavam ir para Israel. Os israelenses queriam que eles saíssem o quanto antes. "Temos certeza de que você fará o possível para alcançar o objetivo santo e desejado há tanto tempo: salvar nossos irmãos judeus que apodrecem no exílio de Ismael", escreveram-lhe dois agentes da imigração nessa época.

A correspondência dos agentes encarregados de tirar os judeus da Síria combinava esse tom quase bíblico com uma atenção minuciosa aos detalhes. Em uma carta para Silo, os israelenses lhe enviaram uma lista de judeus alepinos sobre os quais gostariam de obter informações. Entre eles estavam um tal Avraham Intabi, 75 anos; sua esposa, Mazal, 65; e a filha, Betty, 23. Também queriam saber sobre Rahamim Dishi; sua esposa, Haviva; e seus filhos, Shaul, Isaac, Moshe, Jacqueline, Linda e Yvette. Os israelenses eram estimulados pelos rogos dos judeus alepinos que já haviam conseguido sair. Os judeus de Alepo, escreveu um rabino em Buenos Aires aos agentes de imigração em Jerusalém, "sofrem muita pressão do inimigo cruel, e todos os dias cartas de alerta chegam aqui, implorando: 'Socorro, socorro, antes que seja tarde demais'".

"Temos certeza de que logo atenderão ao nosso apelo", escreveu o rabino, "e, da mesma maneira que salvaram outras comunidades no mundo todo, vocês se apressarão para salvar esses prisioneiros, e serão abençoados."

As mensagens trocadas pelos agentes israelenses assumiram um tom desesperado. "É claro que nem é preciso destacar que o problema é penoso e urgente ao extremo", os enviados da imigração na Turquia escreveram para a sede em Jerusalém, pedindo mais dinheiro para remover os judeus. Mencionaram a hostilidade que a população síria dirigia aos judeus e "o incentivo feroz" por parte do governo sírio. "Temos de encarar os fatos de olhos abertos, porque as vidas de nossos irmãos dependem disso", escreveram.

Em meio a tudo isso, entre setembro e novembro de 1957, o Departamento da Aliá e seus agentes deram atenção especial a um imigrante: Murad Faham, de Alepo. Surpreendentemente, o mercador de queijos e sua família foram instalados não em um hotel, mas na casa de Silo, contou-me um parente próximo de Silo quando o encontrei nos Estados Unidos. Ele me disse que, na época, não sabia por que Faham recebera esse tratamento especial e só foi ouvir falar da Coroa muito depois.

O agente israelense responsável por Silo e pela rota de imigração que passava pela Turquia – e, ao que parece, também por outras funções de inteligência – era Yitzhak Pessel, um servidor resoluto e eficiente requisitado às forças armadas e enviado a Istambul para ali viver com a esposa e os filhos pequenos. Quando o mercador de queijos chegou, Pessel fez questão de informar Jerusalém, enviando uma carta não para seus superiores imediatos, e sim para o alto escalão: Shlomo Zalman Shragai, o chefe da imigração.

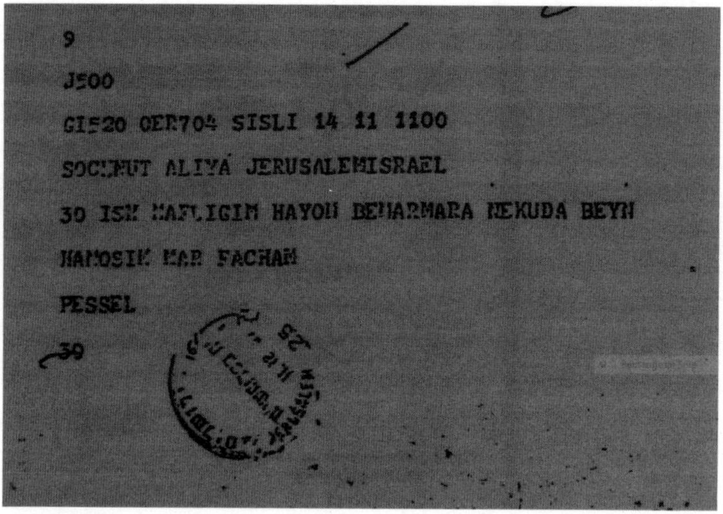

9

J500

GI520 OER704 SISLI 14 11 1100

SOCHNUT ALIYA JERUSALEMISRAEL

30 ISH NAFLIGIM HAYOM BEHARMARA NEKUDA BEYN

HAMOSIK MAR FACHAM

PESSEL

39

O telegrama enviado pelo agente Pessel da Turquia, informando seus superiores que Faham estava a caminho de Israel com a Coroa.

Shragai, um operador político de origem polonesa e ex-prefeito de Jerusalém, era membro da elite frugal, inflexível e sem senso de humor de Israel, o tipo de homem que você vai querer do seu lado se estiver tentando, contra todas as dificuldades, fazer um país surgir do nada. Era um autor incansável de artigos e cartas para os jornais e, no que toca principalmente a esta história, era um judeu ortodoxo, um espécime raro na classe governante israelense, um líder e membro de uma minoria em Israel que não havia substituído o judaísmo pelo sionismo, mas combinado os dois. Quase esquecido hoje em dia, Shragai era um servidor influente na época, supervisionando um dos grandes movimentos migratórios do século XX sem sair de seu gabinete no prédio da Agência Judaica em Jerusalém. Era um homem envolvido intimamente com o desmantelamento de mundos israelitas. Entre suas preocupações na época estavam os judeus de Cochim, na Índia, 350 dos quais foram abandonados, ele diria numa reunião dos líderes da Agência Judaica, já que sua partida para Israel fora adiada por dificuldades com a venda da sinagoga. Apesar de suas inúmeras preocupações, o chefe do Departamento da Aliá respondeu sem demora à carta do agente Yitzhak Pessel entre setembro e novembro de 1957, informando-lhe que o códice chegara. Embora Silo costumasse contatar diretamente os refugiados, dessa vez Pessel encontrou pessoalmente o mercador em Istambul. Essa reunião seria crucial para a batalha que estava prestes a eclodir pela posse do manuscrito. De acordo com o testemunho de Faham no tribunal no ano seguinte, ele teria passado duas ou três horas com Pessel. O assunto teria sido a Coroa.

Algumas semanas depois de Faham chegar a Alexandreta, Pessel mandou aos seus superiores uma lista datilografada dos passageiros que seguiriam de barco para Israel a bordo do Marmara, incluindo Faham, a esposa, Sarina, e quatro de seus filhos.

Em 11 de dezembro de 1957, Pessel enviou um telegrama para Jerusalém: 30 ISH MAFLIGIM HAYOM BEMARMARA NEKUDA BEYN HANOSIM MAR FACHAM. Era hebraico, transliterado foneticamente para o alfabeto latino. Dizia: "Trinta pessoas zarpam hoje no Marmara. Entre os passageiros está o senhor Faham".

..... 13 .....

A mala marrom

Três semanas mais tarde, dois emissários deixaram a noite gelada no setor judeu de Jerusalém e subiram a escada do número 8 da rua do Fundo Nacional Judaico, um prédio residencial logo em frente à sede da Agência Judaica. Um deles levava uma mala marrom.

Os homens bateram a uma porta e foram convidados a entrar num apartamento cheio de livros. Era a casa de Shlomo Zalman Shragai, o chefe do Departamento da Aliá. O filho adulto do chefe da imigração, Eliyahu, estava lá naquela noite de segunda-feira – 6 de janeiro de 1958 – e se lembraria muito bem dela quando eu o encontrasse anos mais tarde. Estava acostumado a receber visitas estranhas em horários esquisitos: membros do parlamento, o diretor do Mossad, homens anônimos que apareciam, murmuravam alguma coisa para seu pai e voltavam a desaparecer. Ele fora ensinado desde criança a não fazer perguntas. Eliyahu ouviu baterem à porta e, quando esta se abriu, viu dois homens que nada tinham de extraordinário, a não ser pela mala marrom. Seu pai parecia estar esperando a visita. Eles atravessaram a sala de estar até o estúdio de seu pai, e a porta se fechou assim que entraram. Reapareceram alguns minutos depois e saíram sem a mala. Não foi uma ocorrência totalmente incomum, mas o que estava por vir seria.

Shlomo Zalman Shragai (à esquerda) e o primeiro *premier* de Israel, David Ben-Gurion, em 1951.

O chefe da imigração chamou Eliyahu, que entrou no estúdio e viu a mala aberta. Dentro dela havia um pacote embrulhado em tecido branco de trama grosseira, que ele reconheceu como o tipo usado para embrulhar queijo. Seu pai o abriu, revelando uma pilha de fólios de pergaminho amarelados.

"Esta é a Coroa de Alepo", Shragai disse ao filho, a emoção evidente em sua voz. Ele não tardou a voltar a cobrir o códice e fechar a mala.

Shragai fora notificado imediatamente quando Faham chegou com o tesouro em Haifa. Assim que os bens de Faham foram liberados pela alfândega, um processo de várias semanas, o chefe da imigração mandou seus subordinados na Agência Judaica que estavam encarregados dos recém-chegados no porto seguirem de carro até Jerusalém e levar a Coroa diretamente para ele. Em 8 de janeiro, com o livro agora em suas mãos, ele redigiu um bilhete conciso para o portador Faham, que estava hospedado na casa de um de seus filhos em Kfar Saba, uma cidadezinha cercada de pomares cítricos na planície costeira. "Há dois dias o senhor Zvi Grosbach me trouxe a mala com a Coroa da Torá", Shragai escreveu. Pediu que Faham fosse visitá-lo e lhe desse mais detalhes sobre a Coroa.

Faham respondeu alguns dias depois com uma carta que logo seria usada contra ele no tribunal. "Sou o imigrante Mordechai, filho de Ezra Faham Hacohen", escreveu o portador, apresentando-se com seu nome hebraico,

> [...] que foi exilado da cidade de Alepo, na Síria, e que chegou a Israel com a família em 16 de dezembro de 1957. Trouxemos conosco a Bíblia de Ben-Asher, que viveu em Tiberíades no começo do século x, foi um dos últimos mestres da Massorá e marcou o início do tempo dos gramáticos.
>
> A Bíblia é um guia para os olhos dos escribas e copistas, e foi nela que Maimônides baseou seu livro, e ele a usou para esclarecer a questão de quando deixar linhas completas ou vazias, como se discute nas Leis dos Rolos da Torá, seção oito, capítulo quatro.
>
> A tradição observada pelos moradores de Arã-Tzova (Alepo) é de que esta Bíblia, chamada de a "Coroa da Torá", vem dos tempos do segundo templo e do saque de Jerusalém, e de que foi revisada apenas por Ben-Asher, e por isso leva o nome dele: a Coroa de Ben-Asher.
>
> Quando deixei a Síria, os rabinos e líderes do tribunal rabínico de nossa cidade, o rabino Moshe Tawil, descendente do sacerdote Elias, que seja digno de uma vida longa e boa, e o rabino Shlomo Zaafrani, que Deus o proteja, entregaram-me esta Bíblia para que eu a trouxesse para a terra de Israel e a entregasse a um homem que me parecesse honesto em sua adoração a Deus e em seu temor ao pecado. Foi por isso que decidi entregá-la a vossa excelência, senhor Shragai, que Deus o proteja.

Na versão aceita da história da Coroa, na qual me baseei para redigir meu artigo original sobre o manuscrito, o emissário de Alepo trouxera o livro para Israel e o entregara ao presidente do país. Esta foi a primeira discrepância que encontrei em relação à narrativa oficial. Por mais tênue que fosse, chamou minha atenção para o fato de que algo nessa história não estava certo. Entregar um livro da importância da Coroa ao chefe de Estado de Israel tinha uma certa lógica; o fato de a Coroa ter sido entregue a um funcionário de escalão mais baixo era peculiar, assim como o fato de não se mencionar o chefe da imigração em nenhuma das matérias que eu havia lido. Mas nenhuma das instruções dos dois rabinos a Faham, como ele escrevera, mencionavam o presidente: Faham devia apenas sumir com o livro, levá-lo a um lugar seguro em Israel e confiá-lo a um homem que ele mesmo escolhesse, desde que fosse religioso. Ele escolheu Shragai, um raro judeu ortodoxo em posição de poder e, portanto, cumprira sua missão.

Na lembrança de Eliyahu Shragai, seu pai, admirado com a antiguidade e a santidade da Coroa, disse-lhe que o livro era sagrado demais para continuar em suas mãos e era preciso entregá-lo prontamente ao presidente Ben-Zvi. Eliyahu me contaria que seu pai foi na manhã seguinte à residência do presidente, que ficava a cinco minutos a pé dali, e entregou-lhe a Coroa. Quando esta foi depositada sobre a mesa de Ben-Zvi, recordaria o chefe de gabinete do presidente, David Bartov, "nunca antes eu tinha visto tamanha felicidade".

Àquela altura, as pequenas e curiosas inconsistências da narrativa oficial que eu levantara em minha pesquisa e a resistência que minhas averiguações enfrentavam tinham me convencido de que havia algo mais nessa história do que parecera a princípio. Redobrei meus esforços para entrar na contracultura do Códice de Alepo: liguei para outros estudiosos, e alguns deles se tornaram meus aliados; ampliei a muito custo meu círculo de contatos na isolada comunidade judaica de Alepo, uma tarefa quase impossível para um forasteiro e que só começou a dar frutos depois que o detetive amador e especialista na Coroa Ezra Kassin se ofereceu para fazer as apresentações e me servir de guia; passei mais tempo nos arquivos do governo israelense em Jerusalém, onde encontrei uma pasta antiga com documentos saindo pelo ladrão, etiquetada "Coroa de Alepo"; e examinei documentos no Instituto Ben-Zvi, onde, depois de vários meses de hesitação e protelação, o atual diretor e seu secretário acadêmico – nenhum dos quais estava lá quando a Coroa chegou – acabaram decidindo franquear meu acesso a seus arquivos.

Ao me aprofundar na pesquisa, comecei a reparar em referências enigmáticas a um julgamento que ocorrera em Israel depois da chegada do manuscrito. A história oficial da Coroa, publicada pelo Instituto Ben-Zvi em 1987, só menciona o julgamento muito de passagem, fazendo-o parecer pouco mais do que uma desavença comunitária de pouca consequência. Quando encontrei o autor dessa história, ele me disse que não estava interessado nas "disputas legais pela propriedade" e mal tinha lido as poucas informações que encontrara. A história parecia ficar mais obscura quanto mais eu a desvelava, e me aferrei ao julgamento como uma possível chave para entender as lacunas e contradições da narrativa existente. Não conheci ninguém que tivesse visto as transcrições desse julgamento, mas me disseram em várias ocasiões que essas transcrições existiam de fato. Eram, porém, confidenciais e inacessíveis. Isso só fez a coisa me parecer ainda mais fascinante. Passei meses investigando.

Fiquei sabendo que o julgamento ocorrera não num tribunal civil, e sim num tribunal rabínico, parte de um sistema legal religioso e paralelo instituído pelo governo de Israel depois da fundação do país. Os tribunais rabínicos lidavam principalmente com questões como casamento e divórcio, mas as partes envolvidas em uma disputa também podiam optar por ter seu caso avaliado num tribunal religioso por rabinos, e não juízes civis. Quando contatei o Tribunal Rabínico de Jerusalém – abrigado num edifício movimentadíssimo e entulhado de coisas, cujos principais elementos de decoração eram as pilhas de pastas de arquivo amareladas e escreventes apressados de solidéu preto –, disseram-me que o caso era tão antigo que não conseguiam mais encontrar o processo. A troca de vários *e-mails* com uma porta-voz do tribunal não ajudou em nada. “Ninguém aqui se lembra desse caso antigo”, ela escreveu.

Foi então que fui ver Ezra Kassin em sua casa num subúrbio operário de Tel Aviv. Àquela altura, havíamos nos encontrado várias vezes. Algumas de minhas conversas mais informativas haviam ocorrido em cima de sua motoneta enquanto ele costurava pelo tráfego de Tel Aviv. Em todas as vezes, fiquei com a impressão de que ele estava me testando. Ele me dava pedacinhos de informação, insinuando que havia mais de onde aqueles tinham saído, então abria um grande sorriso e me dizia para esperar ou procurá-los eu mesmo. Ele colecionava coisas sobre a Coroa havia anos e não tinha a intenção de entregar tudo de mão beijada só porque um repórter havia pedido.

Saímos para almoçar num quiosque de *falafel* perto da casa dele e levamos conosco seu filho de dois anos. Eu já lhe tinha perguntado sobre o julgamento mais de uma vez, obtendo respostas tipicamente vagas. Dessa vez, enquanto comíamos, ele disse: “Vou lhe mostrar uma coisa que faz tempo que você quer”.

De volta ao apartamento, ele foi buscar e me entregou uma pasta verde. Eu a abri e vi uma fotocópia de uma página datilografada numa antiga máquina de escrever hebraica.

O Estado de Israel
Ministério de Assuntos Religiosos
Tribunal Rabínico Distrital
Jerusalém
Página 1
Processo nº 906/5718

Era a transcrição do primeiro dia do julgamento: 18 de março de 1958.

As transcrições e os outros documentos do julgamento que acabei obtendo foram de fato a reviravolta que eu aguardava. Removeram o invólucro perfeito erigido em torno da história das andanças do manuscrito em meados do século XX, deixando expostas as engrenagens e alavancas cuidadosamente escondidas lá dentro.

Os documentos de Ezra pareciam ser cópias que alguém fizera das transcrições tempos atrás e, já que não havia como eu ter certeza de sua exatidão, eu ainda precisava dos originais. Fiz mais uma tentativa de contatar o tribunal rabínico em Jerusalém. Dessa vez cheguei a um escriturário de escalão mais alto que tinha coisas mais importantes para fazer e que eu mantive ao telefone mesmo assim com uma explicação entusiástica de por que a Coroa e sua história eram tão importantes para valer seu tempo. O homem concordou em procurar o processo nos arquivos, então semanas se passaram sem que me desse notícia alguma. Quando finalmente telefonei de volta, ele me disse que o havia encontrado.

"Quando posso dar um pulo aí?", perguntei.

O funcionário pediu desculpas: havia encontrado o processo, mas não tinha permissão para me deixar vê-lo. Ele me deu a mesma resposta mais algumas vezes nas semanas que se seguiram, até que apareci no tribunal e, sem ser anunciado, bati à porta de sua sala. Aturdido, ele apontou seu arquivo como se já estivesse à minha espera. Em cima do móvel havia um maço de documentos dentro de uma pasta de papelão marrom que ameaçava desintegrar-se.

"Vou levá-la agora", sugeri.

"Divirta-se", ele disse. Sentei-me num canto de uma sala de espera movimentada e, em menos de uma hora, já havia fotografado o processo inteiro, que incluía cartas, intimações e outros documentos pertinentes ao julgamento, além das transcrições originais de cinquenta anos antes, escritas à mão em hebraico. Com algumas exceções, correspondiam às cópias datilografadas que Ezra havia me mostrado.

O julgamento se estendera, com intervalos, por quatro anos. Foi tenso e, por vezes, nada bonito. Boa parte das personagens importantes da história se apresentou no tribunal. Nem todas elas disseram a verdade. Os documentos do julgamento incluíam nomes, datas e descrições de como a Coroa saíra da Síria e chegara a Israel, e essas coisas me levaram a outros documentos e a outras pessoas que ajudaram a jogar um pouco mais de luz sobre uma história que já era quase irreconhecível.

Terceira Parte

····· 14 ·····

O julgamento

A NOTÍCIA DA CHEGADA DE FAHAM a Israel em 16 de dezembro de 1957 se espalhou rapidamente na pequena comunidade de judeus alepinos que já se encontravam no país. Alguns dias depois, um jovem professor chamado Yitzhak Zaafrani foi visitá-lo. O professor era o filho de um dos dois rabinos que haviam mandado retirar a Coroa de Alepo. Mas, como não havia comunicação direta entre Israel e Síria, nem ele nem ninguém mais fazia ideia de que o livro que não podia sair do lugar havia de fato saído.

Outras pessoas a desejar felicidades cercavam Faham quando Zaafrani chegou, de acordo com seu testemunho no tribunal alguns meses após sua visita, testemunho que ele repetiria para mim com uma precisão impressionante mais de cinco décadas depois. Foi o filho do mercador quem disse a Zaafrani que a Coroa de Alepo fora despachada da Síria e chegara com o pai dele. Zaafrani mal conseguia acreditar que o livro tivesse sido removido da sinagoga. Por ocasião de sua visita, o códice ainda estava retido na alfândega do porto de Haifa, com o resto dos pertences de Faham, e não havia ainda sido transferido para o chefe da imigração em Jerusalém.

O filho de Faham disse que seu pai andara perguntando por Isaac Dayan, o principal rabino alepino em Israel. Zaafrani entendeu que, com isso, o outro queria dizer que a Coroa seria entregue a Dayan, e, já que Dayan era o líder da comunidade alepina na cidade e um colega dos dois rabinos ainda na Síria, ele de fato parecia ser o destinatário mais lógico. Em todo caso, disse o filho de Faham, era preciso manter o assunto em "completo sigilo".

Mais de um mês depois, em 22 de janeiro, Zaafrani encontrou o rabino Dayan numa festa de *bar mitzvah* e perguntou-lhe sobre a Coroa, presumindo que o rabino a recebera tempos atrás. Mas o rabino Dayan ficou surpreso: nem sequer sabia que ela havia chegado. Zaafrani começou a entender que havia algo errado.

Iriam ver Faham no dia seguinte, o rabino declarou. Também disse ao jovem professor para levar um lençol que pudessem usar para embrulhar o grande livro. Àquela altura, mais de duas semanas haviam se passado desde a visita no meio da noite dos emissários com a mala marrom à casa de Shragai, o chefe da imigração, e Faham não tinha mais a Coroa. Mas os judeus alepinos ainda não sabiam disso. Quando chegaram, Zaafrani bateu à porta enquanto o rabino esperava lá embaixo.

A nora de Faham atendeu à porta. Disse que Faham não estava em casa.

"Eu disse que o rabino da comunidade estava ali comigo e queria falar com seu sogro a respeito de um assunto importante", o professor atestaria não muito depois disso. "Eu disse que era melhor ela descer e falar com ele. Contei que o rabino esperava ali perto e que ela devia tirar o avental." Foi o que ela fez. O rabino fez a ela perguntas sobre a Coroa.

Seu sogro "não trouxe nenhuma antiguidade de Alepo", ela disse. Os dois visitantes foram embora levando o lençol.

Não muito depois, Zaafrani encontrou Faham, que estava furioso com a maneira como ele havia tratado sua nora. "Por que foi lá fuçar como se eu tivesse feito algo errado?", Faham perguntou, segundo a reminiscência do professor. Por fim, Faham revelou o que havia feito. Ele entregara a Coroa a Shlomo Zalman Shragai, o chefe do Departamento da Aliá, ou seja, ao governo israelense. A Coroa de Alepo, o tesouro e talismã de sua comunidade, não só fora removida de sua sinagoga e cidade, como escapara das mãos de seus guardiões e acabara nas mãos de estrangeiros.

Os judeus alepinos desconfiavam de todo e qualquer governo e não viam os socialistas europeus da liderança israelense, em grande parte seculares, como representantes de todo o povo judeu, como estes alegavam ser. De fato, a maioria dos exilados alepinos recorria a Israel apenas como baldeação para o Ocidente ou evitavam inteiramente passar pelo país. O socialismo austero e a pobreza do novo Estado dificultavam as coisas para que eles fizessem o que sabiam fazer melhor – negociar –, e a dominância dos europeus orientais, condescendentes como eram com os judeus das terras árabes, incomodava. A maioria deles seguiu para oeste, em direção ao Panamá, a São Paulo ou ao Brooklyn, onde as fileiras de caminhonetes Lexus estacionadas na Ocean Parkway décadas depois atestariam o casamento feliz entre as habilidades de uma pessoa e as possibilidades de um país. Para eles, a ideia de que o governo israelense tinha qualquer direito sobre seu livro era absurda.

O rabino Dayan parecia ter a impressão de que Faham ainda poderia mudar de ideia e pegar a Coroa de volta. O rabino levou Faham a uma nova sinagoga construída pela comunidade alepina no litoral de Tel Aviv e mostrou-lhe uma caixa onde ele tinha a intenção de guardar a Coroa. Era frágil demais, Faham se lembrava de ter dito ao rabino. Poderiam fazer uma sala de pedra, exatamente como a gruta na sinagoga de Alepo, sugeriu o rabino, mas Faham respondeu que ele não gostava do lugar "no geral". Faham o informou que os dois rabinos de Alepo lhe disseram apenas para consultar Dayan, e não para lhe dar a Coroa nem obedecer às ordens dele. Aqueles rabinos estavam na Síria, naturalmente, e não havia como contatá-los para que esclarecessem a questão.

Enquanto os judeus alepinos ainda tentavam entender o que acontecera, o Estado se apressava em minutar um documento de curadoria para a Coroa que colocaria o códice permanentemente sob seu controle. Os curadores deveriam ser o presidente Ben-Zvi, o chefe da imigração Shragai e o próprio Faham. Era evidente que Faham não devia mais lealdade aos judeus alepinos e que se unira às autoridades israelenses. Os judeus alepinos entenderam que estavam prestes a perder a Coroa, mesmo que ainda não compreendessem muito bem como aquilo tudo acontecera.

Israel, naqueles tempos, era um Estado centralizado com um partido político dominante: o Mapai, a facção Trabalhista Sionista de Ben-Zvi e Ben-Gurion. O partido controlava os sindicatos, o programa de habitação de interesse social e praticamente todo o resto, e a assinatura de um *apparatchik* muitas vezes decidia quem conseguia um emprego ou um apartamento. Ainda assim, os judeus alepinos não cederam nem se contentaram com cartas e queixas. Em fevereiro de 1958, dois meses depois de o códice ter chegado a Haifa, os judeus alepinos contrataram um advogado, foram ao tribunal e processaram o governo.

O processo registrado nas transcrições que tanto procurei começou a ser julgado no mês seguinte, no Tribunal Rabínico de Jerusalém. As oitivas se davam perante três rabinos, e não juízes, mas, fora isso, seguiam a fórmula reconhecível de um julgamento. Uma das primeiras ações do advogado do governo, sem que fosse contestada pelo advogado da comunidade alepina, foi garantir que os detalhes não fossem publicados pela imprensa. Ele citou a segurança dos judeus ainda na Síria, que supostamente correriam perigo se o regime de lá descobrisse que a Coroa fora contrabandeada para Israel. Era verdade, mas também era verdade que o Estado, como as transcrições deixam claro, tinha outros motivos para não querer a publicação dos detalhes. O processo seguiu em segredo de justiça e assim permaneceria por cinquenta anos.

O DRAMA COMPLICADO que se desenrolou no tribunal a partir de 18 de março de 1958 foi, aparentemente, uma disputa legal entre duas partes por um objeto de grande valor. Mas foi mais do que isso. O julgamento de Jerusalém foi uma discussão sobre a quem pertencia o patrimônio da Diáspora e, portanto, sobre a natureza do judaísmo, do exílio e do Estado de Israel.

De um lado tínhamos os judeus alepinos e, do outro, o Estado: o presidente Ben-Zvi, cujo instituto detinha agora a posse do livro; o chefe da imigração Shragai; e o mercador de queijos Faham, que os judeus alepinos viam como traidor e para quem reservavam boa parte de sua ira. Para Ben-Zvi e os israelenses, o Estado judaico era o herdeiro por direito das comunidades da Diáspora, que já estavam extintas ou logo estariam, e era, portanto, o proprietário natural do maior livro do judaísmo. Os judeus alepinos haviam de fato guardado o livro durante anos no exílio e mereciam todo o louvor, mas agora o exílio terminara, e o manuscrito estava em casa. O códice receberia os cuidados devidos e pertenceria não a um grupo de rabinos nem a uma comunidade pequena, e sim a todo o povo judeu, personificado pelos líderes e estudiosos do novo Estado.

Os judeus alepinos, por outro lado, não haviam se incluído no projeto sionista nem em sua versão da história. Eram uma das comunidades judaicas mais antigas do mundo, embora talvez estivessem abatidos, e viam a Coroa como um símbolo de um lugar que quase nenhum deles havia considerado ser o exílio. Não a haviam guardado por séculos para entregá-la a forasteiros. A Coroa, escreveram os rabinos de Alepo ao tribunal, numa carta colérica, "não é propriedade abandonada a ser conquistada por quem assim bem entender". Era deles, e eles a queriam de volta.

O argumento se concentrou no que exatamente havia transcorrido na conversa entre Faham e os dois rabinos-chefes naquela noite em Alepo seis meses antes, quando lhe confiaram a Coroa. A alegação do Estado se baseava no que Faham dizia ser suas instruções: disseram-lhe para levar o manuscrito para Israel e entregá-lo a um homem religioso, e ele fez exatamente isso, escolhendo Shragai, o chefe da imigração, que o passou ao presidente. O Estado tinha, portanto, adquirido o livro legalmente e poderia ficar com ele.

Os judeus alepinos, todavia, estavam certos de que os rabinos nunca teriam, de livre e espontânea vontade, deixado o livro sair de suas mãos. Alegaram que Faham fora instruído a entregá-lo à comunidade alepina em Israel, representada pelo rabino Dayan. Ben-Zvi era uma personalidade respeitada demais para que o atacassem diretamente, e por isso boa parte do antagonismo dos alepinos durante o julgamento voltou-se para Faham e Shragai.

O advogado dos judeus alepinos, o perspicaz Shlomo Mizrahi, foi o primeiro a falar, abrindo sua inicial com uma descrição da grande sinagoga. Ele reconhecia que qualquer tentativa de contar a história deveria começar ali, com o livro escondido e a revolta. "Durante a guerra de independência, irromperam revoltas em Alepo, e os revoltosos abriram o cofre, e, não encontrando dinheiro, arrancaram algumas páginas da grande Coroa e a jogaram no chão", ele disse ao tribunal. Dez anos depois, ele conta, os rabinos-chefes decidiram que deviam mandar a Coroa para a comunidade alepina em Israel. Foram traídos pelo portador a quem a confiaram. "Faham é só o portador, e sua missão não fez das coroas sua propriedade", acusou ele.

"As coroas nunca foram propriedade particular", respondeu o advogado do governo, Shlomo Toussia-Cohen. Disse que o mercador recebera uma "procuração" dos rabinos de Alepo para dar a Coroa a "um homem religioso à sua escolha".

"A procuração foi verbal", ele acrescentou sem demora, evitando o que certamente seria a primeira pergunta do oponente, "por causa do perigo mortal envolvido."

"O valor das coroas é vasto", acrescentou o advogado do governo*.

O advogado dos alepinos anunciou que pretendia chamar tanto Faham quanto o chefe da imigração para testemunhar. O advogado do governo não fez objeção, e a sessão foi encerrada, retomando-se o julgamento uma semana depois, ao meio-dia do dia 25 de março.

Quando Faham se apresentou ao tribunal, os dois advogados insistiram em ser o primeiro a interrogá-lo.

"É meu direito interrogar a testemunha", disse o advogado dos alepinos aos juízes, "que foi convocada a meu pedido."

O advogado do governo objetou. "Quero interrogá-lo primeiro. Eu o represento", disse. "Quero que ele conte o que aconteceu exatamente como aconteceu."

O advogado dos alepinos não recuou. Pegou a transcrição da primeira sessão e leu a página 2. "Pedi para convocá-lo e ouvi-lo", disse. Os advogados finalmente concordaram que, primeiro, Faham contaria sozinho sua história, sem que lhe fizessem perguntas. O mercador começou implorando compaixão.

"Sou residente da Síria", ele começou. "Cuidei dos membros da comunidade que vinham para Israel e de questões importantes para a comunidade. O governo [sírio] ouviu falar de

---

* As transcrições têm duas peculiaridades dignas de nota. Primeira: o julgamento também dizia respeito à propriedade do manuscrito menor que chegara com Faham, a Coroinha, e os protagonistas, portanto, às vezes se referem às "coroas". O segundo livro, porém, não despertava tanto interesse, e as menções às "coroas" quase sempre se referem à Coroa de Alepo. Segunda: as transcrições muitas vezes deixam de fora as perguntas dos advogados, informando apenas o que as testemunhas responderam. Na maioria dos casos, porém, o texto nos permite deduzir quais eram as perguntas e, quando possível, eu as reconstruí aqui. As frases reconstruídas aparecem sem aspas.

mim por meio de seu serviço de espionagem, e eles me espancaram para me fazer contar para eles sobre meu trabalho e sobre o dinheiro dos Estados Unidos. Neguei tudo." Disse que foi expulso da Síria, mas lhe permitiram voltar para pôr os negócios em ordem e partir de uma vez por todas. Antes de o prazo do governo se esgotar, ele encontrou os dois rabinos-chefes da comunidade, Tawil e Zaafrani.

"O rabino Tawil disse que tinha segredos para me contar, mas temia as autoridades", Faham contou ao tribunal. "Eu disse: 'Não tenha medo. Confiemos em Deus'. Ele disse: 'A Coroa que sobreviveu ao incêndio deve ser levada a Israel, mas será perigoso'. E ele me contou que, se eu não a levasse, nenhum outro homem seria capaz de levá-la. Nossa conversa foi na sinagoga, e eu lhe prometi que salvaria a Coroa."

Quanto a suas instruções, ele afirmou: "Eles me mandaram entregá-la para um homem religioso e temente a Deus", repetindo o argumento central do governo. Chegaram a mencionar Dayan, mas disseram apenas que ele devia consultar o rabino, e só. Além disso, ao chegar à Turquia com a Coroa, ele recebeu instruções por escrito de dois líderes abastados da comunidade que já viviam no exterior. Eles repetiram a ordem dos rabinos de entregar a Coroa a um "homem religioso". Faham não apresentou a carta, mas disse que talvez ainda a tivesse. Posteriormente, no julgamento, em resposta a uma pergunta do advogado dos alepinos, ele diria que não conseguira encontrá-la.

Em Israel, ele prosseguiu, os judeus alepinos ficaram sabendo que a Coroa havia chegado. "Ficaram surpresos com isso e alegaram que eu queria vender as coroas. Arrisquei minha vida para salvá-la, não para vendê-la, e fiz o que me mandaram: entregá-la a um homem religioso."

"Consultei o rabino Dayan", ele testemunhou, "e lhe disse que as coroas haviam chegado. Ele me levou à sinagoga onde queria que eu as deixasse. Não gostei disso e lhe disse que me mandaram consultá-lo, não entregá-las a ele. Eu lhe disse que já as havia entregado ao senhor Shragai."

Para a comunidade alepina, o que Faham fez foi traição. Um dos líderes da comunidade, Meir Laniado, referiu-se a ele numa carta como "o tal portador desonesto, o senhor Faham", que, instruído a entregar o livro ao rabino Dayan, "abandonou sua missão e o deixou em outras mãos". As reminiscências orais que Faham gravaria vinte anos depois, que, quando comparadas com seu testemunho anterior e contemporâneo à sua chegada a Israel, parecem exageradas e incertas, mesmo assim são reflexo do que deve ter sido uma aflição genuína. Ele se lembrava de que os judeus alepinos "levavam seis ou sete capangas a todas as oitivas do tribunal rabínico para me assustar". Numa das oitivas, ele recordava, "a sala estava cheia de capangas, eram trinta. O advogado dos judeus alepinos me pediu para repetir meu testemunho do começo ao fim. Respondi que sou um homem doente de tanto levar pancada, minha visão é ruim e a saúde é fraca, e você sempre me pede para repetir as coisas que eu já disse várias vezes. O que mais quer de mim? A vida?".

..... 15 .....

Um homem religioso

Quando Faham terminou seu relato sobre as andanças do códice, o advogado dos alepinos partiu para o ataque. Suas primeiras perguntas foram uma tentativa de descobrir por que a testemunha havia escolhido Shragai, o chefe da imigração, como o receptor do tesouro.

Onde foi que ouviu falar de Shragai pela primeira vez?, o advogado quis saber.

"Ouvi falar dele na Turquia, foi um homem em Istambul chamado senhor Pessel", respondeu a testemunha. Pessel era o agente da imigração israelense que encontrou Faham e notificou seus superiores sobre a partida do portador a caminho de Israel. Faham disse que passou duas ou três horas na casa de Pessel em Istambul discutindo a Coroa.

Os rabinos instruíram você a fazer o que quisesse com o livro?

"Eles me disseram para entregá-lo a um homem religioso, não para fazer com ele o que me aprouvesse. Somente que eu devia consultar o rabino Dayan e fazer o que eu achasse melhor", disse Faham. Ele tinha, de fato, perguntado a Dayan o que ele achava do chefe da imigração, afirmou, e o rabino concordara que Shragai era realmente um homem religioso.

E se o rabino pensasse de outra maneira?

"Se o rabino Dayan não tivesse concordado comigo sobre Shragai, eu teria feito o que achasse certo. Eu o consultei por uma questão de respeito", Faham disse.

Quanto tempo se passou entre seu encontro com o rabino e a transferência do manuscrito para Shragai?

Faham respondeu: "Dois dias se passaram entre o momento em que os livros foram enviados a Shragai e o encontro com o rabino Dayan". Em outras palavras, o mercador recebera instruções para consultar o rabino, mas só o fizera dois dias *depois* de já ter entregue a Coroa ao governo. Mais adiante no interrogatório, também admitiria que não foi ele quem procurou o rabino, e sim o rabino quem o procurou. O advogado dos alepinos estava chegando a algum lugar. Ele continuaria a apertar Faham nas semanas seguintes.

Depois que ele se recusou a entregar a Coroa ao rabino Dayan, disse o mercador quando o julgamento foi retomado, a comunidade alepina começou a atacá-lo, sugerindo que ele tinha ganhado algum dinheiro com a transação. Ele negou.

"Não me estabeleci em Israel", testemunhou, "não tenho moradia, nem emprego, nem nada. Tomo dinheiro emprestado para poder comer." Ele sugeriu que até poderia receber algum benefício do governo, mas não o fazia de propósito. "Não vou exigir um acordo agora, para que não digam que estou me aproveitando da Coroa", afirmou.

Faham ofereceu voluntariamente uma informação interessante. "Não só não ganhei dinheiro com as coroas", ele contou ao tribunal, "como, por causa das coroas, cobraram-me 5 mil libras, porque meus pertences foram vistoriados." Ele se referia a uma conta alfandegária que recebera depois de chegar a Haifa. Isso claramente despertou o interesse do advogado dos alepinos. Ele voltaria várias vezes à tal cobrança, da qual, no fim das contas, Faham fora dispensado graças à intervenção de um amigo influente.

"Mandaram o senhor Faham pagar o imposto de importação pelos livros e, com a intervenção do senhor Shragai, ele foi liberado da taxa aduaneira", o advogado disse ao tribunal em determinado momento. Então insinuou qual teria sido a contrapartida: "O senhor Faham deu os livros ao senhor Shragai para que os guardasse". Estava quase lá, faltava pouco.

O advogado passou a atacar o ponto fraco da história do mercador. Mandaram que você entregasse a Coroa a um homem religioso e temente a Deus, disse. Por que não ao próprio rabino Dayan? Ele não era um homem religioso?

"Eu não tinha dúvida alguma de que o rabino Dayan era rabino e religioso", Faham foi obrigado a admitir. Ainda assim, ele disse, "a decisão era minha".

Não havia pessoas religiosas entre os judeus alepinos em Israel?, perguntou o advogado.

"Conheço bem os alepinos e sei que entre aqueles que estão em Israel encontram-se pessoas que temem o céu, os rabinos e os sábios. E eu sabia que a maioria dos judeus alepinos em Israel é religiosa", Faham reconheceu. Mas sugeriu que sua decisão tinha o respaldo de outros membros da comunidade. Depois de chegar à casa de seu filho em Israel, recebeu muitas visitas de judeus alepinos, "e eles disseram que Shragai era religioso e temente a Deus".

Quantos deles lhe disseram que ele era religioso?, perguntou o advogado.

"Não sei quantos", Faham respondeu.

E quais eram os nomes deles?, o advogado perguntou.

"Foram muitas pessoas, e não lembro o nome de nenhuma delas", disse a testemunha.

A quantas delas você pediu uma opinião?

"Eu não lembro a quantas perguntei sobre Shragai", a testemunha falou.

Não há outras pessoas religiosas em Israel além de Shragai?

"Eu sei que existem muitas outras pessoas religiosas em Israel, mas não as conheço", Faham respondeu.

O advogado mudou de assunto. Descreva-nos mais uma vez sua chegada a Haifa, ele disse.

"Cheguei a Israel numa segunda-feira", Faham contou. "Entreguei as Coroas à Agência Judaica em Haifa e disse que as enviassem a Shragai."

Como se chamava o funcionário do porto?

Faham não sabia dizer.

Pegou um recibo?

Não, disse Faham.

Pode ser que o advogado tenha permitido que o silêncio pairasse no tribunal um instante, para que as pessoas percebessem as implicações dessa resposta. Entregar a Coroa ao presidente de Israel era uma coisa, mas Faham havia entregado a Coroa de Alepo a um homem cujo nome ele desconhecia e que nada lhe dera em troca.

Você disse ao funcionário que devia consultar o rabino Dayan antes de entregar os livros?

"Não", Faham falou. "Disse para entregá-los a Shragai."

Mas qual era o problema com o rabino Dayan?, o advogado perguntou, retomando a abordagem anterior. O que tem contra ele?

"Não vou responder o que tenho contra o rabino Dayan. Existem coisas que não direi para não denegrir a honra do rabino Dayan", disse o mercador.

"Peço ao tribunal que obrigue a testemunha a responder o que tem contra o rabino Dayan", exigiu o advogado dos alepinos, dirigindo-se aos três juízes.

O pedido foi indeferido, mas o advogado já fizera sua parte. Levantara dúvidas sobre a história de Faham e apresentara ao tribunal sugestões de conluio, voluntário ou involuntário, entre a testemunha e seus novos aliados no governo israelense.

O presidente Ben-Zvi não estava no tribunal, mas acompanhava de perto o caso. O testemunho de Faham era claramente uma questão preocupante. Em 27 de março, o advogado do governo disse a Ben-Zvi que o mercador fora interrogado pelo advogado dos alepinos dois dias antes. Escreveu que a inquirição "atingiu níveis de tensão elevados, mas o senhor Faham manteve a história, como Vossa Excelência deve tê-la recebido por escrito". Um mês depois, contudo, após mais uma sessão do tribunal, o advogado seria obrigado a informar que havia "contradições no testemunho" do mercador. Faham, ele diria, havia se "atrapalhado" no banco das testemunhas.

····· 16 ·····

Nossa última gota de sangue

Com a chegada de Shragai, o chefe da imigração, o clima do julgamento deve ter mudado. A testemunha era agora um servidor público importante e, diferente de Faham, um debatedor experiente e falante fluente do hebraico. Ele e Faham estavam do mesmo lado, mas, depois de Shragai passar alguns minutos no banco das testemunhas e apresentar dois pedaços de papel ao tribunal, os presentes devem ter percebido que ele estava contando uma história que contradizia boa parte do que tinham ouvido da testemunha anterior.

Shragai disse que soubera que a Coroa havia deixado a Síria por meio de uma carta do agente Pessel na Turquia. Ele apresentou uma cópia da carta, datada de 7 de outubro de 1957, por volta do ano-novo judaico.

> Ao excelentíssimo senhor Shragai,
>
> De posse da comunidade em Alepo (Síria), como se sabe, está a "Coroa da Torá". Todas as tentativas de convencer os líderes da comunidade a transferi-la para Israel encontraram resistência, e o que também resta esclarecer é com quem ela estava, pois o fato de existir foi apagado da história depois que as autoridades sírias passaram a procurar o livro.

Recentemente, consegui convencê-los a trazer o livro, e, agora que o trouxeram, está em poder das autoridades aduaneiras, juntamente com um carregamento, e será levado a Israel depois das festas pelo senhor Faham, que o trouxe para cá.

A fim de evitar que o senhor Faham tenha de correr atrás de alguém a quem entregar o livro, eu ficaria grato se o senhor me instruísse quanto a quem ele deveria dar a "Coroa da Torá" ao chegar a Israel: aos rabinos-chefes, ao presidente, à universidade? É preferível que ele já tenha essa resposta ao chegar, para evitar que outros o procurem com o intuito de se apoderar dela. Informarei o senhor quanto à data de sua viagem.

Com as bênçãos da estação,
Y. Pessel

Shragai, em seguida, apresentou uma cópia de sua resposta, datada de 13 de outubro.

Senhor Y. Pessel
Istambul

Ao excelentíssimo senhor Pessel,

Confirmo por meio desta ter recebido sua carta de 12 de *tishrei* [7 de outubro] referente à "Coroa da Torá", que veio de Alepo e será trazida para Israel depois das festas pelo senhor Faham.

O senhor Faham deve nos fazer a cortesia de entregar a "Coroa da Torá" ao Departamento da Aliá assim que chegar a Haifa. Depois se decidirá para onde mandá-la.

Com grande respeito e votos de boas festas,

S. Z. Shragai
Diretor do Depto. da Aliá

Mais de dois meses antes que o mercador zarpasse para Istambul, sugeriam as cartas intrigantes, os israelenses, e não Faham, eram responsáveis pelo destino da Coroa. Devo dizer a ele para entregá-la a quem?, perguntou o agente na Turquia. Ao Departamento da Aliá, respondeu o diretor do Departamento da Aliá. Shragai talvez tenha pensado que seria rude escrever o que ele queria dizer; isto é, para mim. Apesar da versão de Faham de que fora instruído pelos rabinos de Alepo, as cartas não mencionavam nenhum "homem religioso". Não havia menção alguma à vontade de Faham ou à dos rabinos.

O chefe da imigração testemunhou que, quando Faham chegara ao porto de Haifa, ele, Shragai, recebera uma ligação de um portuário dizendo que o sírio havia chegado com os livros. "Eu os instruí a liberá-los na alfândega e mandá-los para nós", ele contou ao tribunal. Em resposta a uma pergunta do advogado dos judeus alepinos, Shragai disse que não acreditava que lhe tivessem entregado a Coroa para fins pessoais. "Já que ele me indagou sobre o assunto", Shragai disse, "é evidente que não a entregaram para que eu fizesse com ela o que me aprouvesse." Afirmou que a Coroa deveria ser depositada nos Arquivos do Estado: não era propriedade particular.

O advogado dos alepinos ainda estava insinuando, quando não afirmando com todas as letras, que a decisão de Faham de entregar o livro estava relacionada ao imposto de importação do qual havia se livrado graças à intercessão do chefe da imigração. Talvez o advogado ainda não tivesse entendido completamente o significado das cartas: indicavam que eles haviam decidido quem controlaria a Coroa muito antes que ela chegasse a Israel. De todo modo, Shragai colocou a alegação de lado. "Aqueles que sofreram no estrangeiro pelo sionismo e pela *aliá* têm direitos especiais, quem traz dinheiro tem direitos especiais, todos sabemos disso, e em muitos casos pedimos que o governo alivie os impostos de importação etc.", ele disse ao tribunal.

O advogado dos alepinos não se deu por vencido. "À luz do testemunho do senhor Shragai, tenho perguntas para o senhor Faham." Ele havia preparado sua derradeira ofensiva contra a credibilidade do mercador. Dessa vez, o assunto seria a carta que Faham escreveu para o chefe da imigração logo depois de chegar, aquela que começava com "sou o imigrante Mordechai, filho de Ezra Faham"*. Na missiva, ele descrevia a história da Coroa e, pela primeira vez, apresentou a alegação de que lhe mandaram entregá-la a um homem religioso à sua escolha. A carta, parecia ter reparado o advogado, lembrava uma exposição acadêmica sobre a história do livro, sem deixar de fora as referências bibliográficas. Faham não deve ter-lhe parecido o provável autor. Tem certeza de que o senhor mesmo a escreveu?, o advogado perguntou a Faham.

Faham tinha certeza.

Tem certeza de que a carta não foi ditada ao senhor, por exemplo, pelo chefe da imigração? O advogado insinuava que a história do "homem religioso" era ideia de ninguém menos que Shragai, o tal "homem religioso" em pessoa.

"Eu mesmo escrevi a carta, e não porque o senhor Shragai tenha me pedido", insistiu Faham, quando então o advogado pareceu mudar bruscamente de assunto.

O senhor sabe de que maneira a Coroa está ligada a Maimônides? É bem provável que os espectadores no tribunal não tenham entendido aonde o advogado queria chegar.

Não, Faham admitiu, não sei. Como o advogado sabia, a carta dizia que Maimônides havia usado a Coroa ao preparar as leis que regiam a escritura dos rolos da Torá.

E o senhor sabe alguma coisa sobre as regras que determinam quando os escribas devem deixar linhas em branco nas colunas de um rolo da Torá?

* O texto da carta aparece no capítulo 13.

Não, não sei quais são, disse Faham. A carta de Faham dizia que Maimônides usara a Coroa para redigir justamente essas regras.

O senhor sabe se, segundo a tradição, o livro remonta à época do primeiro ou do segundo templo de Jerusalém?

Não, disse Faham, não sei. A carta de Faham citava a tradição alepina de que a Coroa remontava à época do segundo templo. Esse era o argumento do advogado: Faham não escrevera a carta, apenas assinara o texto que escreveram por ele.

Numa sessão de 4 de maio, o advogado perguntou a Shragai sobre a mesma carta.

"Não rascunhei a carta para ele", Shragai respondeu. "Pergunte a ele quem escreveu a carta por ele." O advogado passou para outros assuntos antes de voltar à carga.

A carta, Shragai falou dessa vez, "foi fruto de uma sugestão minha". Ainda assim, insistiu, "não é verdade que a maior parte do conteúdo da carta partiu de mim. Eu disse a ele para escrever sobre as coroas e como elas haviam chegado".

O advogado voltaria à carta uma outra vez mais adiante. Havia reparado que em nenhum momento ela mencionava uma consulta ao rabino Dayan, que supostamente fazia parte das instruções de Faham. O chefe da imigração havia apontado isso?

"Não apontei para Faham que a carta dele não mencionava o rabino Dayan", a testemunha respondeu.

A raiva da comunidade alepina só aumentava com o andamento do processo. Em parte, tinha a ver com a sensação de que eram tratados como inferiores por uma elite europeia. Durante o julgamento, um dos líderes da comunidade, o advogado Meir Laniado, escreveu uma carta colérica para o secretário de Ben-Zvi, acusando o presidente de tentar negociar a Coroa com um judeu alepino e rico de Nova York – o magnata dos refrigeradores Isaac Shalom – numa tentativa de driblar a obstinada comunidade em Israel. "Admira-me o fato de o senhor ter procurado Isaac Shalom, pois isso faz jus a tradições e conchavos de prática corrente nas comunidades orientais há cinquenta anos, em que certas pessoas tentavam fechar acordo com um homem rico ou célebre e, com isso, calar o resto da comunidade", escreveu Laniado.

A carta foi escrita em 1960, o mesmo ano em que Faham foi de mala e cuia com a família para o Brooklyn. O julgamento, que ainda prosseguia, não tinha natureza criminal, e Faham não era suspeito de nenhum delito, portanto podia partir livremente. Nas memórias orais que ele gravaria duas décadas depois, Faham descreveria como a disputa finalmente foi resolvida antes de sua partida. Ele foi a uma audiência do tribunal rabínico, Faham recordava, e encontrou Tawil, o rabino de Alepo, que àquela altura conseguira chegar a Israel. Faham o confrontou.

> [Tawil] respondeu antes que eu terminasse de falar: "É verdade, eles me enganaram. Encontrei o presidente e lhe disse que nunca pedi ao senhor que entregasse a Coroa a uma pessoa específica". A sessão do tribunal rabínico começou. Chamaram primeiro o rabino Tawil, fizeram a pergunta, e ele confirmou o que eu havia dito. Saíram com ele por uma porta lateral. Depois que ele saiu, chamaram-me, pediram meu perdão e anunciaram que o julgamento seria adiado.

Não passara de um mal-entendido, de acordo com Faham: o julgamento terminou com uma admissão dos oponentes de que ele estivera certo o tempo todo.

Nada contra as histórias fabulosas dos velhos, a não ser quando são tomadas equivocadamente como fato histórico. Sem uma investigação séria, foi o que aconteceu nesse caso. O relato do mercador, um dos momentos mais cruciais da narrativa, foi citado sem reflexão crítica num livro acadêmico sobre a Coroa, escrito em inglês por um professor doutor da Universidade Yeshiva de Nova York. A versão oficial da história da Coroa em hebraico, publicada pelo Instituto Ben-Zvi, não o

Os rabinos de Alepo, Moshe Tawil e Salim Zaafrani.

contradisse. A anedota oferece o desfecho perfeito que muita gente parece desejar.

Quando gravou suas memórias no fim da década de 1970, Faham já era idoso. Suas reminiscências estão cheias de detalhes fantásticos e vivacidade: por exemplo, ele falava com o primeiro-ministro sírio praticamente todos os dias e, em várias ocasiões, salvou sozinho a comunidade de Alepo da perseguição. Durante a revolta, ele se lembrava de abrigar não menos que quarenta crianças judias em sua própria casa, apesar de seu filho, que ali morava na época, não ter lembrança alguma disso quando eu o entrevistei. Ele alegava ter salvado a Coroa da sinagoga durante a revolta, embora vinte anos antes tivesse testemunhado que, até os rabinos o procurarem com a proposta de tirar o manuscrito clandestinamente do país, ele sequer sabia que o livro havia sobrevivido ao fogo. Sua versão para o fim do julgamento, mostram as transcrições do tribunal, era mais uma invenção.

Por volta de 1960, com o processo já chegando a dois anos de duração, os dois rabinos de Alepo que haviam mandado o livro para Israel com o mercador haviam fugido para o país.

Testemunharam juntos no tribunal em 1º de março. A ira é quase audível nos velhos autos do processo.

"Entregamos algo a um homem que traiu nossa confiança", falou o rabino Moshe Tawil ao tribunal. "Acreditamos que a Coroa da Torá se dedica e pertence à comunidade de Alepo, e que isso não deva mudar."

"Se o rabino Dayan não estivesse em Israel, não teríamos mandado a Coroa em hipótese alguma", disse.

"Entregamos a Coroa ao senhor Faham para que a entregasse ao rabino Isaac Dayan", testemunhou o segundo rabino, Salim Zaafrani. "Não lhe dissemos para entregá-la a outra pessoa de modo algum, e ele não tinha permissão para fazê-lo. Não queremos soluções conciliatórias. Quero que a Coroa seja entregue à comunidade alepina."

Como os judeus alepinos vinham insistindo o tempo todo, era ridícula a ideia de que os rabinos teriam de livre e espontânea vontade entregado a Coroa a forasteiros ou permitido que um membro da comunidade a entregasse a uma pessoa à sua escolha. Os rabinos de Alepo decidiram que a Coroa não poderia mais ficar em sua cidade, mas nunca lhes passou pela cabeça permitir que ela deixasse sua comunidade.

"Nós a guardamos até nossa última gota de sangue", disse o rabino Zaafrani ao tribunal. "É propriedade da comunidade alepina, e não do Estado de Israel."

ANOS DEPOIS DE levarem a Coroa para Israel, seus novos guardiões acrescentaram formalmente uma folha ao manuscrito. Nela há uma inscrição em hebraico feita por um calígrafo, com os dizeres a seguir:

> Esta Coroa da Torá foi doada pelo rabino-chefe de Alepo, Moshe Tawil, e pelo juiz e rabino Shlomo Zaafrani, ao senhor Mordechai ben Ezra Hacohen Faham no ano 5718, para que a levasse a Jerusalém, a Cidade Santa.

O senhor Faham teve a sorte de receber esse privilégio quando aceitou arriscar a vida para salvá-la e levá-la a Jerusalém, e ele a entregou a sua excelência o presidente, o senhor Yitzhak Ben-Zvi.

Essa é a história simples que eu conhecia a princípio. Aquela que agora eu sabia era muito diferente.

Ao cruzar a fronteira e entrar na Turquia com a Coroa, Faham já era aguardado pelos agentes israelenses do outro lado. Um deles era Silo, que dirigia o posto de imigração de Alexandreta, e o outro era Pessel. De acordo com Faham, ele se reuniu com Pessel durante várias horas em Istambul entre setembro e novembro de 1957 para discutir a Coroa. Não se sabe qual foi o conteúdo exato dessa reunião; quando encontrei o filho de Pessel, ele disse que o pai já falecido quase nunca falava de seu trabalho e não deixou relatos por escrito. Sabemos, porém, que os rabinos disseram que haviam instruído Faham apenas semanas antes a levar o códice para o rabino Dayan em Israel, mas que, por volta de 7 de outubro, o agente israelense estava mandando uma carta para Jerusalém e perguntando o que *ele* deveria dizer a Faham para fazer com o códice, ou seja, eram os israelenses que ditavam as regras agora. Portanto, é possível deduzir que, no momento da reunião em Istambul ou por volta disso, o agente israelense tenha persuadido o portador – com argumentos, promessas ou ameaças – a trair os rabinos de Alepo e entregar o livro.

Não é difícil imaginar como foi. Israel era pobre, faltava moradia, os empregos eram poucos e o governo tinha os meios para facilitar bastante a vida de um refugiado e sua família. Como demonstrava a conta da aduana portuária que Faham tinha de pagar – e pode ser que a intenção fosse realmente demonstrar isso –, o governo também poderia dificultá-la. Faham estava prestando um grande serviço ao Estado: David Bartov, o chefe de gabinete do presidente Ben-Zvi, me contaria cinquenta anos depois que Faham ainda merecia a gratidão de Israel por trazer "o maior tesouro cultural que temos" e entregá-lo ao governo, transformando-o em propriedade do povo judeu, e não de uma comunidade. Faham pode ter concordado que os israelenses tinham razão. Ou pode ser que tenha percebido que a Coroa o transformara: deixara de ser mais um imigrante desamparado dentre os milhares que chegaram a Israel naquele mês e passara a ser um homem notável que tinha algo que pessoas importantes queriam, pessoas que tinham condições de ajudá-lo.

Há indícios por escrito de que esses amigos novos e poderosos tentaram de fato ajudar. Os arquivos do Estado preservam um bilhete de outubro de 1958, no qual a esposa do presidente, Rachel Yanait Ben-Zvi, escreveu a um servidor público sobre uma "questão importante": queria que ele ajudasse Faham a encontrar um apartamento num dos subúrbios de Tel Aviv. "O presidente e o senhor Shragai o conhecem e disseram-me que ele merece tratamento especial por parte de nosso departamento", escreveu. Numa carta posterior a Faham, o próprio presidente mencionaria suas tentativas de lhe arranjar um apartamento. Faham, que passara pouco mais de dois anos em Israel, sempre sustentou que ele não pedira nem recebera nada do Estado. Com a exceção significativa da isenção de pagar o imposto de importação, a pedido de Shragai, nada que eu tenha encontrado no registro escrito indica que ele o tenha feito. Faham, que morreria em 1982, não nos deixou pista de suas motivações. Passou o resto da vida insistindo que fizera o que lhe mandaram fazer.

Os agentes do governo israelense tinham efetivamente o manuscrito sob seu controle logo depois que este chegou à Turquia em setembro de 1957, e Shragai já estava emitindo ordens a partir de Jerusalém em meados de outubro. Saindo de Alexandreta, Faham prosseguiu a bordo do Marmara até o porto de Haifa. Ali foi recebido pelos oficiais da Agência Judaica e dispensado de pagar o imposto de importação por Shragai, que já esperava a Coroa e ordenara a seus homens que a levassem diretamente do porto até sua casa em Jerusalém.

Nos primeiros dias depois de Faham chegar a Israel, sua história ainda não estava consolidada e parecia que ele tentava passar a impressão de que o códice ainda era seu, para que fizesse com ele o que lhe aprouvesse. A alegação do mercador de que haviam lhe dito para entregar o livro a um "homem religioso" à sua escolha só apareceria após várias semanas, e somente *depois* de o livro já estar nas mãos do tal "homem religioso", Shragai, o chefe da imigração. A história foi criada para justificar o que já havia acontecido: o livro já estava em poder do governo. Os israelenses sabiam que o conto não passava de ficção e, mesmo assim, apresentaram-no como se fosse verdade a um de seus próprios tribunais.

No fim, foram obrigados a admitir a trama. O processo da Coroa no tribunal rabínico de Jerusalém contém o contrato de curadoria redigido para o códice em 1962, quando o longo julgamento finalmente terminou num acordo extrajudicial. O texto incluía uma breve seção que recontava a jornada da Coroa. Afirma que os rabinos de Alepo mandaram a Coroa e o manuscrito menor para Israel com o mercador Faham, "para que os entregasse ao rabino Isaac Dayan". O documento, em outras palavras, contradiz explicitamente a história que o Estado vinha empurrando desde que o livro chegara. Está assinado pelo presidente Ben-Zvi.

No entanto, para explicar o fato de a Coroa não ter chegado ao destino desejado, o documento passa da admissão da verdade para uma ficçãozinha conveniente: afirma que Dayan estava simplesmente fora do país quando o livro chegou, visitando os filhos nos Estados Unidos e no Brasil. O fato é que o rabino estava, sim, em Israel, como Ben-Zvi sabia muito bem. Um registro das reuniões do presidente mostra que ele se encontrou com o próprio Dayan em duas ocasiões nessa época: em 21 de janeiro de 1958, cinco semanas depois de o códice chegar, e novamente em 19 de fevereiro.

Os judeus alepinos nunca receberam seu livro de volta.

A solução conciliatória deu à comunidade a propriedade parcial e teórica do manuscrito, ao passo que, para todos os efeitos, garantia que o códice permaneceria em poder do Estado e nunca sairia do Instituto Ben-Zvi. O governo, diante das provas de que sua versão não era verdadeira, deve ter percebido que tinha de ceder alguma coisa – não muito, na prática –, enquanto os judeus alepinos entendiam que, embora tivessem razão, não tinham como vencer. Menachem Yadid, um jovem líder da comunidade alepina da época e, posteriormente, membro do parlamento israelense, lembrava-se da sensação de impotência. "Afinal, o regime é o regime", ele me disse. "Foi uma sujeira."

A Coroa de Alepo nunca foi entregue a Israel. Foi tomada. Pode ser que o governo acreditasse que cuidava dos interesses de seu povo e do próprio livro, mas, embora as circunstâncias sejam dignas de nota, não deixam a narrativa nem um pouco mais bonita: o Estado tomou a propriedade sagrada de pessoas que não a doaram voluntariamente, conspirando com um portador que entregou algo que não era seu para dar. Muitas das ficções e evasivas que ocultaram essa narrativa durante décadas foram planejadas para disfarçar o que foi, para todos os efeitos, o roubo da Coroa dos judeus de Alepo.

O julgamento terminou com a assinatura da solução conciliatória. As complexidades dessa fase da história da Coroa serviram, até aqui, para mascarar um detalhe deveras alarmante: boa parte do manuscrito pelo qual todos lutavam sequer estava lá.

Quarta Parte

····· 17 ·····

O livro

No centro desta história, não há um diamante, nem uma pintura e muito menos uma mala cheia de dinheiro, e sim um livro. Alguns diriam que se trata *do* livro: o exemplar definitivo de um texto que, por estar nas origens de mais de uma civilização, afeta a vida de bilhões de pessoas, mesmo que nunca o tenham lido.

Esse livro começa com a criação do universo. Fala-nos do Jardim do Éden, de Adão e Eva, expulsos do Paraíso por terem infringido a única regra que tinham de cumprir, e do primeiro filho, que matou o segundo. A escritura parece dizer desde o começo que os seres humanos destroem tudo de bom que recebem. Lemos como o mundo se corrompeu a tal ponto que Deus se arrependeu de tê-lo criado e o destruiu num dilúvio ao qual somente uma família humana sobreviveu; então lemos a respeito de Abrão, o filho dos idólatras, que entendeu haver apenas um Deus, e não muitos, um ser invisível e todo-poderoso. Quando esse Deus o mandou viajar para a terra de Canaã, Abrão residia em Harã, que não fica muito longe de onde Alexandreta hoje se situa, e sua jornada para o sul o teria levado para além de Alepo, que fica a oeste do Eufrates, um dos rios que a escritura afirma nascer no Éden.

O livro nos conta como Abrão se tornou Abraão, e como ele quase sacrificou seu filho Isaac. Conta-nos sobre seu neto

Jacó, também chamado Israel, que escapou da fome viajando para o Egito, onde seu próprio filho, José, chegara ao poder no palácio do faraó, interpretando-lhe os sonhos. Ficamos sabendo como os descendentes de Israel foram escravizados e como foram libertados da escravidão por Moisés, depois que Deus afligiu os egípcios com dez pragas e afogou seus exércitos no mar dos Juncos. Moisés conduziu seu povo deserto adentro, até um morro na imensidão do Sinai, onde o livro se entrega freneticamente aos detalhes dramáticos – fumo, fogo, a montanha a tremer e o som da trombeta –, como se nos segurasse por um dos ombros e exigisse que déssemos atenção a esse ponto, à narrativa de como ele próprio surgiu.

O começo do último volume da Torá, o Deuteronômio, vai encontrar os israelitas perto do rio Jordão, prestes a entrar em sua terra, e Moisés, às portas da morte. Num discurso de despedida, Moisés diz à sua gente que, se obedecerem a Deus, serão abençoados.

> Será bendito o fruto do teu ventre, o fruto da tua terra e o fruto dos teus animais, a cria de teu gado e os rebanhos de tuas ovelhas. Serão benditos teu cesto e a tua amassadeira. Serás bendito ao entrares e serás bendito ao saíres. O Eterno entregará os teus inimigos que se levantarem contra ti, vencidos diante de ti; por um caminho sairão contra ti e por sete caminhos fugirão de diante de ti.

Mas, se não obedecerem, disse Moisés, serão amaldiçoados.

> Serás maldito na cidade e serás maldito no campo. Será maldito o teu cesto.

Abrindo-se a Coroa de Alepo, o exemplar mais importante desse livro, vê-se que nenhum desses contos que conhecemos tão bem estão lá.

O códice mutilado não começa com: *No princípio*. Começa, em vez disso, com Moisés à beira da morte e a continuação do versículo apresentado há pouco.

> [...] e a tua amassadeira.

Prossegue com uma lista de maldições:

> Serão malditos o fruto de teu ventre e o fruto da tua terra, a cria de teu gado e os rebanhos de tuas ovelhas. Serás maldito ao entrares e serás maldito ao saíres. O Eterno enviará sobre ti a maldição, a turbação e a repreensão em tudo o que estenderes a tua mão e fizeres, até que sejas destruído e até que pereças rapidamente por causa da maldade de tuas obras com que Me deixaste.

A Torá, ou os Cinco Livros de Moisés – a história da criação, de Noé, da Torre de Babel, das andanças de Abraão e dos sonhos de José, da escravidão dos israelitas, das pragas, do Êxodo, da outorga do livro no monte Sinai, da longa jornada pelo deserto até a terra prometida –, são os livros que formam o âmago da Bíblia, aqueles de que os escribas hebreus precisavam para produzir rolos perfeitos da Torá, para uso nas sinagogas, e a parte mais importante da Coroa. A não ser pelas últimas cinco folhas, esses livros se perderam. Assim como os últimos livros da Bíblia: o livro das Lamentações, que pranteia a destruição de Jerusalém pelos exércitos da Babilônia; o burlesco livro de Ester; as parábolas alucinantes em hebraico-aramaico de Daniel; o conto do primeiro retorno do exílio no livro de Ezra; e o desespero do Eclesiastes. Páginas avulsas e seções do meio do códice também sumiram. E, porém, apesar de existirem dezenas de documentos datados de meses antes e depois de a Coroa seguir clandestinamente para Israel – as cartas trocadas pelos agentes e as autoridades israelenses, duas transcrições de reuniões entre Faham e o presidente, e as transcrições das oitivas do julga-

A primeira página do Códice de Alepo, no estado em que se encontra hoje, é do Deuteronômio. Nota-se a característica deterioração arroxeada do manuscrito no canto inferior esquerdo.

mento –, nenhum deles menciona esse fato. Ler os documentos da época é como escutar a conversa de um punhado de críticos de arte diante da *Mona Lisa*, absortos numa discussão acrimoniosa a respeito da moldura e que deixasse de mencionar que alguém recortou o rosto da jovem.

Em 21 de fevereiro de 1958, um mês e meio depois de o livro ser levado à casa de Shragai, três rabinos de Alepo escreveram uma carta ao presidente com uma menção fortuita a "páginas da grande Coroa que faltavam". Escreveram que as folhas foram "recolhidas por pessoas diversas e escondidas num poço seco ali perto", e eles esperavam recuperá-las em breve. Em 2 de março, o rabino Dayan, que parece ter se esmerado para manter relações cordiais com o presidente durante e após o julgamento, mandou uma carta para Ben-Zvi dizendo que tentaria localizar as "páginas desaparecidas". Em 18 de março, na primeira sessão do tribunal, o advogado dos judeus alepinos descreveu o saque à sinagoga, dizendo que os revoltosos "arrancaram algumas páginas da Coroa". Nenhuma dessas referências esclarece o quanto faltava nem que, entre as seções ausentes, estava a mais importante, a Torá. De fato, todas as três pareciam se referir a um pequeno número de páginas.

A primeira menção à imensa quantidade de páginas desaparecidas só surgiria em março, três meses depois de o códice chegar a Israel, na minuta de um acordo legal então sugerido, redigida por um advogado do governo, sem explicação alguma para as razões do sumiço. Aproximadamente duzentas páginas haviam desaparecido, ou cerca de quarenta por cento das quinhentas folhas preenchidas originalmente pelo escriba do Mar da Galileia. A notícia deve ter acabrunhado todo mundo e seria de esperar que fosse o assunto mais comentado e discutido. Mas não. Houve apenas um misterioso silêncio.

..... 18 .....

Os guardiões da Coroa

A CHEGADA DA Coroa a Israel já era um segredo de dois anos e meio quando os leitores do *Jerusalem Post* viram o artigo a seguir em 28 de outubro de 1960.

A SAGA DO MAIS ANTIGO CÓDICE BÍBLICO

O presidente Ben-Zvi descreve a jornada de mil anos do livro recém-descoberto

"Tenho o prazer e o privilégio de informar ao povo judeu e ao universo dos estudos bíblicos acadêmicos que o precioso manuscrito do Códice de Ben-Asher foi encontrado e está a salvo."

As palavras acima, do presidente Yitzhak Ben-Zvi, foram pronunciadas à moda discreta da academia, quase entre parênteses, quando o senhor Ben-Zvi apresentou um artigo na sessão de encerramento, tarde da noite, da conferência da Israel Exploration Society [Sociedade dos Exploradores de Israel] em Jerusalém durante a festa de Sucot. Provavelmente passaram despercebidas por muitos ali no grande público presente. A fala do senhor Ben-Zvi lembrava um daqueles relatórios de pesquisa esotéricos [...]. A história desse livro milenar completou um círculo. Os pormenores de seu último e mais recente paradeiro, por ora, devem continuar inéditos.

A imprensa estrangeira descobriu a notícia e, um mês depois, um certo M. S. Seale, missionário presbiteriano irlandês, escreveu para o *Times* de Londres.

> Muitos de seus leitores devem ter lido com alívio a reportagem de 16 de nov. de seu correspondente em Tel Aviv sobre a recuperação da maior parte do códice de Ben-Asher em Alepo, que se temia tivesse sido destruído na revolta de 1948 [sic]. Resta a esperança de que os atuais detentores desse grande texto oficial julguem apropriado revelar os mecanismos por trás do "resgate".

O missionário Seale provavelmente não viveu para ver os mecanismos revelados.

A Coroa talvez fosse o livro mais importante a chegar a Israel naquela época, mas havia milhares e milhares de outros. Acompanhando a migração das pessoas, dava-se uma grande migração de livros, pois os judeus retornavam da Diáspora com as escrituras sagradas que os ajudaram a sobreviver no estrangeiro como judeus. Obras legais, tratados do Talmude, esclarecimentos dos rabinos e rolos da Torá, volumes impressos e manuscritos chegavam aos portos em engradados e tomavam os depósitos do governo. Trata-se de uma narrativa em grande parte ainda não contada e da chave para entender a história da Coroa.

A preocupação do presidente com a Coroa de Alepo era reflexo de uma ânsia mais generalizada por livros hebraicos antigos do Oriente. Em agosto de 1961, ele escreveu para a Comissão Mista de Distribuição, que enviava o dinheiro da filantropia para os judeus de Alepo, pedindo que instasse a comunidade a mandar livros para Jerusalém e, especificamente, "para o instituto que eu presido". Em julho de 1962, o secretário do presidente e o diretor de seu instituto, Meir Benayahu – filho de um rabino-chefe e herdeiro de uma família política poderosa com raízes no Iraque, que mais tarde voltará a figurar nesta história –, escreveram para o rabino Dayan, que estava então na América do

Sul, mas deixara uma vasta biblioteca em Israel. "É uma grande infelicidade que esses livros permaneçam intocados e não exista garantia alguma quanto à sua segurança", diz a carta, que pedia a permissão do rabino para que o instituto pegasse os livros que quisesse.

A história dos judeus do Iêmen, que foram transportados por via aérea para Israel logo após a independência, é instrutiva. O esforço de imigração, a Operação Tapete Mágico, cuidou para que quase todos os judeus do Iêmen, 50 mil pessoas, deixassem suas cidades e aldeias e se dirigissem a um acampamento de trânsito perto de Áden, onde eram enfiados em brancos e reluzentes aviões Douglas Skymaster, fretados junto a Alaska Airlines, e levados a Israel. Eram atraídos por um antigo sonho messiânico de voltar à terra de Israel e impelidos pelo medo: depois da votação da partilha nas Nações Unidas, uma turba em Áden matou 82 judeus, e houve outros surtos de violência no país, como houve em Alepo e por todo o Oriente Médio. O acampamento de trânsito foi palco de terrível sofrimento. Fora construído para quinhentas pessoas, mas, durante algum tempo, abrigou 12 mil, muitas das quais subnutridas e doentes depois de atravessarem o interior do país. Esses judeus deixaram muita coisa para trás, mas trouxeram seus livros – códices e volumes manuscritos em sua maioria –, vários deles antigos. No acampamento de trânsito, diziam aos recém-chegados para deixar as obras com os funcionários, que deviam transferi-las por via marítima para Israel. Muitos judeus iemenitas nunca mais viram suas escrituras.

Ben-Zvi tinha um fascínio particular pelos iemenitas, com suas túnicas compridas, os longos cachos laterais e aquele ar de autenticidade bíblica, e ele foi ao campo de Áden em 1949. Enquanto esteve lá, escreveria posteriormente, abriu dois ou três engradados de pertences que aguardavam expedição. "Eu pretendia examinar com cuidado e ver se havia algum material valioso ali que se pudesse comprar em nome do Instituto para o Estudo das Comunidades Judaicas no Oriente Médio", escreveu. Ben-Zvi não era o único fanático por livros a revolver os engradados. Uma grande parte dos rolos e volumes depositados em Áden para que fossem transferidos para Israel, escreveu o historiador israelense Gish Amit, acabou em coleções públicas, como as do instituto de Ben-Zvi e a Biblioteca Nacional de Israel, ou nas mãos de revendedores particulares e colecionadores de manuscritos em Israel e no estrangeiro.

Um rabino iemenita importante entregou os dez rolos da Torá de sua comunidade para que um servidor israelense os guardasse, mas, quando apareceu para pegá-los num depósito do governo em Tel Aviv, descobriu que não estavam lá. "É uma vergonha", escreveu em uma carta furiosa para as autoridades de imigração da Agência Judaica, que os livros sagrados "fossem preservados na terra dos árabes e roubados na terra de Israel, a terra dos hebreus." Muitos anos depois, o mesmo rabino alegaria ter encontrado um de seus rolos na loja de um livreiro em Jerusalém. Um rabino diferente da cidade iemenita de Saná descreveu a tentativa de recuperar os livros de sua sinagoga num depósito da Comissão Mista de Distribuição no porto de Jafa.

> Íamos ao porto de Jafa e pedíamos nossos livros. Eles diziam: Tragam provas de que estes são os livros de sua sinagoga. Em Saná, tínhamos uma sinagoga grande. Antes de virmos para Israel, colocamos os livros santos em engradados [...] e em cada livro escrevemos: "Consagrado à sinagoga Al-Sheikh". Então eu falei: "Que prova vocês querem? Nossos nomes estão nos livros". Eles disseram: Tragam os formulários do Ministério de Assuntos Religiosos. Provem para nós que têm onde guardá-los. Voltei mais tarde, e eles disseram: "Houve um incêndio, os livros foram queimados, não entre". Não acreditei neles.

Os iemenitas eram considerados primitivos, produtos de uma cultura judaica ainda não conspurcada pela modernidade.

Seus livros, como escreve Amit, "foram apresentados como relíquias sagradas do passado que deviam ser armazenadas em institutos de pesquisa para o bem da ciência, do Estado de Israel e do mundo". A justificativa para tomar os livros era que seus donos não tinham como cuidar adequadamente deles. O fato de que o fizeram habilmente durante séculos foi ignorado.

Um judeu iemenita que chegou a Israel com a Operação Tapete Mágico deixou os pertences da família num engradado no acampamento de Áden, entre eles duas grandes trombetas de corno de carneiro, um livro de orações de quinhentos anos e duas partes de um manuscrito de textos legais conhecido como a Mishná. O engradado chegou vários meses depois, quando a família estava alojada num campo de assimilação de imigrantes perto de Tel Aviv. Quando o homem, Shalom Ozeri, foi ao diretor do campo pedir que liberasse o fardo, o diretor lhe disse para voltar no dia seguinte. Quando Ozeri chegou, ele escreveria vários anos depois, descobriu que o engradado fora aberto e saqueado. As trombetas, o livro de orações e um dos dois livros da Mishná haviam sumido. Mais de quarenta anos depois disso, em 1993, Ozeri viu por acaso uma fotografia de um manuscrito da Mishná mantido na Biblioteca Nacional de Israel, no *campus* da Universidade Hebraica de Jerusalém. Parecia familiar. Ele foi encontrar um bibliotecário, levando a metade do manuscrito que continuava em seu poder. Eram idênticos. A biblioteca devolveu o que era propriedade dele, mas, de acordo com Amit, as estantes do lugar ainda contêm outros 430 manuscritos iemenitas. Outros tantos milhares simplesmente desapareceram.

Em 1º de novembro de 1962, terminado o julgamento e assinado o acordo de curadoria, e com o manuscrito seguro em seu instituto, o presidente Ben-Zvi convocou uma reunião dos novos guardiões da Coroa. O Estado havia originalmente sugerido três curadores – o presidente, Shragai e Faham –, mas agora havia oito, de acordo com o consenso ao qual se chegara no tribunal. Quatro eram da comunidade alepina e quatro eram do Estado. Entre os representantes alepinos, estavam os dois rabinos que enviaram a Coroa e que agora se encontravam em Israel. Faham, desprezado pela comunidade e, naquela época, morador do Brooklyn em Nova York, não foi incluído. Os representantes do governo, liderados pelo próprio presidente, estavam nitidamente no comando. O rancor do julgamento não havia diminuído.

Ben-Zvi iniciou a reunião. "Durante anos, tememos pela sina da Coroa", disse, relembrando que chegara a ver o manuscrito em Alepo tempos atrás. "Ouvi dizer que só uma vez por ano, no Dia do Perdão, eles a levavam para fora e liam o livro de Jonas..."

"Não era assim na nossa época", o rabino Zaafrani o interrompeu. Lendo as transcrições antigas em hebraico, eu quase escutava a mordacidade de seu sotaque árabe. "O rabino Intabi está dizendo que ele tampouco conhece esse costume."

Ben-Zvi prosseguiu. "O senhor Faham de Alepo teve a grande honra de receber a Coroa das mãos dos sábios da comunidade, para que a trouxesse a Jerusalém. Ele a entregou ao senhor Shragai no segundo dia de *shvat* de 5718 [23 de janeiro de 1958], e o senhor Shragai a trouxe para mim no dia seguinte." Na verdade, o presidente errou a data por dezessete dias: os emissários no meio da noite chegaram ao apartamento de Shragai em 6 de janeiro. Shragai, que também havia se tornado um dos curadores, estava sentado ali perto, mas não corrigiu o presidente. Esse lapso peculiar na cronologia será relevante mais adiante.

O rabino Zaafrani voltou a interromper. "Faham não tem mérito algum nisso", acusou ele. "É um homem simples. Ele não sabia onde a Coroa era guardada e desconhecia seu valor. Nós a entregamos a ele para que a desse ao rabino Isaac Dayan, em Tel

Aviv, e ele não a deu. Não há um pingo de verdade nas histórias que ele conta."

O presidente se recusou a morder a isca. "O acordo foi" depositar o livro em seu instituto, disse aos presentes, e sugeriu que permitir aos judeus alepinos participar do conselho da curadoria era um ato de generosidade. "Já que o manuscrito um dia pertenceu à comunidade de Alepo, concordamos em designar oito zeladores, metade deles dessa comunidade", ele disse.

"Um dia pertenceu": deve ter doído na alma. Um dos outros representantes alepinos interpôs que sua comunidade deveria ser maioria.

Shragai protestou: "O documento já foi feito, e não há razão para alterá-lo".

"O documento de curadoria já foi feito, e todos nós o aprovamos, foi aprovado pelo tribunal rabínico e não será alterado", Ben-Zvi recapitulou. Então mudou rapidamente o assunto para algo que imaginava ser mais popular. Ele recebera uma oferta de 20 mil libras israelenses para fotografar a Coroa e produzir uma edição para o público geral.

É muito pouco, disse o chefe da imigração.

Era "quase nada", um dos representantes alepinos concordou. Um especialista com o qual havia falado sugeriu que o preço justo seria de 200 mil libras.

Àquela altura, a localização do códice era um segredo. Ben-Zvi, com o capelo acadêmico na cabeça, já havia se tornado o primeiro a publicar um artigo acadêmico sobre o manuscrito. O acesso se limitava a um punhado de estudiosos de um departamento especial da Universidade Hebraica, o Projeto da Bíblia, que estavam usando a Coroa para preparar uma nova edição das escrituras sagradas. Ninguém mais tinha permissão para vê-la.

"Fiquei horrorizado ao saber que a Coroa da Torá de Ben-Asher foi queimada pelos revoltosos árabes, e como fiquei feliz ao ler no *Haaretz* que a maior parte desse livro se encontra em

Israel e foi entregue pelo presidente às mãos fiéis dos eruditos", um certo Mordechai Rigbi escreveu ao presidente depois que divulgaram a chegada do livro. Ele um dia tivera uma empresa de importação e exportação, com uma filial em Alepo, e certa vez conseguira permissão para dar uma olhadela no livro em sua "sinagoga subterrânea".

"Eu ficaria feliz se me permitissem ver esse livro antigo uma segunda vez e agradeceria se Vossa Excelência instruísse os pesquisadores a mostrá-lo para mim por um ou dois minutos", ele escreveu. Outros pedidos de gente comum que nutria a esperança de dar uma olhada no grande livro sobrevivem nos arquivos. Receberam a mesma resposta que Rigbi.

"Por vários motivos", escreveu o secretário do presidente, "ainda não há a menor possibilidade de mostrar o livro ao público em geral." Estudiosos de Israel e do estrangeiro também foram rechaçados de maneira semelhante. Em 1959, Ben-Zvi decidira que fotografias de um pequeno número de páginas seriam publicadas e que outros acadêmicos poderiam estudá-las, "mas o devido lugar das fotografias serão os meus artigos". Os estudiosos do Projeto da Bíblia prometeram não remover a Coroa de sua sala de trabalho no *campus* "e não deixar ninguém de fora do projeto fazer uso que fosse do manuscrito". Ainda levariam décadas para publicar o primeiro livro de sua nova edição da Bíblia.

Em seu obituário para a Coroa uma década e meia antes, o estudioso da Bíblia Umberto Cassuto havia lamentado a recusa dos rabinos de Alepo em permitir o acesso ou ao menos fotografias.

O livro, afinal, fora criado com a finalidade explícita de ser copiado tanto quanto possível. Agora, depois de Ben-Zvi ter seu desejo atendido e de ter visto a Coroa finalmente em poder de estudiosos modernos, os curadores tiveram a conversa a seguir a respeito da sugestão de publicar uma cópia.

"Se fotografarem a Coroa, ela estará em poder deles, e não precisarão de nós, terão como fazer cópias e mandá-las para quem eles quiserem", disse o rabino-chefe sefardita de Israel, Isaac Nissim, que por acaso também era o pai de Meir Benayahu, o colaborador próximo do presidente e diretor do Instituto Ben-Zvi.

Não podem exibir o original publicamente, disse o chefe da imigração.

O documento de curadoria diz que ela não pode sair do Instituto Ben-Zvi em circunstância alguma, acrescentou um dos curadores de Alepo.

"O rabino tinha razão ao dizer que, se cedermos uma cópia que seja, perderemos nosso direito sobre ela", o presidente finalmente concordou. A Coroa deveria permanecer oculta, em poder apenas de seus proprietários. Um fac-símile da seção que restara do manuscrito seria publicada apenas catorze anos mais tarde, em 1976.

A questão das páginas faltantes era de grande interesse para Ben-Zvi naqueles tempos, muito embora houvesse uma explicação fácil para seu desaparecimento: foram consumidas pelo incêndio na sinagoga. A obra salva das chamas era um tema recorrente nas diversas histórias sobre o códice, e essa ideia era respaldada pelo aspecto físico do livro: a Coroa tinha marcas arroxeadas, cicatrizes de queimaduras, nos cantos inferiores das páginas. O presidente, porém, parecia acreditar que talvez nem todas as páginas ausentes tivessem queimado, e ele empreendeu uma busca mundial pelos fragmentos remanescentes.

Ninguém, naquela época, sabia exatamente quanto faltava. Era difícil calcular quantas folhas haviam sumido porque, para começar, ninguém sabia quantas páginas o manuscrito original tinha. Não havia numeração de páginas. Pouco depois de a Coroa chegar, Ben-Zvi, em contas rabiscadas com tinta azul num pedaço de papel que encontrei numa pasta de arquivo, chegou à conclusão de que havia originalmente 380 páginas. Duzentas e noventa e quatro haviam chegado e, portanto, faltavam 86, ou pouco menos de um quarto do manuscrito. Na verdade, como estudiosos posteriores acabariam demonstrando, o manuscrito original tinha quase quinhentas páginas e faltavam umas duzentas, ou, aproximadamente, quarenta por cento da Coroa.

"O pedido do presidente é para vermos se é possível recuperar algumas das páginas que faltam à Coroa", Benayahu escreveu para um rabino alepino em Buenos Aires. Os boatos começaram a chegar a Jerusalém: um deles dizia que as páginas foram escondidas "perto do saguão de entrada" de um certo edifício conhecido como a Casa das Olivas, perto da grande sinagoga de Alepo, e Ben-Zvi pediu a um contato em Nova York para fazer com que alguém em Alepo verificasse isso. Um outro dizia que as páginas foram atiradas num poço seco no pátio da sinagoga. O próprio presidente escreveu para exilados alepinos em Nova York e mandou um diplomata israelense circular pela América do Sul entrevistando outros que talvez pudessem ter informações sobre o livro.

Um exilado que o diplomata localizou no Rio de Janeiro, um ex-tesoureiro da comunidade chamado Yaakov Hazan, forneceu um relato desconcertante. Alegava ter visto o livro depois do incêndio, e faltavam-lhe poucas páginas. "Para demonstrar o que queria dizer em relação à parte que faltava, ele apontou uma brochura que tinha, no máximo, cinco milímetros de espessura", o diplomata escreveu a Ben-Zvi do Brasil em novembro de 1961. "Ele teve dificuldade para estimar o número de páginas, mas, em comparação com a espessura da Coroa, seriam apenas algumas páginas, talvez não mais de dez." Ben-Zvi não acreditou no testemunho do tesoureiro. Um resumo datilografado do relatório do diplomata sobrevive nos arquivos do Instituto Ben-Zvi e, ao lado do estranho testemunho do Rio de Janeiro, leem-se: "Trata-se de um erro cabal. Faltam quase cem páginas".

Ao mesmo tempo que o presidente e seus homens procuravam as páginas que faltavam, havia indicações de que ao menos uma coisa não fora ainda tentada. O homem que sabia exatamente em que estado se encontrava a Coroa quando a tiraram da sinagoga havia fugido para Israel anos antes e tentava ganhar a vida fazendo pazinhas de lixo e regadores de latão num bairro pobre de Tel Aviv. Era o pai de Bahiyeh, Asher Baghdadi. Enquanto os exilados alepinos na América do Sul eram entrevistados, o velho *shamash* ali em Tel Aviv nunca foi. Ele morreria em 1965.

Àquela altura, o próprio Ben-Zvi já havia morrido dois anos antes. Com o falecimento do incansável defensor da Coroa, a busca cessou.

..... 19 .....

O oficial e o manuscrito

O PONTIAC DO ADVOGADO partiu em velocidade pelas ruas desertas em direção à antiga fronteira entre os setores oriental e ocidental de Jerusalém e a atravessou. Ouvia-se o matraquear da artilharia que vinha lá da Cidade Antiga, onde soldados jordanianos ainda resistiam. Era 7 de junho de 1967, o terceiro dia da Guerra dos Seis Dias.

O Pontiac estava, no momento, sob a tutela das Forças de Defesa de Israel e tinha um novo motorista: Rafi Sutton, originalmente de Alepo, visto pela última vez logo depois de chegar a uma praia no norte de Israel. *Caro soldado*, dizia o bilhete que o dono do carro, um advogado de Haifa, deixara no painel quando o exército requisitou seu carro algumas semanas antes da eclosão dos combates, *que este veículo o leve em segurança a seu destino. Por favor, cuide bem dele.*

Sutton, agora com 35 anos, era um oficial da inteligência militar. Acontece que sua missão naquele dia teria quase nada a ver com a guerra. Em vez disso, faria dele um coadjuvante na saga de uma coleção de manuscritos muito mais famosa que o códice de sua própria cidade e serviria para ilustrar a importância de textos antigos aos olhos de algumas pessoas nos salões do poder de Israel... E até que ponto estavam dispostos a chegar para obtê-los.

A argúcia de Sutton e o fato de o árabe ser sua língua materna o ajudaram a subir nas fileiras da divisão de inteligência do exército, dirigindo agentes no setor jordaniano de Jerusalém, compilando dossiês, recrutando informantes e interrogando-os ao fim da missão nos abrigos secretos espalhados pela fronteira. Na Jerusalém dividida da década de 1950, Sutton descobriu que era possível estabelecer contatos úteis frequentando o Portão de Mandelbaum, a travessia entre as duas partes da cidade, onde oficiais israelenses e jordanianos se encontravam para discutir regularmente o acordo de armistício de 1949 que dividira a cidade entre eles. Sutton costumava bater papo com os jordanianos, passando do seu dialeto sírio do árabe para o dos palestinos. Um de seus primeiros êxitos na carreira envolveu um oficial jordaniano que acreditava que ele estava passando segredos militares para um líder árabe quando, na verdade, o homem que o oficial acreditava ser seu contato com o líder é quem passava os segredos para Sutton. Essa rede se desfez depois de alguns anos produtivos quando os jordanianos pegaram um dos espiões de Sutton a caminho de um encontro marcado em algum lugar na fronteira. Suboficial de Sutton na época da guerra, Samuel Nachmias lembrava-se de seu comandante cruzando Jerusalém e massageando as contas de um terço islâmico como um árabe. O suboficial recordava que ele mesmo, com o estilo direto dos israelenses nativos, levava vinte minutos para interrogar um agente. Sutton, versado nas intricadas amenidades da conversação no mundo árabe, levava horas. Sutton invariavelmente obtinha informações melhores, disse Nachmias. Essas habilidades são importantes para a história do Códice de Alepo porque, muito depois, Sutton viria a usá-las contra sua própria comunidade, para tentar esclarecer a sina da Coroa.

O judeu sírio era conhecido como um operador de primeira linha num negócio que seu suboficial Nachmias descrevia como "mandar pessoas se enforcarem" para proteger outras. Mais de quarenta anos depois da guerra, eu estava no apartamento de Sutton quando o filho de um de seus agentes palestinos da década de 1950 ligou para pedir um favor. O velho operador, com quase oitenta anos, ainda tomava conta de sua gente. Depois disso, ele retomou sua história sobre o Pontiac requisitado, que disparava na direção de Jerusalém oriental. Colunas de infantaria e blindados egípcios batiam em confusa retirada no Sinai, mais ao sul. No norte, a força aérea do novo país de Rafi já tinha eliminado a força aérea do antigo. As tropas israelenses agora controlavam a maior parte do setor jordaniano de Jerusalém, onde o jovem rei da Jordânia, Hussein, atacara dois dias antes do outro lado da linha do armistício. Paraquedistas israelenses se agrupavam perto do canto nordeste da Cidade Antiga, o mesmo canto onde os cruzados do duque Godofredo haviam acampado nove séculos antes, e estavam se preparando para um assalto às muralhas. Rafi fora despachado para fazer a ligação com eles. Nunca tinha estado em Jerusalém Oriental, chegara apenas à travessia no Portão de Mandelbaum, mas vinha conduzindo operações de inteligência ali havia tanto tempo que se achava capaz de reconhecer o lugar mesmo vendado. Ele seguia em velocidade pelas ruas vazias e desoladas de verão no carro requisitado, sentindo-se quase tonto por estar em ação, quando foi abruptamente chamado de volta à base e recebeu novas ordens. Ficou surpreso ao encontrar uma carta assinada pelo primeiro-ministro e por um general famoso.

"Acordei no meio da noite", o general Yigael Yadin escreveria mais tarde, "e me lembrei do manuscrito."

Yadin – soldado, político e erudito – era um herói da guerra de independência e ex-chefe de gabinete, um israelense de vasta cultura que personificava um misto de poder político e erudição a serviço do Estado. Nesse ponto, era muito parecido com Ben-Zvi. Para esses homens, o bem de Israel, o bem da ciência e seu próprio prestígio profissional muitas vezes se confundiam inextricavelmente: nenhum dos dois hesitava em usar o poder do governo para alcançar objetivos que combinassem as três coisas. Yadin era famoso por escavar as pedras e os fragmentos de couro ressequidos do passado remoto dos judeus em Israel, e sua imagem – um homem calvo e magro de *shorts* e cachimbo na boca, examinando um caco de cerâmica ou de cócoras no interior de uma caverna – era familiar para quase todos em Israel e para muita gente no estrangeiro. Ele estava por trás da escavação do palácio no deserto de Massada, famoso por ser o palco de um suicídio em massa de zelotes judeus que desafiaram o poderio de Roma dois mil anos antes. A escavação era um projeto nacional tanto quanto um exercício acadêmico. Restos humanos encontrados ali foram declarados como os corpos de rebeldes da Judeia e enterrados como heróis militares de Israel, com os caixões cobertos por bandeiras alvicelestes.

Yadin também era especialista nos Manuscritos do Mar Morto, que ficaram conhecidos duas décadas antes, depois de alguns deles terem sido encontrados em cavernas desérticas da Judeia por pastores beduínos e vendidos a negociantes de antiguidades. Os manuscritos de 2 mil anos, supostamente escritos ou recolhidos por uma seita judaica que abandonou a corrupção de Jerusalém, trocando-a pela pureza do deserto, revelavam muita coisa sobre o judaísmo primitivo e as raízes do cristianismo. O pai de Yadin, o professor-doutor Eliezer Sukenik, fora um dos primeiros a estudá-los e conseguira adquirir três deles de um negociante jordaniano em 29 de novembro de 1947, o dia da votação pela partilha em Flushing Meadow. Havia mais manuscritos a obter, mas a guerra de independência de Israel e as fronteiras novas e intransponíveis que ela havia criado colocaram-nos fora de alcance. Sukenik morreu em 1953, e seu filho Yadin – que adotara um novo sobrenome hebraico, como era moda na época – deu continuidade às suas investigações.

A importância dos manuscritos, assim como a de Massada, não era meramente acadêmica. "Tenho a inevitável sensação", escreveu Yadin, "de que há algo simbólico na descoberta dos manuscritos e sua aquisição no momento da criação do Estado de Israel. É como se esses pergaminhos tivessem aguardado no interior das cavernas durante 2 mil anos, desde a destruição de Israel como nação independente, até que o povo de Israel voltasse para casa e recuperasse a liberdade." Eram mantidos no Museu Nacional, num edifício especial conhecido como o Santuário do Livro, no fim de um corredor escuro de pedra bruta que lembrava a boca de uma caverna, dentro de uma câmara circular que transmitia a mesma sensação de uma capela.

Em 1960, sete anos antes de irromper a Guerra dos Seis Dias, Yadin recebeu uma carta de um religioso da Virgínia oferecendo-lhe a oportunidade de comprar mais um dos Manuscritos do Mar Morto. O homem, a quem Yadin se refere em seus escritos como senhor z, mandou ao israelense uma amostra da mercadoria, sendo que o restante estaria em poder de um revendedor jordaniano na Margem Oeste. "E, obviamente", escreveu Yadin, "o envelope continha um fragmento do pergaminho embrulhado no papel-alumínio de um maço de cigarros e inserido entre dois pedaços de papelão. O verso do fragmento foi reforçado com parte de um selo dos correios britânicos e papel gomado." Yadin o considerou autêntico, e os dois combinaram um preço: 130 mil dólares. Yadin entregou ao intermediário 1,5 mil, para que fosse à Jordânia, mais 10 mil de adiantamento. Em seguida, o intermediário, senhor z, escreveu dizendo que o revendedor da Margem Oeste agora queria 200 mil dólares. "Esta é a descoberta mais importante da história. Sem dúvida alguma é o livro do princípio, o 'gênesis'", ele escreveu. O negociante "jura pela própria vida que sim!", continuou. "O pedaço aí com você é a chave. Não o perca." O senhor z enviou mais uma carta entre março e abril de 1962 antes de desaparecer para sempre, levando o adiantamento. "De tempos em tempos, eu verificava os inventários da Jordânia para ver se o mencionavam", Yadin escreveu, referindo-se ao enigmático manuscrito, "mas nem sinal dele." Assim como Ben-Zvi, Yadin não esqueceu o manuscrito, e ele também teria seu desejo atendido no fim das contas.

Quando a guerra parecia iminente em 1967, Yadin foi convocado e afastado de suas atividades acadêmicas para servir como consultor militar especial do primeiro-ministro Levi Eshkol. Mas o conflito não era a única coisa em sua mente. No primeiro dia de batalha, os jordanianos submeteram a Jerusalém ocidental à barragem da artilharia, e uma bomba, Yadin mencionaria, por muito pouco não atingiu o Santuário do Livro. Ou seja, a bomba também errara por pouco o parlamento de Israel, que fica ao lado do prédio dos pergaminhos, mas esse fato não parece ter lhe causado tanta impressão. Quando os israelenses abriram caminho à força até bem perto da Cidade Antiga, o subchefe de operações do exército contatou Yadin. O oficial se preocupava com a possibilidade de o Museu Rockefeller, ao lado, que tinha a própria coleção de Manuscritos do Mar Morto, ter sofrido avarias. Yadin despachou dois professores da Universidade Hebraica numa meia-lagarta blindada até o museu, sob fogo de artilharia, para garantir que os fragmentos de pergaminho estivessem a salvo.

Quando a investida das tropas israelenses chegou à Margem Oeste, Yadin lembrou-se do senhor z, o intermediário suspeito, e do manuscrito, percebendo então que o revendedor da Margem Oeste agora se encontrava na jurisdição de Israel. A exemplo do que Ben-Zvi fizera em sua demanda para adquirir a Coroa, Yadin foi direto ao topo da hierarquia. "Com a aprovação do primeiro-ministro", escreveu, "o Estado-Maior colocou um tenente-coronel da Inteligência Militar à minha disposição." Vale a pena nos determos um pouco nessa frase: no auge de uma guerra que os israelenses viam como a luta pela sobrevivência nacional, com milhares de soldados de infantaria, equipagem de tanques e pilotos da nação e de três países vizinhos morrendo no campo de batalha, o primeiro-ministro de Israel desperdiçou seu tempo, mesmo que fosse apenas um ou dois minutos, para tratar do livro de Yadin.

O tenente-coronel era o comandante de Rafi. A carta que Rafi recebeu depois de ser convocado de volta à base em seu Pontiac instruía a seção de inteligência militar em Jerusalém – o destacamento de Rafi – a enviar oficiais para a Jerusalém oriental e deter um homem que tinha em seu poder um ou mais Manuscritos do Mar Morto. O homem foi identificado apenas como "Dino". A missão deveria ser executada imediatamente, antes que as pessoas se dessem conta da conquista israelense e o homem conseguisse escapar ou esconder os pergaminhos. Rafi lembrava-se de ainda estar no quartel-general quando os paraquedistas dentro da Cidade Antiga informaram que o Monte do Templo e a Muralha Ocidental haviam capitulado e agora pertenciam aos israelenses.

Acompanhado pelo tenente-coronel, Rafi entrou mais uma vez no Pontiac e, lado a lado com outro veículo civil requisitado pelo exército, disparou na direção do Portão de Mandelbaum. Àquela altura, os judeus se aglomeravam nas ruas, jubilosos com a captura da Muralha Ocidental e determinados a chegar lá, muito embora os combates não tivessem cessado. Um soldado aflito tentava controlar a multidão. A equipe de Rafi deu meia-volta e entrou em Jerusalém oriental por uma rota mais tortuosa e arriscada. Topou com a via comercial mais importante do ex-setor jordaniano, a rua Saladino, abarrotada de carros e caminhões queimados. Seguiram para o sul até chegarem ao Portão de Damasco, que dava entrada para a Cidade Antiga, onde Rafi encontrou dois sargentos do corpo de paraquedistas vigiando várias centenas de árabes, todos em pé e com o rosto voltado para as pedras da muralha otomana e as mãos para o alto. Os homens pareciam ser soldados ou policiais jordanianos. Um deles, de impecável uniforme cáqui, atraiu a atenção de Rafi. Ele mandou que tirassem o homem da fila e o trouxessem até o Pontiac. O homem estava apavorado, e Rafi – analisando friamente uma lista mental de possíveis abordagens a fontes de informação – decidiu ser amistoso, saudando-o no dialeto dos palestinos de Jerusalém. O nome do homem era Yunis, e tinha sido policial a serviço dos jordanianos.

Estamos procurando um homem chamado Dino, Rafi disse, sugerindo que a informação seria recompensada com uma permissão para que ele voltasse para casa.

Nunca ouvi falar dele, Yunis respondeu, sentando-se apreensivamente no banco do passageiro do carro, forrado de couro. Ele perguntou se Rafi sabia qual era a profissão do homem.

Ele revende antiguidades, Rafi disse.

Estão procurando o Kando, respondeu o policial. Ele levou Rafi a um antiquário ali perto, com uma placa em árabe e inglês. Previsivelmente, estava fechado. O policial disse que o revendedor morava em Belém, que acabara de capitular diante dos israelenses, e, portanto, Rafi disparou pela estreita pista de asfalto que partia de Jerusalém e seguia para o sul, entrando no território recém-conquistado da Margem Oeste, passando pela pequena cúpula da Tumba de Raquel, atravessando os morros secos e mesclados de branco e castanho. Foram detidos por soldados israelenses de capacete e tudo num posto de controle antes de Belém – ainda havia bolsões de resistência na cidade, disseram –, mas, sem demora, o Pontiac recebeu permissão para passar. Rafi seguiu as orientações do policial até um bairro não muito distante da Igreja da Natividade e parou. Yunis apontou uma casa. O homem que abriu a porta tinha por volta de setenta anos e, pelo que Rafi se lembrava, cara de bons amigos e olhos perspicazes.

Viemos tomar café com você, disse Rafi.

Tfadalu, disse o homem, diante dos novos senhores de sua cidade. Entrem. O revendedor conhecido como Kando – cristão assírio e sapateiro de profissão, cujo verdadeiro nome era Khalil Iskander Shahin – estava acompanhado de seu filho adulto.

Sabemos que tem em seu poder alguns dos manuscritos de Qumram, disse Rafi, e na condição de representantes do governo de Israel estamos interessados em recebê-los em troca de pagamento integral.

O revendedor negou que os tivesse. Durante uma hora, Rafi experimentou as diversas técnicas de seu repertório: foi amistoso, fez ameaças veladas e, por fim, ameaças explícitas. Kando não cedia.

Vista-se e venha comigo, Rafi disse, já esgotada sua paciência, e, citando a lei marcial, deu voz de prisão tanto ao homem quanto ao filho dele, conduzindo-os ao Pontiac ao som do pranto das mulheres da casa.

Em Jerusalém, os interrogadores não fizeram progresso: o homem e seu filho nada sabiam sobre os Manuscritos do Mar Morto. Quase sem truques na manga, os interrogadores tentaram um estratagema antigo: disseram ao filho de Kando que o pai havia sucumbido ao interrogatório e revelara que ele tinha de fato os pergaminhos, e que os israelenses já estavam a caminho de Belém para pegá-los. O filho não cedeu, e os interrogadores o colocaram numa cela com o pai, já adormecido, e os deixaram sozinhos. Passou a noite.

Como pôde contar aos judeus sobre os manuscritos?, disse o filho do revendedor assim que acordaram.

Não seja idiota, Kando falou. Não revelei coisa alguma.

Rafi recordava que, nesse momento, os israelenses entraram na cela, levaram Kando para uma outra sala e reproduziram a conversa gravada. O revendedor não demonstrou a menor emoção. Disse que entregaria os pergaminhos com duas condições, como se esse fosse o plano desde o começo. O governo de

Israel teria de lhe pagar o preço integral, e ele não seria identificado como colaborador. Os israelenses concordaram – ele acabaria recebendo 105 mil dólares –, e o comboio de caçadores de manuscritos voltou a seguir em velocidade para Belém.

Em seu quarto, Kando começou junto ao batente da porta e foi andando para a frente, contando os ladrilhos do assoalho. Então parou, virou-se para a direita e contou outros tantos. Tirou um dos sapatos, abaixou-se, colocou-o de través sobre dois ladrilhos, foi até um quartinho e pegou um desentupidor de vaso sanitário. Fixou a coisa nos ladrilhos e puxou. Sob o assoalho, Rafi viu um pequeno nicho forrado de palha. Lá dentro havia uma caixa de sapatos: as fotografias mostram uma caixa amarela, branca e vermelha, com a palavra *Bata* na tampa. Dentro dela, havia uma toalha branca comum e, sob a toalha, embrulhado em celofane, havia um antigo rolo de pergaminho. Seria posteriormente identificado como o Rolo do Templo, um dos mais importantes na coleção do Mar Morto. Outros fragmentos seriam descobertos mais tarde atrás de fotografias da família na casa do revendedor e dentro de uma velha caixa de charutos Karel I Elegant.

Na noite de quinta-feira, 8 de junho, todo o gabinete ministerial israelense se reuniu para decidir se atacariam ou não as forças sírias nas Colinas de Golã. O ministro da defesa, Moshe Dayan, se opôs. Yadin escreveu que a discussão "se tornou acalorada". Dayan acabou mudando de ideia e, no dia seguinte, as tropas israelenses seriam mandadas para a batalha nas colinas. No meio da reunião, Yadin foi chamado. "Esperei até ouvir os principais argumentos dos dois lados, externei minha opinião e saí discretamente", escreveu. Lá fora, encontrou um tenente-coronel com uma caixa de sapatos Bata nas mãos.

"Bem, eu não sei", disse o oficial. "Espero que seja este o manuscrito que o senhor queria."

Oficiais da inteligência israelense apoderam-se do Rolo do Templo em Belém. Da esquerda para a direita: Rafi Sutton; Kando; o comandante de Rafi, Shmuel Goren; e o suboficial de Rafi, Samuel Nachmias.

O Rolo do Templo acabaria se juntando aos outros manuscritos do Mar Morto no Santuário do Livro do Museu Nacional, onde desfrutariam de temperatura e umidade controladas e medidas de segurança rigorosas. A história dos manuscritos era emocionante, tratava-se de vestígios de um período da história dos judeus que Israel tinha todo o interesse em relembrar, porque servia para enfatizar os laços do novo Estado com a terra e sua autoimagem no presente. Os manuscritos fascinavam o mundo e atraíam milhares de visitantes.

Enquanto isso, a Coroa de Alepo se desfazia dentro de um arquivo.

20

Exodus

DENTRE TODAS AS situações que poderiam ter ocorrido ao códice depois das tentativas fracassadas de obtê-lo, da operação para tirá-lo da Síria e da acirrada batalha legal pelo direito de possuí-lo, talvez a mais improvável de todas tenha de fato acontecido: o livro logo foi quase esquecido.

Os judeus alepinos, então espalhados pelo mundo, estavam ocupados formando novas comunidades: Alepo era passado, e o livro não estava mais sob seus cuidados. O presidente Ben-Zvi morrera em 1963. Os curadores não permitiam que o manuscrito fosse exibido nem copiado, e os eruditos da universidade que o estudavam ainda o guardavam em segredo. Os detalhes desagradáveis da narrativa pareciam ter convencido os envolvidos de que seria melhor simplesmente não contá-la, e a mentira de que os judeus alepinos haviam doado seu livro ao Estado foi aceita como verdade fora do pequeno círculo de pessoas que conheciam a história real, chegando ao ponto de ninguém mais pensar nisso. A busca pelas páginas desaparecidas, conduzida por Ben-Zvi, fora cancelada, com algumas exceções, e a crença simples de que haviam se perdido no incêndio da sinagoga passara a ser aceita, em grande parte, como fato.

À semelhança dos Manuscritos do Mar Morto, a Coroa era um manuscrito antigo de valor imenso, mas não tinha relação com a soberania dos judeus na terra de Israel dois milênios antes – um período ao qual o novo Estado se vinculava explicitamente, evitando falar dos séculos intervenientes – e, portanto, era de menor interesse para o governo e o público em geral. Os sentimentos eram muito mais ambíguos em relação ao mundo da Coroa, o dos judeus do Islã, que desaparecia rapidamente, pranteado por poucos, fora os próprios refugiados. O códice não representava nada que a maioria das pessoas parecesse inclinada a recordar, e, embora ele também tivesse uma história emocionante, não era algo que as pessoas que o conheciam queriam recontar.

Uma das justificativas apresentadas pelo Estado para possuir a Coroa foi que apenas os estudiosos da academia poderiam cuidar adequadamente dela. A maneira como o Instituto Ben-Zvi zelou por seu manuscrito, obtido a duras penas, fica evidente nas cartas que encontrei em seus próprios arquivos e nos da Universidade Hebraica, da qual o instituto é parte. Terminado o expediente na universidade às duas da tarde, "não há, obviamente, ninguém guardando a Coroa, que [ficava] apenas numa sala trancada", os acadêmicos que estudavam a Coroa escreveram para o presidente da universidade em 1963. Pouca coisa havia mudado por volta de 1971, quando dois dos estudiosos com acesso ao manuscrito escreveram outra carta. "A Coroa de Alepo hoje é mantida num arquivo comum e trancado, numa das salas do Instituto Ben-Zvi, na Universidade Hebraica, embrulhada em tecido", escreveram. Depois de anos recebendo esse tratamento, "os restos desse manuscrito precioso foram danificados, e hoje há muitos pontos ilegíveis no manuscrito, embora não estivessem anos atrás". No mesmo ano, o diretor dos laboratórios de conservação do Museu Nacional de Israel obteve permissão especial para ver o manuscrito. Ele informou à curadoria da Coroa: "Descobri que as fotografias tiradas há dez anos mostram mais coisas que o original hoje".

O primeiro indício da visita de especialistas em conservação vindos de fora surge em 1970, doze anos depois de a Coroa chegar a Israel. "Parece que foram anos e anos de negligência", os dois especialistas informaram ao instituto.

Quatro anos depois desse relatório, e três anos depois de os estudiosos alertarem para o fato de que o livro estava se desfazendo, o Instituto Ben-Zvi, os curadores do manuscrito e os acadêmicos da Universidade Hebraica ainda estavam discutindo se era melhor transferir o livro para os cofres da Biblioteca Nacional do outro lado da cidade, onde desfrutaria de condições adequadas pela primeira vez. A proposta incluía um pacto legal complicado – inspirado pelos acordos extraterritoriais que regiam as embaixadas estrangeiras – que transformaria o canto da Biblioteca Nacional que abrigasse a Coroa numa zona tecnicamente sob a jurisdição do Instituto Ben-Zvi.

Numa reunião da diretoria do instituto, a viúva idosa do presidente já falecido, Rachel Yanait Ben-Zvi, rebateu a implicação de que o instituto havia sido negligente ao lidar com o manuscrito e disse que não deveriam "ter pressa" para mudá-lo de lugar. Ela exigiu que o presidente da Universidade Hebraica "visite a Coroa e veja que garantimos segurança máxima". Seus comentários foram preservados numa transcrição datilografada da reunião, guardada nos arquivos do Instituto Ben-Zvi. Referindo-se com sarcasmo a um professor da universidade que recomendava insistentemente que o livro fosse transferido para a Biblioteca Nacional, ela sugeriu que ele só fazia isso porque "facilitaria o trabalho dele".

"O instituto é valorizado com a Coroa em seu poder", insistiu a viúva do presidente, incorporando inadvertidamente os rabinos alepinos de tempos atrás. "É a essência do instituto e seu prestígio."

Em Alepo, a comunidade que outrora guardara a Coroa àquela altura estava reduzida a várias centenas de pessoas. Em 1972, foi a vez de Moshe Cohen partir. Cohen era da família dos últimos guardiões da Coroa em Alepo: era o sobrinho-neto do falecido Ibrahim Effendi Cohen e filho de Edmond Cohen, o homem que removera o tesouro de seu esconderijo em setembro de 1957.

Os pais de Cohen estavam entre os poucos judeus felizardos que continuavam na cidade. Ele fora criado por uma babá norte-americana e educado numa escola particular católica, onde ele e seus amigos judeus compartilharam um exemplar francês contrabandeado de *Exodus*, a fantasia sionista e campeã de vendas dos Estados Unidos, que um conhecido de origem estrangeira havia trazido clandestinamente para a Síria. Em 1972, Cohen era aluno da Universidade de Alepo e cursava a habilitação em literatura árabe. Os judeus geralmente não tinham permissão para cursar as habilitações que ele teria preferido, como medicina e farmacologia.

Por volta dessa época, Cohen foi a Damasco com o pai para participar da cerimônia fúnebre de um rabino cabalista falecido recentemente. O jovem Cohen fez um discurso em árabe literário para o público da sinagoga, que incluía, inevitavelmente, vários integrantes dos *mukhabarat*, a polícia secreta. Não muito depois disso, ele foi convocado a comparecer ao andar superior do quartel-general dos *mukhabarat* em Alepo. Entrou na sala bem mobiliada de um oficial cujas dragonas indicavam uma patente alta.

Obrigado por aceitar nosso convite, disse o oficial, sorrindo.

Cohen disse que o haviam convocado, e não convidado.

Quem o forçou a vir? Vou castigar o responsável. Pedi que convidassem você respeitosamente, disse o oficial.

Eram os joguinhos de sempre dos *mukhabarat*.

Escute, disse o oficial. Estou vendo que é uma pessoa culta, que está no livro de honra da universidade e que discursou na sinagoga em Damasco. Gostamos muito do que disse.

Então o oficial dispensou as amenidades. O governo queria que Cohen começasse a fazer programas de rádio uma vez por semana. Os dois sabiam que ele queria dizer que o regime procurava um judeu disposto a fazer propaganda política.

General, disse Cohen, posso ser bom em literatura, panegíricos para rabinos e estudos acadêmicos, mas trata-se de política. Não entendo nada de política.

Isso não é problema, retorquiu o oficial, ainda amistoso. Vamos preparar o material para você, e você vai falar, porque tem uma voz boa para o rádio.

Cohen continuou tentando não se comprometer, e a afabilidade do oficial foi desaparecendo progressivamente. Você está nos fazendo de palhaços, resmungou. Cohen entendeu que agora estava oficialmente encrencado. Seu pai mexeu alguns pauzinhos junto às autoridades e conseguiu um adiamento, mas era temporário. Cohen percebeu que precisava sair da Síria.

O itinerário era arriscado, como sempre. Os foragidos ficavam completamente à mercê dos contrabandistas, e alguns haviam desaparecido pelo caminho. Outros foram entregues às autoridades. Dois anos mais tarde, em 1974, quatro moças judias, três delas irmãs, seriam estupradas e mortas enquanto tentavam escapar, e seus corpos seriam atirados numa caverna.

Certa noite, Cohen foi ao ponto de encontro combinado previamente, que ficava em meio a toda a animação dos clubes da rua Baron, perto do Cinéma Roxy. Estava acompanhado de um amigo íntimo, Reuven Dayo, e de uma moça cujo nome ele não quis revelar. Ao recontar essa história para mim, ele deixou outros nomes e detalhes de sua narrativa particularmente nebulosos: quase trinta anos depois, ele ainda tinha o instinto de alguém que cresceu sob a vigilância dos *mukhabarat*. Entre os táxis estacionados junto ao meio-fio estava o Mercedes preto do contrabandista. Finjam que estão dormindo, o contrabandista lhes disse quando saíram de Alepo em velocidade. Fingiram. Era para que não tivessem de falar se o carro fosse detido, já que o sotaque árabe dos judeus, como o dos cristãos e muçulmanos das classes altas, trocava o *qah* gutural da maioria dos sírios pela mais requintada oclusiva glotal *ah*, o que chamaria atenção. O Mercedes os levou para o sul, parando finalmente por volta da meia-noite. Cohen viu arame farpado e o que parecia ser um acampamento do exército e concluiu que estavam num ponto de travessia da fronteira. O contrabandista abriu a porta do carro e sumiu. Alguns minutos depois, voltou com dois soldados armados e apreensivos que devolveram aos passageiros suas carteiras de identidade. Esquisito, pois nenhum deles tinha entregado as carteiras para começo de conversa. Cohen estava com tanto medo que enfiou a carteira no bolso sem ver o nome nem a fotografia que apareciam no documento. Continuaram em frente por mais uma hora, até avistarem os arredores de uma cidade. Era Beirute. O contrabandista parou diante de uma casa, bateu à porta num ritmo específico, deu um passo para trás, viu a porta se abrir, cuidou para que suas três cargas entrassem e desapareceu.

Os três tomaram o café da manhã. Cohen tirou as camadas de roupa adicionais, que eram as únicas coisas que ele trouxera de Alepo, fora os duzentos dólares em dinheiro e o certificado de inclusão no livro de honra que ele arrancara de um mural da universidade na noite anterior. Naquele dia, dividiram-se entre várias famílias. O Líbano ainda vivia tempos inebriantes, antes que sua pitoresca miscelânea de etnias degringolasse no pesadelo da guerra civil, e a família que acolheu Cohen o levou para esquiar nas colinas, às lojas da rua Hamra e ao cassino. Depois de alguns dias, ele recebeu um telefonema.

Desça a pé a rua Hamra, disse a voz, até o passeio à beira-mar. Leve a edição de hoje de *L'orient-Le Jour* debaixo do braço.

No passeio, Cohen encontrou Reuven e a moça, e juntos percorreram a praia até chegarem a uma construçãozinha caindo aos pedaços. Lá dentro havia três quartos mobiliados com camas e cômodas velhas. Foram recebidos por alguns homens que falavam com o sotaque melodioso dos libaneses e vestiam paletós que Cohen imaginou esconderem armas. Cohen não sabia se era um hóspede ou um prisioneiro e, quando tentou indagar quem eram os homens e o que planejavam fazer com eles, foi instruído a se calar. Anoiteceu. Um barquinho de pesca chegou à praia, pilotado por um homem de chapéu australiano rústico. Com os foragidos e os libaneses a bordo, o barco engatou a ré e voltou ao Mediterrâneo. Cohen, que vira o mar pela primeira vez na vida apenas dias antes, estava apavorado e, para não perder o ânimo, fingiu não ser o garoto assustado de uma cidade árabe, e sim o garoto propaganda do sionismo Ari Ben-Canaan, personagem de Paul Newman na versão cinematográfica de *Exodus*.

A coisa seguiu assim por mais de uma hora, com o barquinho cortando as ondas escuras do Mediterrâneo, os passageiros de costas para as luzes do litoral de Beirute e os rostos voltados para o mar aberto, os libaneses calados. Esses homens eram contrabandistas como aqueles que haviam levado os judeus desaparecidos, Cohen começou a pensar. Já tinham sido pagos, e agora despejariam sua carga no mar. Primeiro estuprariam a moça. Ou talvez fosse uma armadilha: barcos sírios viriam pegá-los para levá-los à prisão em seu país natal.

Um dos homens pegou uma lanterna, apontou-a para o mar e começou a ligá-la e desligá-la. Não houve resposta, apenas o negror e o tremelicar do feixe de luz refletido na água, ora sim, ora não. Cohen desesperou-se. Ao longe, uma luz piscou em resposta. O homem de chapéu australiano desligou o motor, e o barco flutuava em silêncio quando uma silhueta negra assomou no horizonte. Cohen, que nunca tinha visto um navio de guerra, a não ser em fotografias, a princípio pensou que talvez estivesse diante de um submarino. O navio ladeou o barco de pesca, apequenando-o, e uma escada de corda rolou casco abaixo.

Subam, ordenou um dos libaneses.

Quase paralisado pela apreensão, Cohen viu Reuven segurar a escada e começar a subir, deixando o barco. Quando seu amigo já estava no meio da escada, ele também começou a subir.

A primeira coisa que Reuven viu ao erguer a cabeça acima do casco foi uma caixa metálica fixada numa parede. Mais tarde ele entenderia que era um estojo de primeiros socorros. Uma lâmpada minúscula iluminava uma estrela vermelha de seis pontas. Ele se virou para Cohen, logo abaixo dele na escada, e disse: são judeus.

Quinta Parte

····· 21 ·····

Aspergillus

MUNIDO DE TRIPAS BOVINAS, pinças, microscópios, pulverizadores e gelatina, Michael Maggen trava uma guerra contra a decomposição e o tempo, uma ação defensiva perpétua com o propósito de salvar o papel e o pergaminho de livros antigos. Encontrei Maggen ao lado de umidificadores que sopravam uma névoa gelada no ar marcado por traços de produtos químicos, fazendo observações ao microscópio e usando a película de bate-folha – um tecido transparente extraído do trato digestivo dos bovinos, que leva esse nome por ter sido usado durante muito tempo pelos bate-folhas para produzir douraduras – para reparar minúsculos rasgos numa página com um quadrado de azul vivo e quatro letras hebraicas douradas, retirada de um primoroso exemplar quatrocentista do *Mishnê Torá* de Maimônides. Foi nesse laboratório no Museu Nacional de Israel em Jerusalém que se removeu uma das camadas de mito que ocultavam a verdade sobre o códice.

As páginas sem enfeites da Coroa já bastaram para intimidar o jovem Maggen quando o manuscrito chegou num carro-forte certo dia em 1986, quando a restauração finalmente começou. Um funcionário do museu garatujou um recibo improvisado num pedaço de papel e o entregou ao homem que trouxera o livro do Instituto Ben-Zvi: "Recebi a Coroa de Alepo". Maggen tinha 36 anos, barba ruiva e um diploma recém-obtido na Itália. Chegara a tratar manuscritos do século XVIII e até mesmo do XVII, mas nunca tivera a seus cuidados algo parecido com aquilo. Ele se lembrava de ter se sentido como "o piloto a quem se diz: 'semana que vem, você vai para a Lua'".

O conhecimento antigo contido num livro não tem muita importância para Maggen enquanto ele trabalha. Ele enxerga partes de animais e plantas, fibras, gorduras e açúcares em diversas configurações e estados de decomposição, e emprega outras partes de animais e plantas para reparar os estragos. Olhando para a Coroa, ele via fólios de pergaminho feitos a partir do couro de vacas ou cabras – o trabalho habilidoso dos curtumeiros de Tiberíades um milênio antes impossibilitava a distinção – cobertos de marcações a tinta.

Para começar, ele vistoriou o manuscrito página por página, marcando cada rasgo, mancha e dobra num fac-símile. Isso levou seis meses. Os rasgos eram representados por linhas verdes. As linhas pretas indicavam manchas deixadas por cinzas. Em alguns lugares havia manchas negras e, em outros, faltavam pedaços inteiros das páginas. Era de se esperar. Mais surpreendentes, talvez, fossem as marcas de cola retangulares que só poderiam ter sido deixadas por um adesivo da década de 1950 ou posterior e que diziam aos olhos peritos de Maggen que alguém sob os auspícios do Instituto Ben-Zvi havia tentado remendar um dos manuscritos mais preciosos do mundo com durex.

A diferença entre os lados do pergaminho era nítida: o lado da pelagem, que estivera um dia recoberto de pelos de animais domésticos do século X, era mais resistente, ao passo que o lado da carne era mais suscetível a avarias. O escriba de Tiberíades havia usado a tinta ferrogálica desenvolvida em Roma, e não aquela usada em livros anteriores, como os Manuscritos do Mar Morto, que misturava cinzas e algo grudento, como mel ou seiva, e podia ser facilmente apagada. A tinta ferrogálica não. Pelo menos não sem deixar marcas reveladoras da raspadura, uma vantagem crucial no caso de contratos ou escrituras sagradas, que deveriam ser inalteráveis. Mas a tinta também era acidífera e, em alguns lugares, havia corroído o pergaminho e levado ao desaparecimento das letras.

Maggen e sua equipe removeram a capa grosseira que al guém prendera ao livro depois de este chegar a Israel, removeram a cola da lombada e desfizeram as costuras que uniam os 32 fólios. Para remover séculos de gordura acumulada nas páginas, Maggen usou a substância que ele achava ser a mais eficaz: sua própria saliva. Ele umedecia cotonetes na boca, então os passava suavemente nas páginas, até limpar o pergaminho. Certo dia, bem no meio da restauração, um dos rabinos-chefes de Israel apareceu para ver como ia o trabalho. Com um certo medo, Maggen disse ao religioso como limpava as páginas. "Imagine que eu fui até o rabino-chefe e disse: 'Olha, estou cuspindo no seu manuscrito, o mesmo que Maimônides usou para estudar'", Maggen me contou. O rabino elogiou o trabalho dele e lhe desejou uma vida longa. Limpas as páginas, a equipe de restauração do museu as borrifou com uma gelatina para estabilizar a tinta frágil, então umedeceu cada uma delas, para relaxar as fibras do pergaminho. Depois disso, as páginas foram esticadas, secas e alisadas. O projeto de restauração prosseguiu durante seis anos.

Maggen estava intrigado com um aspecto do códice: as marcas arroxeadas nos cantos inferiores e danificados das páginas, vestígios das chamas que haviam consumido boa parte do livro. Não era só o senso comum que identificara as marcas como queimaduras: peritos anteriores haviam acreditado na mesma coisa. "Métodos microscópicos e microquímicos não encontraram nenhum agente biótico que tenha feito os livros mudar de cor ou fragilizado os cantos da Coroa", escreveu um especialista depois de examinar o livro dezesseis anos antes. "O estrago é, sem dúvida, *químico*, resultado da hidrólise do colágeno quando o fogo foi apagado." A Maggen, porém, as marcas pareciam estranhas. O fogo empena, enegrece e enrijece o pergaminho, mas os cantos danificados da Coroa estavam moles e frágeis.

Maggen coletou alguns fragmentos dos cantos arroxeados e os enviou para o laboratório clínico de microbiologia do outro lado da cidade, que ficava no segundo andar do Centro Médico Hadassá. O diretor do laboratório de micologia do hospital, Izhack Polatcheck, tratando os pedaços de pergaminho de mil anos como pele humana infectada obtida numa biópsia, colocou os fragmentos numa solução alcalina que dissolveu as proteínas do pergaminho e, em seguida, examinou os resquícios ao microscópio de contraste de fase. Em seguida, dois cientistas do outro lado do planeta, em Albany, Nova York, submeteram os mesmos fragmentos a testes de fluorescência. Eram métodos que não estavam disponíveis aos primeiros peritos que examinaram a Coroa. Os resultados foram enviados ao museu.

Em seu escritório ao lado do laboratório de restauração, Maggen viu as fotografias das lâminas ao microscópio. Mostravam estruturas parecidas com gomos de linguiça separados por divisores escuros. A explicação científica: "A coloração com anticorpos fluorescentes específicos identifica os filamentos como *Aspergillus hyphae*". Maggen lembrava-se de ter literalmente pulado da cadeira.

A manchete subsequente no periódico científico norte-americano *Nature* dizia: "Fungos, e não o fogo, danificaram o códice de Alepo". A Coroa, continuava o artigo, "foi danificada por um fungo do gênero *Aspergillus*, e não pelo fogo, como antes se supunha". As "queimaduras" não eram queimaduras coisa nenhuma.

As histórias de ampla circulação sobre como a Coroa fora salva do fogo, combinadas às marcas nos cantos do pergaminho, haviam ajudado a criar a certeza de que o manuscrito queimara. Convenientemente, esse relato também explicava por que tantas páginas haviam desaparecido. Mas nada que Maggen tivesse visto nos seis anos que passou estudando o manuscrito sugeria que este tivesse sido danificado pelo fogo na revolta de 1947. Os cientistas teorizaram que o estrago se devia a um fungo que havia se instalado nos cantos das folhas depois de tanto entrarem em contato com a saliva dos dedos que os leitores lambiam antes de virar a página (valendo essa teoria, a saliva humana ajudou tanto a danificar quanto a reparar a Coroa).

As narrativas simples não morrem com facilidade, e o mito de que o fogo consumira parte da Coroa sobrevive ainda hoje. Um artigo do *Jerusalem Post* de 2010, por exemplo, referia-se a "partes do manuscrito outrora completo que se perdeu num incêndio causado por revoltosos sírios em Alepo às vésperas da fundação de Israel". Outras referências como essa ainda surgem aqui e ali com certa frequência.

A descoberta de Maggen, porém, não foi só uma alteração menor na história do manuscrito. Reviveu uma questão que quase ninguém considerava seriamente havia décadas. Se o fogo não as consumira, onde estavam as duzentas páginas desaparecidas da Coroa?

·····22·····

Brooklyn

A SUPOSIÇÃO DE QUE as partes que faltavam da Coroa haviam queimado deu lugar a uma nova teoria que mudou o método, mas não a época do desaparecimento das páginas. As páginas, agora se dizia, foram levadas por judeus alepinos durante ou imediatamente após a revolta. Essa crença continua forte hoje em dia e, a princípio, foi o grande fio condutor de minha própria pesquisa, quando a maior parte do que eu sabia ainda tinha origem no Instituto Ben-Zvi. "A chave para encontrar as páginas", escrevi no meu primeiro artigo a respeito do manuscrito em 2008, está com os "judeus originários de Alepo, Síria, onde o manuscrito repousou durante séculos dentro da arca de ferro de uma sinagoga." Tentativas passadas de localizá-las "depararam com uma muralha de silêncio na comunidade alepina". Essa ideia remonta à década de 1980, quando dois fragmentos da Coroa vieram à tona, quatro décadas depois da revolta em Alepo, em meio às casas de tijolinho à vista e às pizzarias *kosher* do Brooklyn.

O primeiro pedaço se materializou com um homem chamado Leon Tawil. Quando localizei Tawil na colônia dos judeus alepinos em Nova York, encontrei um contador de histórias e dono de um senso de humor sarcástico que não parecia muito tolhido pela fratura no quadril que o havia condenado a uma poltrona. Ele observava o tráfego que ia e vinha pela Ocean Parkway.

Em 1981, uma mulher levou uma folha de pergaminho antigo para um estudioso da Biblioteca Nacional de Israel em Jerusalém. Disse que vinha de sua tia no Brooklyn, que era originariamente de Alepo. Um dos lados começava assim:

> [...] e eis que estão escritas nas lamentações. Quanto aos demais atos de Ioshiáhu e as suas boas obras, em conformidade com o que está escrito na Torá do Eterno, e os seus atos, desde os primeiros até os últimos, eis que estão registrados no Livro dos Reis de Israel e de Judá.

O excerto do livro das Crônicas descrevia a intervenção de duas superpotências antigas, Egito e Babilônia, na política do pequeno país que se espremia entre as duas e onde as pessoas adoravam apenas um Deus, ou ao menos se esperava que o fizessem. A página seguia adiante, enumerando os reis que fizeram coisas más "aos olhos do Senhor", o que então desencadeou uma catástrofe: os exércitos babilônios mataram os velhos e as virgens e condenaram os sobreviventes ao exílio. A era do primeiro templo em Jerusalém estava chegando ao fim. A página terminava assim como começara, no meio de uma frase:

> E queimaram a Casa de Deus, demoliram as muralhas de Jerusalém, queimaram a fogo todos os seus palácios

As palavras que concluíam o versículo eram "[...] *e destruíram todos os seus preciosos vasos*". A caligrafia era a do escriba Ben-Buya'a; as anotações no alto e nas margens eram de Ben-Asher. Num dos cantos da página havia a característica marca arroxeada de "queimadura". Trinta e quatro anos depois da revolta em Alepo, a primeira peça que faltava da Coroa reapareceu. Causou *frisson* em toda a contracultura do Códice de Alepo.

Leon Tawil tinha quinze anos quando encontrou a página e 78 quando eu o conheci. Sentado em sua sala de estar, comendo nozes e damascos, ele se viu de volta a Alepo e ao fim de 1947. O jovem Tawil – que não tinha parentesco algum com Moshe Tawil, o rabino-chefe – era um fã de Sherlock Holmes e colecionador de soberanos de ouro britânicos, que ele guardava numa gaveta secreta em seu quarto. Passava horas andando a esmo por Alepo, partindo de sua casa no bairro de Jamiliyeh e terminando nos mercados da Cidade Antiga. Todos os anos, no Dia do Perdão, seu pai o levava para a grande sinagoga, onde ele se lembrava de ter visto salas escuras e uma pequena gruta. "Você entra. É bem escura, iluminada por velas que as pessoas traziam, pelo óleo, e bem ao lado dela, um cofre grande. O que tem dentro?" Ele fez uma pausa dramática. "A *Coroa*", murmurou, arregalando os olhos.

Quando Alepo entrou em convulsão, os revoltosos que rondavam seu bairro subiram a escadaria externa do prédio de três andares de sua família, mas, antes que os homens chegassem ao apartamento dos Tawil, um vizinho muçulmano lhes disse que não havia judeus lá dentro. Os homens deram meia-volta. Naquela noite, a mãe de Leon o mandou dormir na casa da empregada armênia. Na tarde seguinte, a fúria aparentemente havia se dissipado, e a cidade parecia turva e cansada. Ele se pôs a andar na direção da Cidade Antiga. Os garotos muçulmanos, assim como os meninos judeus, usavam calças curtas até os dezesseis anos, mas os *shorts* muçulmanos eram mais compridos, por isso, quando Tawil saiu do setor judeu, abaixou um pouco os seus, para não chamar atenção. Passou pelo Cinéma Roxy, em seguida por uma loja de roupas, propriedade de judeus, destruída pelos saqueadores. Passou pelo *manzul*, o bordel – ele sorriu ao se lembrar disso –, e percorreu as vielas até a sinagoga. O portão estava aberto.

Lá dentro, tudo sob os tetos abobadados estava "escurecido pelas chamas", ele se lembrava. Havia pouca gente por perto, judeus que também tinham ouvido falar da destruição da sinagoga e foram lá ver com os próprios olhos. Estalavam a língua e balançavam a cabeça. Ninguém prestou muita atenção nele. As paredes forradas de livros que ele se lembrava de ter visto em suas visitas com o pai agora estavam vazias, e no pátio ele viu uma pilha de pergaminhos de um metro de altura. "Bem ao lado dela vi um papel, e eu o peguei e enfiei no bolso", disse.

Tawil sabia apenas que era uma página de um livro antigo em hebraico. Em casa, seu pai lhe disse que deveria ser da Coroa de Alepo e começou a ler as passagens. Aquela falava de cidades que ardiam, de um tempo cheio de maldade como aquele que viviam, disse o Tawil mais velho ao filho, e devolveu-lhe a página. Os adultos de Alepo estavam preocupados com outras coisas.

Dois anos depois, Leon fugiu para o Líbano e, em 1950, viu-se em pé no convés de um transatlântico com a família, assistindo à Estátua da Liberdade passar. Quando se juntaram aos outros judeus alepinos no Brooklyn, os Tawil ficaram na casa da tia de Leon, Mary Hedaya. Leon mostrou-lhe a página, e ela a guardou. Leon não pensaria muito nisso mais tarde.

Quando conheci a filha e o genro de Mary Hedaya, Renee e Isadore Shamah, num apartamento bem acima dos porteiros e das passeadoras de cães do Central Park South, Isadore lembrava-se de que Mary tinha escondido a página num guarda-louça, entre dois painéis rígidos, embrulhada em tecido. Era o talismã dela, Isadore disse. Hedaya havia morrido, e sua filha não recordava muita coisa. Ela tinha uma vaga ideia de que havia essa página em sua casa, mas não tinha como dizer se a mãe sabia quantas pessoas estavam procurando pela coisa ou qual era seu valor. Para uma criança norte-americana, deve ter parecido uma relíquia inexplicável e ligeiramente vergonhosa de um mundo incognoscível.

A página continuou na casa de Mary Hedaya por três décadas. Sua filha não se lembrava do motivo de ter decidido mandá-la para Jerusalém: de acordo com um dos relatos, Hedaya estava cuidando de um parente doente quando um rabino de visita a aconselhou a mandar a página para se juntar ao resto da Coroa, pois andava lhe trazendo má sorte. Hedaya entregou a página à sobrinha, que a levou à Biblioteca Nacional. A página completava o livro das Crônicas e elevou para 295 o número de páginas da Coroa em Jerusalém. Àquela altura, a teoria do fogo era largamente aceita, mas houve quem pensasse que, se havia uma página no Brooklyn, talvez houvesse outras mais.

Seis anos depois, em 1987, Steve Shalom, um dos principais líderes dos judeus alepinos em Nova York*, deu ao Instituto Ben-Zvi uma informação rara e surpreendente: ele conhecia alguém que levava um pedaço do códice no bolso. Forneceu um nome e um número de telefone. Não muito depois disso, o instituto despachou um de seus funcionários, Michael Glatzer, natural de Dallas, para Nova York. Depois de pousar no Aeroporto Internacional John F. Kennedy, o emissário de Jerusalém discou o número que Shalom fornecera. Samuel Sabbagh atendeu ao telefone.

O visitante foi encontrar Sabbagh, um homem magro na casa dos setenta anos, num centro comunitário do Brooklyn em meio a outros judeus sírios idosos que jogavam carteado e aguardavam o almoço. Sabbagh tirou a carteira do bolso e de dentro dela removeu uma embalagem plástica pouco maior que um cartão de crédito. No interior, estava um pedaço surrado de pergaminho. Num dos lados liam-se as palavras

E juntaram-nas em montões, e a terra cheirou mal

Era um excerto do livro do Êxodo. Depois de o Nilo se tornar sangue, o irmão de Moisés, Aarão, voltou a erguer seu cajado, e, dessa vez, rãs cobriram o Egito. Quando o faraó pareceu ceder, Moisés pediu a Deus que parasse. "*E o Senhor fez conforme*

* O pai de Steve Shalom era Isaac Shalom, o antigo contato do presidente Ben-Zvi em Nova York na década de 1950.

a palavra de Moisés, a escritura nos conta, *e as rãs morreram nas casas, nos pátios, e nos campos; e juntaram-nas em montões, e a terra cheirou mal.*"

Do outro lado, eram estas as palavras:

> [...] as tuas casas, e as casas de todos os teus servos e as casas de todos os egípcios

As rãs não convenceram o faraó a libertar os israelitas, tampouco o fizeram os piolhos enviados em seguida. Volte ao faraó, Deus disse a Moisés, e diga: "*se não deixar ir meu povo, mandarei gafanhotos que encherão as tuas casas, e as casas de todos os teus servos e as casas de todos os egípcios, e a própria terra sobre a qual se erguem*".

Sabbagh contou ao visitante que, depois do incêndio, ele foi à grande sinagoga da antiga Alepo. Encontrou o fragmento no chão e o pegou.

Não estava disposto a se desfazer do fragmento nem por todo o dinheiro do mundo, declarou Sabbagh. Fazia anos que o pergaminho o protegia em sua nova pátria e o ajudara a sobreviver a uma cirurgia de peito aberto. Sabbagh deixou o visitante levar o fragmento ao escritório do centro comunitário, onde havia uma máquina xerox. Usando as fotocópias, um pesquisador em Israel considerou o fragmento genuíno. O segundo fragmento desaparecido da Coroa viera à tona.

Sabbagh, um homem de palavra, não abriu mão do pergaminho enquanto viveu. Vinte anos mais tarde, após sua morte, a família mandou o pedaço para Jerusalém. "Toda sorte de propriedades miraculosas estava associada ao fragmento", contou-me a filha dele, Rachel Magen. "Meu pai era um crente. Ele o segurava na mão e conhecia seu valor: tinha valor espiritüal." Disse que, apesar de os Sabbagh "não serem de guardar amuletos mágicos", seu pai "acreditava que a coisa o protegia".

Os judeus alepinos sempre pensaram que o códice era sua salvaguarda. Essa crença, ao que parecia, fora transferida aos pedaços do livro que circulavam pelas comunidades no exílio. Quando a história do incêndio foi refutada pelo restaurador do Museu de Israel, os estudiosos que procuravam a Coroa decidiram que outros fragmentos, páginas ou seções maiores do manuscrito estavam em poder de judeus alepinos. O raciocínio era que, se dois pedaços tinham vindo à tona num intervalo de poucos anos entre o Atlântico e o rio East, certamente apareceriam outros – se não no Brooklyn, então em São Paulo, na Cidade do Panamá ou em outras colônias internacionais dos judeus alepinos. No entanto, não apareceu nenhum.

Uma outra tentativa da época de solucionar o mistério das páginas desaparecidas merece menção, apesar de ter fracassado.

Em 4 de junho de 1978, o professor universitário então à frente do Instituto Ben-Zvi mandou uma carta para Zurique, endereçada a um certo Gavriel Gavrieli.

> Estou lhe enviando mapas do sul do Líbano, como requisitado pela senhora Miriam Gromb. Ficaria grato se o senhor os mantivesse em segredo e depois os devolvesse para nós o mais rápido possível, dada sua natureza confidencial.

Entre os rumores sobre o destino das páginas desaparecidas, havia um que sugeria que refugiados evadidos de Alepo as haviam enterrado no sul do Líbano, a caminho de Israel. Essa possibilidade, ao que parece, era o motivo por trás da carta extraordinária. Os mapas não tinham sido criados com peritos de inteligência nem diplomatas em mente, e sim para um perito na arte de adivinhar segredos usando um pêndulo: um sensitivo. Os contatos do professor universitário na Suíça, Gavrieli e Gromb, marcaram a sessão com o tal homem, cujo nome não é mencionado na correspondência.

Miriam Gromb mandou uma resposta de Zurique em 15 de junho. O sensitivo chegara no dia anterior, escreveu ela, e usara os mapas militares confidenciais enviados pelo instituto. As páginas desaparecidas poderiam ser encontradas perto da aldeia de Ein Ata, no sul do Líbano, nas proximidades da intersecção da latitude 315 e da longitude 154 na grade militar, possivelmente "num bosque ali perto" ou "descendo o morro".

"Paguei a ele cinquenta francos", Gromb escreveu, acrescentando que "não vale a pena arriscar vidas humanas por essa questão". Era dizer o óbvio: o Líbano era um país inimigo, e as áreas na região da fronteira com Israel eram controladas pelos guerrilheiros palestinos do Fatah e seus diversos associados armados. Não há indicação alguma de que tenham feito algo com a informação de imediato. Em 1982, porém, Israel invadiu o Líbano e tomou um trecho de terra perto da fronteira. A área ocupada, que Israel chamou de "zona de segurança", abrangia Ein Ata.

Em 1985, um novo professor universitário à frente do instituto mandou uma carta a um amigo no norte de Israel.

> Assunto: Localização das páginas desaparecidas da "Coroa de Alepo" na zona de segurança
>
> Temos informações que indicam haver uma possibilidade de novas páginas da Coroa de Alepo estarem localizadas na zona de segurança perto da aldeia de Ein Ata. Vamos mandar para você as coordenadas exatas de possíveis locais nos próximos dias. Essas páginas têm grande importância para o estudo das tradições da Bíblia e muitos outros assuntos.
>
> Por favor, faça o possível para convencer os comandantes das Forças de Defesa de Israel na área a procurar essas páginas. Vamos endereçar uma carta às autoridades pertinentes no momento certo.

O amigo do professor contatou um oficial do Comando Setentrional das forças armadas e chegou a lhe mostrar os mapas com as coordenadas indicadas pelo sensitivo, mas o exército não pôde ajudar. As cartas que documentavam o episódio foram devidamente arquivadas pelo Instituto Ben-Zvi.

····· 23 ·····

As brumas se adensam

Perplexo com aspectos da história que pareciam cada vez mais peculiares, voltei em mais de uma ocasião ao único livro que existia sobre o tema da Coroa na época em que embarquei em minha própria investigação: *A Coroa*, um volume em hebraico publicado em 1987 pelo Instituto Ben-Zvi. E, toda vez que fazia isso, eu ficava mais confuso.

Comecei a ler o livro esperando encontrar um relato claro do que havia sucedido à Coroa depois de 1947 e de como ela chegara a Israel. Era uma expectativa razoável: por trás do livro estava o instituto que tinha a curadoria da Coroa e toda a documentação relevante. Não encontrei o que procurava. Embora se voltasse ostensivamente para o público geral, o livro começava com uma discussão quase hermética de um debate entre estudiosos a respeito de um ponto obscuro relacionado à associação da Coroa a Maimônides, e o leitor casual teria dificuldade para sobreviver às vinte primeiras páginas. O livro era meticuloso – e muitas vezes maçante – na atenção que dispensava a questões relacionadas à história da Coroa antes de 1947, e distintamente vago e apressado quando se dedicava a tudo que aconteceu dali em diante. A análise do debate sobre Maimônides, por exemplo, se estendia por seis páginas. A descrição de como o livro saiu de Alepo e chegou a Israel durava duas frases:

> No mês de *elul* de 5717, a Coroa deixou a Síria e foi para a Turquia. No mês de *shvat* de 5718, chegou a Jerusalém*.

Em outro ponto, a história é resumida assim:

> Na revolta nos bairros judeus de Alepo em dezembro de 1947, depois da declaração das Nações Unidas que fundou o Estado judeu na terra de Israel, revoltas essas que se concentraram em atear fogo às sinagogas, a Coroa foi danificada. Boa parte dela sobreviveu nas mãos de membros da comunidade e foi escondida durante uns dez anos em locais diversos. No ano de 5717 (1957), os rabinos Moshe Tawil e Shlomo Zaafrani a entregaram a Mordechai ben Ezra Faham, que a levou em segredo para a Turquia. Dali, ele a levou, em 23 de janeiro de 1958, para Jerusalém, fechando-se um círculo.

Essa é a versão oficial que conhecemos bem, e a coisa mais próxima de uma narrativa coerente que o tal livro fornecia. Apagava o papel desempenhado por Shragai, o chefe da imigração, e não mencionava os agentes israelenses na Turquia. Os escassos detalhes da história incluídos foram fragmentados, misturados e introduzidos aos poucos em diversos capítulos, tornando-os quase incompreensíveis.

O livro apresentava a disputa entre o Estado e a comunidade alepina de maneira brevíssima e mencionava o julgamento de passagem em três frases:

> O julgamento se deu no tribunal rabínico distrital de Jerusalém em 5718 (1958). As transcrições do julgamento dariam material suficiente para um livro inteiro, quando não para um drama em torno da personagem de [Murad] Faham. No fim das contas, em grande parte graças ao respeito inspirado pelo presi-

* O primeiro mês hebreu corresponde a agosto-setembro de 1957. O segundo corresponde a janeiro-fevereiro de 1958.

> dente de Israel, Yitzhak Ben-Zvi, pelo rabino-chefe sefardita e pelos sábios de Alepo, as duas partes chegaram a uma solução conciliatória.

O autor, percebendo claramente a peculiaridade dessa omissão, ofereceria uma explicação inusitada no parágrafo seguinte: "Prefiro não abrir velhas feridas". Minha própria pesquisa fizera algum progresso e, portanto, procurei o autor, esperando esclarecer os aspectos mais desconcertantes de sua narrativa. Supostamente, eu tinha a meu dispor muitos dos mesmos documentos aos quais ele tivera acesso. Por que eu havia deparado com uma história mais complicada?

O autor do livro do Instituto Ben-Zvi, Amnon Shamosh, não era um acadêmico, e sim um importante romancista em língua hebraica que nascera em Alepo e viera para Israel na infância. Na época em que embarcou no projeto da Coroa, contratado pelo instituto, ele estava no auge da fama, graças, principalmente, ao sucesso de *Michel Ezra Safra e filhos*, um épico multigeracional sobre uma fictícia família alepina que haviam transformado numa minissérie de TV bastante popular. O escritor tinha um interesse de longa data pela Coroa, além de uma ligação familiar com a história: Isaac Shamosh, enviado a Alepo em 1943 para trazer a Coroa de volta a Jerusalém, era seu irmão mais velho.

Entrevistei Amnon Shamosh, que hoje está praticamente cego, durante uma violenta tempestade de verão em sua casinha num *kibutz* perto da fronteira de Israel com o Líbano. Ele me contou que chegara a Tel Aviv, vindo de Alepo, em 1937: "Era uma cidade maravilhosa", disse. "Tudo se escrevia em hebraico. As pessoas falavam hebraico. Pensei: é a redenção. Esta é a cidade do Messias." Caso ímpar para um judeu alepino de primeira geração, ele foi parar na ala secularista e socialista do movimento sionista, casou-se com uma vienense e, ainda jovem, estabeleceu-se numa fazenda comunitária. Durante anos, Shamosh depositou todos os seus direitos autorais na conta conjunta dos integrantes da fazenda, o que o deixou quase sem nada quando as finanças do *kibutz* malograram. Nossa conversa, que durou várias horas, foi interrompida em determinado momento por uma sirene de ataque aéreo – "estão testando", disse a esposa dele – e, em outra ocasião, quando o escritor se levantou para ajudar com o chá, que ele e a esposa preparam juntos, pois as mãos dele ainda estão firmes, e ela ainda enxerga.

Ele me contou que, quando começou a trabalhar em sua crônica da Coroa, teve a impressão de que o tempo escorria por entre seus dedos: "Eu vivia ligando para viúvas que diziam: 'Agradeço o telefonema, mas ele morreu há dois meses'". Pesquisar a história mais remota do manuscrito era relativamente mais fácil, afirmou. Não era o caso de nada que tenha acontecido depois da revolta de 1947. Em mais de uma ocasião, ele percebeu que era barrado, principalmente quando começou a investigar o que acontecera depois de o códice chegar a Israel. "Eu me vi diante de uma muralha cerrada", ele disse. "Ninguém sabia de nada. Nada." Shragai, o chefe da imigração, foi "evasivo". Meir Benayahu, o diretor do Instituto Ben-Zvi na época em que o códice chegou, aceitou conversar. O escritor o considerava "educado", mas ficou com a impressão de que o homem não dizia a verdade.

"Era perceptível que tocávamos em algo desagradável, algo que as pessoas não queriam comentar", disse Shamosh. "A sensação era a de que todos queriam que eu os deixasse em paz, e não que escrevesse a respeito deles."

Por quê?, perguntei.

"Porque faltam duzentas páginas, e cada uma delas vale..." Ele deixou a coisa por dizer. "Eu não tinha a autoridade de um policial", disse. "Recebi autorização apenas para entrevistar as pessoas e fazer-lhes perguntas."

As autoridades encarregadas de zelar pela Coroa estavam preocupadas com o que Shamosh poderia escrever. Em 1985, enquanto Shamosh trabalhava no livro, os curadores da Coroa se reuniram. Um deles era Shlomo Toussia-Cohen, o advogado que representara o governo no julgamento anos antes. "É preciso avisar Amnon Shamosh de que existem graves discordâncias sobre a questão da remoção da Coroa da Síria e sua transferência para Israel, e é melhor não nos metermos nessa confusão", o advogado disse aos presentes, de acordo com uma transcrição da reunião. Os curadores decidiram que avaliariam o livro antes da publicação.

Shamosh era um romancista respeitado, mas não tinha o faro de um jornalista para a confrontação e a vileza. Ele teve a oportunidade de ler as transcrições do julgamento – a chave para entender a história toda –, mas alegou que não o fez. Perguntei por que não. "Eu disse: não tenho a energia, não tenho o tempo necessário, não acho que seja importante a opinião de cada rabino sobre a quem de fato a coisa pertence", ele respondeu. Sabia que o livro que ele escrevera não incluía a história real. Faham era um loroteiro, ele me disse, que desobedecera às ordens dos rabinos e entregara o livro ao Estado. "Da comunidade alepina, ele não receberia mais que um obrigado, ao passo que o Departamento da Aliá, por intermédio de Shragai e Ben-Zvi, recebeu-o com as melhores condições que um imigrante poderia conseguir, desde que não respaldasse a versão de que o haviam mandado entregar o livro para os rabinos alepinos em Israel." Shamosh sabia disso tudo, mas não colocou no papel.

O manuscrito que Shamosh apresentou incluía, sim, referências às fantasias de Faham, que, no seu entender, obscureciam detalhes cruciais da história. O Instituto Ben-Zvi se recusou a publicar a maioria delas, disse-me o escritor, argumentando que o mercador de queijos, que já morrera àquela altura, merecia que o retratassem de maneira favorável por suas "boas ações": ele correra riscos consideráveis para trazer o livro a Israel e o "entregou ao Estado, e não aos judeus alepinos". Algumas referências decisivas ao mercador de queijos permaneceram, mas, quando os filhos de Faham ficaram sabendo do texto ainda inédito e ameaçaram processar, o instituto também os removeu.

Shamosh desenvolvera um carinho superprotetor pela Coroa, levando o estado de negligência em que o livro se encontrava como ofensa pessoal, e escreveu várias seções sobre a deterioração do manuscrito aos cuidados do instituto, citando os mesmos relatórios dos peritos que eu encontraria posteriormente. Mas essas seções não aparecem no livro, pois foram cortadas pelo instituto. Shamosh se lembrava de que os estudiosos lhe haviam dito que "não publicaríamos um livro que nos fizesse parecer criminosos". Ele afirmou ter resistido, mas acabou concordando em seguir com a publicação ao perceber que seu contrato o deixava impotente e depois de o instituto ter prometido acelerar a restauração da Coroa. Encontrei as páginas originais do escritor nos arquivos do instituto, com os parágrafos ofensivos marcados com xx. O livro que acabou publicado não incluía nenhuma indicação explícita de que havia algo errado, de que alguém não tivesse sido perfeitamente honesto ou de que fatos haviam ficado de fora.

Um dos acadêmicos envolvidos na edição do livro foi Menachem Ben-Sasson, um professor universitário que acabaria servindo como membro do Knesset e se tornando presidente da Universidade Hebraica. Numa entrevista, ele disse que não recordava quais informações teriam sido removidas da crônica de Shamosh sobre a Coroa. Um dos outros editores do livro foi Zvi Zameret, diretor administrativo de longa data do instituto e que deixou o cargo em 2009, após 26 anos de serviço, para assumir uma secretaria importante no Ministério da Educação. Quando lhe apresentei o relato do escritor, ele o confirmou sem demonstrar remorso. A informação sobre o desleixo em que se encontrava o livro "não nos parecera importante", ele me disse, sugerindo que o fato de o instituto pagar pela restauração da

Coroa mais do que compensaria os maus-tratos do passado. "Era como dar um tapa na própria cara", disse. "Restauramos a Coroa e devíamos nos fazer parecer maus? Para quê?"

De sua parte, Shamosh escreveu com orgulho sobre sua relação com a história da Coroa por meio de seu irmão Isaac, mas decidiu não mencionar um segundo e mais complicado laço de parentesco. Chamarei atenção para isso mais adiante.

Se a intenção de *A Coroa* era enfraquecer as investigações independentes sobre a história recente do manuscrito, o livro teve êxito: durante 23 anos foi a única obra sobre o tema. Em 2010, quando eu já estava envolvido em minhas próprias pesquisas, apareceu um novo livro nos Estados Unidos. *A Coroa de Alepo* foi impresso pela veneranda Jewish Publication Society. Um de seus dois autores era Hayim Tawil, especialista em línguas semitas da Universidade Yeshiva de Nova York (ele não descende de judeus alepinos e não tem parentesco algum com os outros Tawil desta história). O livro incluía farto material histórico e análises acadêmicas, mas, em relação aos acontecimentos pós-1947, era tão frustrante quanto o primeiro. À semelhança do relato do Instituto Ben-Zvi, este também aceitava sem questionar a ideia de que a Coroa havia sido "devolvida" ou "restituída" a Israel. Citava com frequência e sem espírito crítico as reminiscências orais gravadas por Faham no fim da década de 1970, que são desmentidas por informações disponíveis em outros lugares. Essas informações pareciam estar ausentes ou ter sido ignoradas. A descrição breve que o livro faz do julgamento baseou-se exclusivamente no relato de Faham, encerrando com a afirmação do mercador de que o processo em Jerusalém terminou com a admissão, por parte dos rabinos de Alepo, de que ele tivera razão o tempo todo. O livro mencionava o "esforço heroico" de Faham e, apesar de reconhecer que suas ações eram um tanto "controversas", atribuía a zanga dos rabinos de Alepo com ele a um "ressentimento". Faham foi o meio de que o Estado se utilizou para se apoderar do manuscrito, como qualquer um que estudasse com atenção o registro documental bem sabia, e, no entanto, ali também esses fatos foram acobertados. Em vez disso, o livro perpetuou a mesma história que já circulava havia anos.

A explicação para isso não é complicada: se o primeiro livro foi publicado pelos testamenteiros de Ben-Zvi – os acadêmicos de seu instituto –, o segundo foi publicado com o apoio dos descendentes do homem que entregara o códice a Israel. Apesar de não haver menção explícita a isso no livro, um dos netos de Faham, um homem de negócios de Nova York, financiou parte dele. Sua condição – de acordo com o autor Tawil e o próprio doador, ambos entrevistados por mim – foi ter a oportunidade de ver o manuscrito antes da publicação para garantir que a família não encontraria ali nada que lhe fosse prejudicial.

Numa entrevista, Tawil reconheceu que parte do financiamento viera da família de Faham, mas disse não ter sido pressionado para alterar o texto. O relato do livro em relação ao papel de Faham na história era compatível com a narrativa do próprio Faham sobre esse mesmo papel, pois se baseou totalmente no testemunho oral do mercador e em entrevistas com seus filhos, disse Tawil. "Eu não queria me meter em polêmica", afirmou o autor. A versão oficial do governo israelense respaldava a de Faham, observou, e nada que ele encontrou no Instituto Ben-Zvi, que o ajudou na pesquisa, a contradisse. Sendo esse o caso, ele disse, "quem sou eu para discutir?".

Tendo concluído que o livro do Instituto Ben-Zvi, aquele escrito por Amnon Shamosh, era mais uma cortina de fumaça cuidadosamente engendrada do que um exemplo de pesquisa histórica, voltei a vasculhar a obra para analisar a maneira como tratava as páginas desaparecidas. Nesse ponto, pensei, o instituto teria pouco a esconder. Se algumas páginas haviam sobrevivido à revolta, estavam em poder de judeus alepinos, e o códice havia chegado a Jerusalém incompleto apenas dez anos antes. E, no entanto, nesse caso, também, o livro não cooperava. "Surpreendentemente, quanto mais nos aproximamos de nossa época, mais as brumas se adensam, e surgem mais e mais relatos diferentes sobre as andanças da Coroa", dizia uma frase típica, sem mais explicações. As viagens do códice "estão envoltas em mistério, e é questionável se a verdade um dia se fará conhecer", dizia outra. O livro não arriscava nenhuma hipótese sobre o que poderia ter acontecido, e a maioria das seções a respeito das páginas desaparecidas dizia algo assim: "A pergunta que se levanta e que não podemos nos cansar de fazer é: o que aconteceu aos livros [da Bíblia] e às páginas desaparecidos? Perderam-se para sempre? Todos eles? Ou, quem sabe, alguns deles estariam nas mãos de pessoas diversas em lugares diversos, aguardando que alguém os redima?"

Em sua casa, Shamosh me disse que acreditava que boa parte das páginas tivesse sido levada pelos alepinos. A respeito da comunidade de Alepo, ele disse: "Se é possível não dizer a verdade, por que dizer a verdade? A verdade é uma coisa perigosa".

····· 24 ·····

A investigação do agente

Era 1989, e o Canal 1, a emissora pública de TV de Israel, estava planejando um documentário sobre as páginas desaparecidas da Coroa. Os produtores pediram a Rafi Sutton, o judeu alepino com anos de espionagem nas costas, para colocar suas habilidades à disposição deles.

Àquela altura, Sutton havia completado uma bem-sucedida carreira de espião, que incluía uma temporada com o Mossad na Europa, a partir de 1969, numa época em que o serviço de inteligência tinha agentes estabelecendo redes de contatos entre palestinos e outros árabes no estrangeiro. Muitos dos agentes israelenses eram, assim como Sutton, judeus de países árabes. Ele serviu na Europa logo após a chacina dos atletas israelenses durante os Jogos Olímpicos de 1972, em Munique, quando equipes do Mossad caçaram e assassinaram membros da Organização para a Libertação da Palestina em Roma, Paris, Chipre e outros lugares. Certa vez perguntei a ele a respeito de um livro que eu havia lido e que documentava os detalhes dessa campanha implacável, e ele me disse bruscamente que o relato estava "correto". Mas, no geral, revelou quase nada sobre seu trabalho com o Mossad, a não ser que era semelhante a seu trabalho em Jerusalém: dirigir agentes. Um velho amigo dele me disse que Sutton passara boa parte de seu tempo na Europa sob uma identidade árabe falsa, apresentando-se de tempos em tempos para visitar a esposa e os filhos, aboletados discretamente em outro ponto do continente. Ele voltaria a Israel em 1975. Depois de já nos conhecermos havia algum tempo, Sutton me confidenciou que a lembrança de uma temporada extensa como agente secreto num país árabe ainda o fazia acordar apavorado no meio da noite.

O interesse de Sutton por suas raízes em Alepo aumentara com a idade, e ele imediatamente aceitou o pedido do Canal 1. Disse que encarou o serviço como uma missão de inteligência, apesar de partir de uma emissora de TV, e não do Mossad, e embora o objetivo, dessa vez, não fosse o sigilo, e sim a máxima publicidade. O resultado – um programa de TV de baixo orçamento e uns quarenta minutos de duração, que lembrava um segmento mais longo do [norte-americano] *60 minutes* – foi a coisa mais próxima de uma investigação metódica do destino da Coroa tentada até então. Os resultados da investigação foram inconclusivos, mas até hoje o programa é uma das fontes de informação mais ricas e cruciais disponíveis a qualquer pessoa que se interesse pela história. Quase todas as pessoas entrevistadas na época já morreram.

Assisti pela primeira vez ao programa, que eu voltaria a ver pelo menos umas dez vezes, na sala de estar de Sutton. Quando tentou mostrá-lo para mim, não conseguiu fazer seu aparelho de DVD funcionar e, em pé, com as costas arqueadas e de chinelos, pôs-se a fitar com o ódio da incompreensão o controle remoto.

"Você não lidava com tecnologia nos tempos do Mossad?", caçoei. Àquela altura, éramos amigos. Ele não ergueu os olhos.

"Eu lidava com pessoas", resmungou.

O objetivo de Sutton era fixar a cronologia da história da Coroa depois da revolta – quando, ao que se supunha, as páginas teriam desaparecido – e determinar quando exatamente alguém percebeu que o livro estava incompleto. Consultando a memória e seus contatos na comunidade alepina, ele apresentou uma lista de alvos, reparando com impaciência em quantos dos principais atores já haviam falecido: o mercador de queijos Faham estava morto, assim como o *shamash* e os dois rabinos de Alepo, Tawil e Zaafrani.

À semelhança de outros espiões idosos que conheci, Sutton se divide entre a tendência a guardar segredo entranhada nele com o passar das décadas e uma ânsia de contar suas histórias, que ele sabe que são muito boas. As gravações mostravam que ele claramente adorava o holofote: fazia o papel do homem do Mossad, atravessava ruas e saguões de hotel metido num capote preto e de óculos escuros, transfixava os entrevistados com seus olhos de interrogador protegidos pela armação dos óculos grandes que se equilibravam em seu nariz.

Uma das entrevistas que foram ao ar se deu com um homem identificado no programa apenas como "o turista" e filmado de costas, para que ninguém visse seu rosto. A narração logo no começo anunciava que Sutton e o entrevistado estavam num "país europeu". Estavam, na verdade, em Tel Aviv. O homem era Edmond Cohen, cuja família havia escondido a Coroa e que levara pessoalmente o livro a Faham quando este se preparava para partir. Cohen ficara em Alepo até quase todos os outros judeus já terem ido embora e deixara a cidade pouco antes da entrevista, e o anonimato e o paradeiro falso eram porque ele temia colocar em perigo os parentes que ainda estavam na Síria caso fosse divulgado que ele se encontrava em Israel. A exemplo de quase todos os alepinos ligados à remoção do manuscrito da sinagoga e à sua transferência para Israel, Cohen se mostrou evasivo. Eles falavam o árabe da Síria.

SUTTON. Do dia dos incêndios até a Coroa ser encontrada, você sabe me dizer quem a guardou e onde?

COHEN. Durante algum tempo, não muito depois, eu não me lembro exatamente, disseram ter levado a Coroa. Uma certa pessoa a tinha e a escondia em sua loja, no almoxarifado. Tive o privilégio de vê-la.

Essa "certa pessoa" que Cohen se recusava a identificar era seu tio, Ibrahim Effendi Cohen.

SUTTON. Quando você diz que a levaram, quem a levou?

COHEN. Não me lembro bem. Eles a esconderam com ele, e eu a vi. Chegou incompleta.

SUTTON. Estava incompleta.

COHEN. O tal homem a embrulhou. Ficava em seu almoxarifado, numa sala dentro de uma sala, uma sala escura.

SUTTON. Quando você diz que ela chegou incompleta, sabia-se quanto faltava?

COHEN. Não me lembro.

SUTTON. Mas você viu que estava incompleta. As pessoas comentavam entre si quanto...

COHEN. Faltava uma boa parte da Torá.

SUTTON. Do Pentateuco.

COHEN. Sim. É o que eu lembro.

SUTTON. Quando a levaram para o tal homem, isso foi muito depois dos incêndios ou logo em seguida?

COHEN. Não me lembro exatamente.

SUTTON. Você não se lembra. Qual era o estado da Coroa quando a viu?

COHEN. Era um livro grande e grosso.

SUTTON. Estou perguntando em que condições ela estava, se estava inteira [...]. Você disse que estava incompleta.

COHEN. Estava incompleta e um pouco desmontada no começo. Não me lembro exatamente, depois de trinta anos.

SUTTON. Estava danificada? Estava queimada?

COHEN. Não me lembro exatamente. Não me lembro.

Cohen acreditava que faltavam páginas do livro quando este chegou a seu tio, mas não sabia ao certo quantas seriam. Sutton reparou que, em poucos minutos de filmagem, o entrevistado dissera "eu não me lembro" nada menos que oito vezes, o que o deixou desconfiado, apesar de admitir que o homem se preocupava com os parentes na Síria e que ele mesmo só recentemente escapara das garras dos *mukhabarat*.

Sutton também entrevistou o filho do *shamash*, Shahoud Baghdadi, que na época estava no fim da casa dos sessenta anos e era o coveiro de longa data de um cemitério perto de Tel Aviv. As pessoas que o conheciam o descreveram para mim como um homem caridoso e escrupulosamente honesto. Baghdadi, vestindo suas melhores roupas e visivelmente nervoso diante da câmera, sentou-se de frente para o velho homem do Mossad.

No rescaldo da revolta, contou o filho do *shamash*, seu pai o levou à sinagoga e os dois começaram a procurar nos escombros e entre as páginas espalhadas de outros livros por pedaços da Coroa.

BAGHDADI. Vi meu pai chorar feito criancinha. Eu disse, *Abba*, o que aconteceu? Levante-se, por que está sentado aí? No lugar onde ele estava sentado não havia fogo, só o estrago [...]. Meu pai ali sentado, eu vasculhando as pilhas e tentando encontrar os pedaços da Coroa, página por página.

SUTTON. Por acaso se lembra do quanto teve de procurar?

BAGHDADI. Pode acreditar, procurei um bocado. Era uma pilha grande. Mais do que consigo contar.

SUTTON. Mas quanto foi que você encontrou depois de vasculhar tudo?

BAGHDADI. Encontrei a Coroa toda.

SUTTON. A Coroa inteira? Todinha, na íntegra?

BAGHDADI. A Coroa inteira, na íntegra, página por página.

SUTTON. O que fez com o que encontrou?

BAGHDADI. Entreguei o que encontrei ao meu pai.

SUTTON. Imediatamente.

BAGHDADI. Imediatamente. Meu pai estava sentado lá, olhando.

SUTTON. Como sabe que encontrou tudo?

BAGHDADI. Quando terminei, meu pai a colocou em ordem. Gênesis, Êxodo. O Deuteronômio estava incompleto. Eu disse: Tudo bem...

SUTTON. Espere, você disse Gênesis, Êxodo...
BAGHDADI. Números, Levítico. O Deuteronômio estava incompleto, eu me lembro bem.
SUTTON. Faltava o livro do Deuteronômio?
BAGHDADI. Não o livro todo. Pedaços. E faltavam partes do livro de Isaías.

Sutton o interrompeu para ter certeza de que ouvira direito. "Só um minuto", ele disse.

SUTTON. Você estava dizendo que os livros do Gênesis, Êxodo, Levítico e Números estavam lá.
BAGHDADI. Estavam quase lá.
SUTTON. O que quer dizer com "quase"?
BAGHDADI. Eu lembro que estavam lá. Estavam lá.
SUTTON. Inteiros.
BAGHDADI. Inteiros.
SUTTON. E queimados nas beiradas.

Sutton fez essa pergunta para garantir que o entrevistado falava da Coroa, com suas características "queimaduras" arroxeadas, e não de um dos outros manuscritos da sinagoga.

BAGHDADI. Estava tudo queimado nas beiradas.
SUTTON. E o livro do Deuteronômio, você diz, não estava inteiro.
BAGHDADI. Não estava inteiro, estava incompleto. E, a partir dos Profetas, Isaías estava incompleto.

O filho do *shamash* parecia ter dito que todos os livros desaparecidos da Coroa, com exceção de parte do Deuteronômio e de Isaías, foram salvos do fogo. Isso contradizia o que quase todos acreditavam. Mas o testemunho de um homem simples, principalmente o de alguém que parecia tão confuso em relação a alguns detalhes, não bastava para virar a história consagrada de pernas para o ar. Isso exigiria o próximo alvo de Sutton, o rabino alepino mais respeitado naquela época e um homem que havia se envolvido no resgate e na preservação da Coroa em Alepo anos antes. Era Itzjak Chehebar, que deixara Alepo em 1952 e agora liderava a comunidade no exílio em Buenos Aires. Sutton não tinha dúvida de que o rabino poderia ajudar se quisesse. Também sabia que Chehebar estava com oitenta e poucos anos, e, portanto, ele não tinha tempo a perder.

O agente considerou cuidadosamente como faria a abordagem. Lembrou-se do casamento do rabino em Alepo, ao qual comparecera ainda criança, e sabia que seus próprios tios, os joalheiros de Beirute, haviam cuidado do rabino quando este chegou ao Líbano depois de fugir de Alepo. Decidiu mencionar os dois pormenores ao pedir uma audiência, pedido que ele mandou por meio de um parente em Buenos Aires. O rabino concordou em vê-lo.

Com um solidéu bordado no alto da cabeça, Sutton foi à sinagoga de Alepo na capital argentina. Era dezembro de 1989. Entrou no escritório do rabino, forrado de livros em hebraico dentro de armários com portas de vidro, inclinou-se, beijou a mão de Chehebar, seguindo uma tradição que ele não observava desde que deixara Alepo. Chehebar estava de barba feita, era lúcido e bem-apessoado. Rememoraram Alepo em árabe e hebraico. Quebrado o gelo, Sutton voltou no dia seguinte vestindo um terno azul-claro e com uma equipe de televisão a reboque. Foi a sorte dos interessados na história da Coroa que a entrevista que se seguiu – a única vez que um líder da comunidade alepina do período em questão falou com franqueza e publicamente sobre o assunto – tenha sido gravada. O rabino morreria dez meses depois.

Chehebar, que estava entre os responsáveis pela Coroa em seu esconderijo, foi ver o livro em 1952, pouco antes de deixar a cidade de uma vez por todas, ele disse. Na época, o códice estava no almoxarifado de Ibrahim Effendi Cohen, num dos *souks* de Alepo.

"Eu a abri no almoxarifado de Ibrahim Effendi Cohen, e eu a vi", disse o rabino. "Faltavam algumas páginas, que talvez tenham caído no chão ou queimado, mas não eram tantas assim. Não centenas de páginas."

SUTTON. Faltam Gênesis, Êxodo, Levítico, Números e metade do Deuteronômio. E faltam partes de outros livros.

CHEHEBAR. Vi que faltavam algumas páginas. Não tantas assim.

SUTTON. O senhor quer dizer páginas avulsas?

CHEHEBAR. Páginas avulsas. Não chegavam a dezenas as páginas desaparecidas.

Era compatível com o testemunho do filho do *shamash*. Não vamos esquecer que também era compatível com o que o exilado no Rio de Janeiro, o tesoureiro Yaakov Hazan, contara ao emissário de Ben-Zvi três décadas antes. "Para demonstrar o que queria dizer em relação à parte que faltava, ele apontou uma brochura que tinha, no máximo, cinco milímetros de espessura", o diplomata escrevera ao presidente em 1961. "Ele teve dificuldade para estimar o número de páginas, mas, em comparação com a espessura da Coroa, seriam apenas algumas páginas, talvez não mais de dez." Na época, a informação foi desconsiderada como um "erro cabal". E agora aparecia a terceira testemunha ocular dizendo algo nesse sentido. Em 1952, cinco anos após a revolta, a Coroa fora vista intacta, a não ser pela ausência de um pequeno número de páginas. Por volta de março de 1958, como sabemos, com o livro já em Israel, quase duzentas páginas, incluindo a Torá, haviam sumido.

E quanto às páginas desaparecidas?, Sutton perguntou. Sumiram umas duzentas.

"Não era o caso", o rabino respondeu. "Talvez alguém tenha..." Ele bateu na madeira, procurando uma palavra.

"Interferido", sugeriu Sutton.

"Interferido", concordou o rabino, ponderando as palavras, "e roubado."

Quatro testemunhas oculares já tinham sido ouvidas. O testemunho de Edmond Cohen, que alegava não se lembrar de nada, era inconclusivo. As outras três testemunhas – o tesoureiro no Rio de Janeiro, o filho do *shamash* e o rabino em Buenos Aires – concordavam que a Coroa fora encontrada intacta após a revolta, a não ser por um pequeno número de páginas. O filho do *shamash* viu o códice no dia seguinte à revolta, o tesoureiro a viu semanas depois, e o rabino a viu cinco anos mais tarde.

As provas reunidas por Rafi Sutton conduziram a uma conclusão bombástica. Se a Coroa estava intacta em Alepo em 1952, e não mais nessa condição uma vez em Israel em 1958, isso significava que as páginas ausentes haviam desaparecido enquanto o livro estava em poder de guardiões supostamente confiáveis. Significava que as páginas ausentes da Coroa não estavam "perdidas". Não foram queimadas, nem roubadas pelos revoltosos, nem guardadas como lembrança e levadas clandestinamente para Nova York. As páginas desaparecidas haviam sumido porque foram surrupiadas por um ou mais guardiões do códice.

Nesse ponto, o dinheiro do canal de televisão acabou, e a missão de Sutton foi abortada. O ex-agente, sentindo que estava prestes a resolver o caso, redigiu um novo relatório, recomendando insistentemente que a investigação continuasse depois que o programa fosse ao ar. "A exibição do programa, muito embora não tivéssemos descoberto as peças que faltavam, é muito importante e certamente levará a revelações inesperadas", escreveu. Mas então o filme aguardou três anos nos cofres do Canal 1, porque os produtores não haviam usado uma equipe sindicalizada quando filmaram no estrangeiro, e os técnicos sindicalizados se recusavam a fazer a montagem. Quando o programa finalmente foi ao ar, em 1993, Sutton tentou angariar apoio para retomar a busca. Mandou cartas para fundações. Procurou o famoso Edmond Safra, o financista internacional que vinha originalmente de Alepo. Encontrou-se com o prefeito de Jerusalém. Mandou mais exemplares de seu relatório para o Instituto Ben-Zvi e para o Centro de Memória da comunidade alepina em Tel Aviv, imaginando que certamente gostariam que a verdade viesse à tona. "A fim de reforçar nossa hipótese e recolher mais indícios", ele escreveu, "precisamos prosseguir com a investigação e entrevistar pessoas que são os filhos daqueles que estiveram envolvidos no salvamento da Coroa de Alepo." Além disso, escreveu, "temos de procurar a pessoa certa no estrangeiro" – ele tinha em mente um detetive particular – "que possa ajudar a reunir e obter indícios e mais provas". Rafi calculava que precisaria de uns 50 mil dólares, mas poderia se virar com menos. Ninguém se interessou.

Em um de nossos encontros em sua sala de estar, eu lhe perguntei o motivo.

"Apresento uma situação, é preciso interpretá-la", ele disse. Olhou para mim. Várias de nossas conversas eram assim.

Foi porque ninguém queria que você avançasse?, perguntei.

"Correto", ele respondeu.

Falar vagamente sobre páginas "perdidas" era seguro. Falar de páginas "roubadas" não era, pois implicava que alguém devia tê-las roubado, que um crime fora cometido. Significava que talvez fosse preciso fazer algo a respeito. Depois de provocar uma breve enxurrada de artigos de jornal, o programa foi esquecido. O homem do Mossad guardou seu relatório indesejado na estante e viu o rastro esfriar.

····· 25 ·····

O colecionador

Entrei no saguão opulento e sem um pingo de charme do hotel, tomei o elevador até o último andar, o 14º, e apertei o botão do interfone ao lado de uma das portas. Imaginei que lá dentro eu veria uma cobertura glamourosa com vista para as luzes que cintilavam por todo o litoral até Tel Aviv, mas, quando a porta se abriu, eu me vi num quarto que mais parecia uma caverna escura. A suíte podia ser minúscula ou imensa: no escuro, era impossível dizer. Um círculo a alguns passos da porta estava iluminado e, à luz evanescente de seus contornos, divisei um tesouro digno de Ali Babá: cântaros, lâmpadas a óleo e candelabros. Sentado à mesa dentro do círculo de luz, havia um homem frágil de olhos lacrimosos e inquietantemente azuis.

Quando entrei no hotel, uma década e meia havia se passado desde a investigação de Sutton. O caso não sofrera nenhuma reviravolta desde então. Nenhuma página do códice fora encontrada desde que o fragmento na carteira de Samuel Sabbagh viera à tona em 1987. Concluí que, se as páginas tivessem de fato sido roubadas, já teriam aparecido àquela altura, mas não havia prova alguma de que esse fosse o caso. O tráfico de manuscritos antigos, e certamente o de manuscritos antigos adquiridos de maneira questionável, é quase impenetrável, e procurar as páginas seria como procurar ouro olhando fixamente para o chão. Mas descobri indicações de que algumas páginas haviam de fato aparecido. Nessa busca não havia respostas certas, apenas lampejos breves de luz que iluminavam a história momentaneamente antes de eu me ver mais uma vez no escuro.

Em meus primeiros meses xeretando a história da Coroa, várias pessoas com quem falei mencionaram alguém que poderia ter uma grande quantidade de páginas em seu poder. Recusavam-se a me dar um nome, mas acabei percebendo que todos falavam da mesma pessoa. Precisei de um pouco mais de tempo para descobrir que a pessoa era Shlomo Moussaieff: magnata misterioso, joalheiro dos xeques do petróleo do Golfo Pérsico, sogro do presidente da Islândia e dono de uma das maiores coleções particulares de antiguidades judaicas e bíblicas. Moussaieff tinha 87 anos. Decidi que tentaria induzi-lo a me contar o que ele tinha e que gravaria tudo.

Esperando um homem fino e reservado, descobri uma personagem muito mais interessante e até mesmo desconcertante: um mercador do Oriente, um mestre do vaivém entre vendedor e comprador, rei das insinuações e contador de histórias. Tive a impressão de que já o encontrara antes nos bazares de tapetes do Cairo ou de Istambul. Acreditamos que o tapete perfeito está escondido lá nos fundos, mas o vendedor não nos conhece ou não nos respeita o suficiente para nos deixar ver o artigo. Se jogarmos direitinho, pensamos, pode ser que ele nos mostre, pode ser até que ele nos venda o tapete por um bom preço. Mas há sempre a suspeita de que o tapete perfeito, na verdade, não existe. O vaivém não tem a ver só com o lucro: também tem a ver com a honra e a interação social, e não é imune à comédia. Moussaieff era uma galeria de espelhos humana. Passei horas e horas com ele e não sei dizer ao certo se, por trás de suas histórias, havia algo assombroso ou absolutamente nada.

Uma investigação sobre o fim das páginas tem de começar com uma reflexão sobre o que estamos procurando. Um pedaço importante do começo do códice está faltando: é a Torá, os Cinco Livros de Moisés. Faltam também um pedaço do fim mais ou menos do mesmo tamanho, formado principalmente pelos livros dos Profetas, e páginas avulsas do meio. Pode ser que as páginas estejam juntas ou pode ser que estejam circulando por aí separadas. Também é possível que as páginas avulsas tenham sido recortadas e vendidas como amuletos. Muitos livros perdem valor quando não estão mais inteiros, mas alguns manuscritos – particularmente aqueles que são considerados talismãs – valem mais aos pedaços. Um livro de misticismo escrito pelo rabino cabalista Haim Vital quatrocentos anos atrás, por exemplo, foi desmembrado por seus proprietários e colocado à venda página por página recentemente, incitando a fúria inútil dos acadêmicos. O negócio livreiro é um negócio, e a margem de lucro era simplesmente mais atraente assim.

Quem investiga que fim levaram as páginas desaparecidas da Coroa escuta inúmeras histórias sobre páginas que circulam entre os judeus alepinos. Essas histórias seguem uma mesma fórmula e são todas impossíveis de confirmar. Ouvi um exemplo típico de um revendedor de livros chamado Moshe Rosenfeld, que atende num escritório atulhado de coisas no centro de Jerusalém. Rosenfeld me contou que, em 1999, ele estava em Nova York, andando pela Broadway enquanto os prédios comerciais despejavam trabalhadores na rua, quando ouviu alguém gritar seu nome. Ele se virou e viu um homem de uns 35 anos que fora seu aluno uns vinte anos antes, quando era professor no ensino médio. O homem, cuja família era de Alepo, disse que havia trocado Israel por Nova York, onde ele tinha parentes que tocavam um negócio de importação de mercadorias da China.

O que anda fazendo?, o homem perguntou.

Estou no negócio de livros antigos, Rosenfeld respondeu, e viu os olhos do homem se iluminarem de repente.

Já ouviu falar da Coroa de Alepo?, perguntou o homem.

É o livro que foi queimado, o livreiro falou. O homem deu risada. Nada foi queimado, disse. Enfiou a mão no bolso, sacou a carteira e mostrou ao revendedor um pedacinho de pergaminho dobrado dentro de uma proteção plástica. É da Coroa, afirmou. Na época, segundo ele próprio, Rosenfeld ainda era um novato no negócio livreiro, e só mais tarde entendeu a importância do que supostamente lhe haviam mostrado. Posteriormente, ele ouviria mais um relato: um israelense que trabalhava como segurança para uma família de banqueiros alepinos em São Paulo contou-lhe que a família tinha duas páginas da Coroa.

Michael Maggen, o restaurador de documentos do Museu Nacional de Israel, e Adolfo Roitman, o curador da Coroa e dos Manuscritos do Mar Morto nesse mesmo museu, disseram que haviam recebido dicas sobre pessoas que teriam algumas páginas, mas as pistas invariavelmente levavam a indivíduos nada dispostos a falar. Contudo, fora essas insinuações fragmentárias de que existem pedacinhos por aí, também há rumores sobre uma parte considerável da Coroa que não teria sido desmembrada. Na contracultura do Códice de Alepo, trata-se do Santo Graal.

William Gross, um colecionador que mora em Tel Aviv, ofereceu-me um rápido curso introdutório sobre o mundo dos raros livros hebraicos, no qual ele é bem conhecido, mas não o representa: ele é acessível e se dispõe de bom grado a conversar, além de se ver mais como curador do que colecionador. Gross nasceu em Mineápolis. As paredes de sua sala de estar estão forradas de peças de metal antigas: menorás, estojos de especiarias, os adornos em forma de romã dos rolos da Torá de comunidades judaicas da Europa e do mundo islâmico que hoje, com poucas exceções, não existem mais. "Tenho plena consciência do que está por trás da minha coleção", Gross me disse. "O Holocausto, a migração dos judeus para o Oriente. Uma grande tristeza acompanha estas coisas." Ele coleciona vários tipos de artefatos, mas vê os livros como algo especial. "Ao redigir um manuscrito, o homem investe nele parte de sua alma", disse.

Os manuscritos hebraicos passam pelo mercado de livros, de vendedor a comprador, passam pelos revendedores ou vão a leilão, em público ou em segredo. Dificilmente fica claro quem está comprando o quê. Durante anos, alguns dos manuscritos hebraicos mais belos e caros no mercado simplesmente desapareceram sem deixar vestígio, até René Braginsky, um colecionador pouco conhecido de Zurique, aparecer em público com uma coleção que hoje é considerada uma das melhores do mundo. Via de regra, os livros mais antigos são os mais caros, e os livros da idade da Coroa quase nunca estão à venda. Antes de nos conhecermos, Gross acompanhou um evento em que duas peças espetaculares foram a leilão: um rolo do livro de Ester do século XVI, escrito por um escriba do sexo feminino, que foi arrematado por 600 mil dólares, e um rolo da Torá anterior à expulsão dos judeus da Espanha em 1492, vendido por 350 mil. No mercado negro, uma parte da Coroa valeria muito mais, mesmo levando-se em consideração a redução de seu valor pelo fato de ter sido obtida ilicitamente e de não poder ser exibida nem revendida com facilidade. Um códice bíblico não tão antigo e muito menos importante que a Coroa, disse Gross, foi vendido por 3 milhões de dólares na década de 1990.

Se, por vezes, não fica claro para onde vão os objetos, geralmente é impossível discernir de onde vieram. Os manuscritos sagrados judaicos vêm invariavelmente de comunidades judaicas – de lares, seminários e sinagogas – e mudam de um lugar para outro acompanhando seus donos. Consequentemente, quase nunca existem registros decentes de sua procedência. É um sintoma da história dos judeus: um povo sem autoridade nem permanência não tinha bibliotecas reais nem monastérios mantidos por doações. Uma parte significativa do mercado de manuscritos hebraicos é composta por livros que foram roubados, passando pelo crivo que divide o mundo honesto das sinagogas e bibliotecas do mundo invisível do mercado negro. Sinagogas, seminários religiosos e bibliotecas públicas ainda são roubados com alguma frequência. Muitos desses casos passam despercebidos, pois as sinagogas não costumam manter registros formais de seu acervo. O *shamash* talvez saiba, mas às vezes o *shamash* é o ladrão. Os serviços internos são comuns: num dos casos recentes mais notórios, o curador dos livros hebraicos da Bibliothèque Nationale de Paris foi detido em 2004 e, mais tarde, condenado à prisão, por roubar e vender um precioso manuscrito da Bíblia de sua própria coleção. "A maioria dos colecionadores não compraria, em sã consciência, um objeto roubado", Gross me contou, "mas existem aqueles que estão dispostos a isso."

O mercado é formado por um pequeno número de colecionadores ricos, talvez cinquenta, Gross me disse. Entre eles há uma elite de dez ou doze homens com dinheiro suficiente para comprar o livro que quiserem, não importando o preço. Um deles é Shlomo Moussaieff.

Moussaieff nasceu num bairro pobre de Jerusalém habitado por pessoas que, como sua família, eram provenientes de Bucara, nas estepes da Ásia Central. Segundo ele conta, o pai religioso e severo o expulsou de casa por ser um adolescente rebelde, e ele entrou para o exército britânico no começo da Segunda Guerra Mundial, combateu Rommel no Norte da África, fugiu do fiasco britânico em Tobruque em 1942 no lombo de um dromedário e, por fim, voltou para casa na Palestina, onde participou da tentativa malfadada dos judeus de rechaçar a Legião Árabe na Cidade Antiga de Jerusalém durante a guerra de independência; em seguida, passou um ano num campo de prisioneiros na Jordânia. O pai de Moussaieff também era colecionador de livros antigos, e o filho seguiu a tradição, reunindo uma coleção de manuscritos e antiguidades enquanto fazia fortuna no negócio de joias. Na década de 1960, quando passou de rico a fabulosamente rico, trocou Israel por Londres.

A ideia de que Moussaieff estava ligado de alguma maneira à história da Coroa veio do mesmo documentário de TV que Rafi Sutton ajudou a produzir. Um outro membro da equipe de pesquisa, um ex-investigador de polícia, seguindo a dica de um negociante de antiguidades de pouca monta, entrevistou Moussaieff em seu apartamento em Londres.

Alguns anos antes, disse-lhe o colecionador, ele estava numa feira de livros em Jerusalém quando foi abordado por dois ultraortodoxos que queriam lhe mostrar algo que levavam numa mala. Não era algo fora do comum: em todos os leilões e feiras, a atividade legítima nas movimentadas salas de conferência no térreo é acompanhada por negócios que se fazem a portas fechadas, com direito a placas de NÃO PERTURBE, nos andares superiores. Não chega a surpreender que as transações clandestinas sejam muitas vezes mais lucrativas e interessantes.

Dentro da mala, Moussaieff disse ao investigador, havia um monte de folhas de pergaminho com três colunas de texto em hebraico. As linhas não terminavam exatamente na margem, e sim onde o escriba completava uma determinada palavra. Era assim que procedia o escriba Ben-Buya'a, e a descrição correspondia à da Coroa de Alepo. Moussaieff não deu mais nenhum detalhe importante. O investigador disse diante da câmera que o colecionador havia lhe contado que não comprara as páginas, embora Moussaieff não apareça pessoalmente dando essa declaração. Ao que parecia, pouco se fizera com essa informação. Nos anos que se passaram, houve rumores esporádicos e relatos de segunda mão sobre comentários que Moussaieff teria supostamente feito a respeito de partes da Coroa que ele talvez possuísse, talvez não.

AGORA DIZIAM QUE Moussaieff andava doente, mas ainda estava lúcido, e que se dividia entre um apartamento em Londres e um hotel cinco estrelas em Herzliya, uma cidadezinha ao norte de Tel Aviv. Um conhecido meu que estivera na suíte do hotel não muito antes me disse que tinha visto Moussaieff olhar de relance para um diamante que alguém queria lhe vender, avaliá-lo e pedir uma transferência bancária de 1 milhao de dólares pelo telefone. O colecionador tinha fama de astuto, mas eu torcia para que ele já tivesse idade suficiente para não se importar tanto em manter segredos.

Descobri o número de seu telefone e liguei, esperando falar com um secretário ou assistente, e fiquei surpreso ao me ver na linha com o próprio Moussaieff. Expliquei o motivo da ligação.

"O que você quer com a Coroa de Alepo?", ele perguntou, e eu respondi. Àquela altura, eu já havia me acostumado com pessoas que não queriam falar e esperava que ele fugisse da conversa. Fez-se silêncio do outro lado da linha. "Venha às cinco", ele disse, e desligou. Era dali a três horas.

Peguei a rodovia que saía de Jerusalém e descia para o litoral. Quando a porta da suíte se abriu para mim e encontrei o velho colecionador cercado por seu tesouro num círculo de luz, havia outras duas pessoas ali, uma mulher de preto e um homem corpulento de rabo de cavalo, e os dois me lançaram olhares tenebrosos. Eu estava me intrometendo em alguma coisa. O colecionador tinha outras preocupações, e a atmosfera na sala era sinistra. Eu o lembrei que estava ali para falar sobre a Coroa de Alepo. Ele me olhou com desconfiança.

"Você é de Alepo?", perguntou.

Não, respondi, sou asquenaze, um judeu europeu. Ele nada disse, e pareceu esperar que eu fosse embora. Fui, mas voltei no dia seguinte, fazendo o percurso de duas horas entre Jerusalém e Herzliya sem telefonar antes. Quando fiz soar o interfone, a mesma voz anasalada do dia anterior preguntou: "Quem é?".

Voltei a me apresentar. Estou aqui para falar da Coroa de Alepo, eu disse.

Fez-se um instante de silêncio. "Estou passando mal hoje", disse a voz. O interfone ficou mudo.

Convencido de que havia perdido minha oportunidade, fiz uma terceira tentativa mesmo assim, alguns dias depois. Passei mais uma vez pela porta giratória e pelo ar perfumado do saguão do hotel, subi de elevador até o 14º andar. Toquei a campainha e fiquei de olho no interfone, esperando que me mandassem embora outra vez, mas então a porta zumbiu feito uma vespa encurralada, e eu entrei.

····· 26 ·····

Os magos

Não havia mais o efeito Ali Babá. A luz do dia que entrava pelas janelas iluminava o estojo de veludo azul de um rolo da Torá, lâmpadas de Aladim e outros detritos antigos que atravancavam a vasta sala de estar. Dois leõezinhos de bronze fitavam meus joelhos com seus olhos de marfim. À mesma mesa, a alguns passos da porta, Moussaieff estava sentado onde eu o deixara dias antes. Os mesmos olhos azuis e lacrimosos se fixaram em mim.

Dessa vez ele parecia presidir um tribunal. À mesa havia um rapaz de calças *jeans* e camiseta, uma mulher bonita de jaqueta de couro, um homem mais velho que, pela voz, parecia francês e segurava um vaso, um outro homem vestindo o improvável e tradicional traje dos judeus iemenitas: túnica longa, turbante e os cachos laterais que lhe chegavam ao queixo. O moço de *jeans* assumiu o controle.

"Quem é você?", perguntou, com aspereza na voz. Expliquei, mais uma vez, que estava ali para falar da Coroa de Alepo.

"Ele quer me vender alguma coisa?", Moussaieff perguntou, voltando-se para o moço de *jeans*. Não, ele respondeu, é um jornalista – fez a palavra soar como uma cepa comum, mas não menos excruciante, de sífilis – que está fazendo uma matéria sobre algo chamado Coroa de Alepo.

"E vem logo atrás de mim?", Moussaieff perguntou, fingindo estupefação, e eu entendi que ele queria conversar.

"Perdão", disse em inglês o francês que segurava o vaso, "mas o que é a Coroa de Alepo?"

Enquanto Moussaieff respondia à pergunta, a mulher de jaqueta de couro me envolveu numa conversa breve e amistosa, explicando-me quem era quem naquele elenco em volta da mesa. Ela e o francês eram colecionadores, o iemenita de túnica longa – que falava hebraico como o bom garoto israelense da cidade grande que era – estudava manuscritos, e o rapaz de *jeans* era o assistente de Moussaieff.

"Os judeus alepinos, eles recortam pedaços para colocá-los dentro dos livros de oração, para dar sorte", Moussaieff ia dizendo, alto o bastante para que chegasse aos meus ouvidos e ao pequeno gravador digital que eu levava no bolso da camisa e já havia acionado. O registro a seguir, e o da maioria de minhas conversas subsequentes com o colecionador, vem das transcrições das gravações*.

O francês achou o vaso em suas mãos mais interessante. Que idade isto tem?, quis saber.

"Omíada. Mil anos", o colecionador idoso disse. A mulher de jaqueta de couro perguntou a Moussaieff sobre uns rubis que, pelo jeito, ela estava tentando vender-lhe. Ele pediu desculpas, mas não estava interessado, pois tinham passado por tratamento térmico para o realce da cor: ele não chegava perto de gemas assim. Ela e o francês pediram licença e se retiraram, mas não antes de a mulher tascar um beijo na face de Moussaieff.

"*Oy*!", disse o colecionador, levando a mão cerrada ao peito. "Agora estou grávido."

O assistente dele olhou para mim e indicou que meu tempo havia se esgotado. "Deixe um cartão de visita com um número de celular", ordenou.

* Felizmente para os jornalistas, a gravação clandestina de conversas das quais participamos é considerada legal em Israel.

"Sem problema", eu disse, tentando desesperadamente pensar numa maneira de ganhar tempo. Moussaieff estava de partida para Londres no dia seguinte, informou-me o assistente, e eu talvez pudesse contatá-lo quando ele voltasse em um mês. Ou talvez não, ele deixou implícito.

"Talvez possamos fazer isso hoje, mais tarde? Não quero incomodar", eu disse, incomodando.

"Hoje realmente não dá. Você" – olhou para o chefe – "tem consulta médica e umas outras coisas. Não, hoje não será possível."

"Quem sabe uns dez minutos?", implorei. Então me dirigi a Moussaieff diretamente. Ele contara uma história fascinante na TV vinte anos antes, eu o fiz lembrar, falando rapidamente antes que o assistente me interrompesse, a respeito de dois ultraortodoxos que o abordaram no King David Hotel, em Jerusalém...

"Não foi no King David", Moussaieff disse. "O hotel era o Hilton."

O assistente, por milagre, ficou calado.

Os homens o procuraram numa feira de livros no hotel, Moussaieff prosseguiu. Eram meados da década de 1980. Mostraram-lhe uma mala. "Vi noventa páginas e percebi que era a Coroa de Alepo", disse. Queriam 1 milhão de dólares. Ele ofereceu 300 mil.

"Disseram: certo, voltaremos a nos falar", ele prosseguiu, e então, sem parar para tomar fôlego: "Quer ver um pedaço? Tenho um aqui..."

Tive a impressão de que todo o ar foi sugado da sala. O assistente nos interrompeu com toda a pressa, como o toque de um telefone no meio de um sonho. Achei que não tinha ouvido direito.

"Só um minuto, Shlomo, vamos fazer a coisa assim, porque hoje você não tem tempo e ninguém mais tem. Hoje a agenda está cheia. Eu peguei o número do telefone", o assistente disse, virando-se para mim, "e daqui a três semanas você estará de volta, então conversaremos."

Tentei ganhar mais tempo, explicando que um artigo que escrevi sobre o manuscrito para a AP aparecera em centenas de jornais. Pensei que isso talvez o impressionasse.

"Mande o artigo para mim com suas informações de contato e, quando voltarmos a Israel, convidarei você se achar o artigo bom. Mande o artigo. Obrigado", disse o assistente.

"Não há mais nada a se escrever sobre o assunto", disse Moussaieff. Pareceu-me que ele queria dizer que havia muito ainda a se escrever sobre o assunto.

"Claro que há", eu falei, pois me pareceu que era isso mesmo que ele queria que eu dissesse.

"Quer ver um pedaço?", ele voltou a perguntar.

"Sim, se seu assistente... Eu gostaria de ver um pedaço", gaguejei, tentando dar a impressão de que não era grande coisa.

O assistente nos interrompeu mais uma vez. "Shlomo, não vamos... Ele vai mandar o artigo que escreveu..."

"Mostre o pedaço para ele", ordenou o colecionador, e sua voz já não traía mais a idade, "para que ele se divirta, para que não tenha vindo até aqui por nada."

O assistente se levantou e foi de má vontade até um armário embutido num dos cantos da sala de estar. "Ele quer ser o mandachuva", o colecionador me confidenciou, "e o bacana é que..."

"Shlomo!", protestou o assistente lá do outro lado da sala. O colecionador gargalhou.

"Venha ver uma coisa interessante", Moussaieff disse quando o assistente voltou para a mesa. Os dedos do homem mais jovem emolduravam as bordas de um pedaço de pergaminho antigo recortado dos dois lados. Era mais ou menos do tamanho de um livro de bolso – os judeus alepinos, o colecionador dissera alguns minutos antes, "recortam pedaços para colocá-los dentro dos livros de oração, para dar sorte".

No pedaço de pergaminho havia duas colunas de texto e o começo de uma terceira. Era o canto superior direito da página, com anotações em letras diminutas visíveis nas margens. No lado da carne, quase todas as letras haviam caído, deixando apenas alguns dos símbolos vocálicos. No lado da pelagem, mais resistente, o texto estava em perfeitas condições. Antes que o assistente o levasse de volta ao esconderijo alguns segundos depois, consegui ler e memorizar a frase:

> E os magos fizeram também assim com os seus encantamentos para produzirem piolhos

Com o Egito infestado pelos insetos da terceira praga, os magos do palácio do faraó tentaram reproduzir o feito com seus próprios encantamentos e não conseguiram: era um trecho do livro do Êxodo. Esse fragmento, produto de séculos de erudição e protegido durante mil anos, fora picado e fatiado, reduzido a um brinquedinho de gente rica, algo que se mostrava a um convidado para impressioná-lo.

Eu agora podia contar-me entre as poucas pessoas sobre a face da Terra que tinham visto uma das peças desaparecidas da Coroa de Alepo.

Moussaieff pareceu desinteressar-se de mim depois disso, então pedi licença e me retirei, relutante, mas também aliviado em sair daquela suíte inquietadora. Desci os catorze andares de elevador, ainda jubilante com o que tinha visto – ou melhor, com o que eu pensava ter visto, pois ainda viria a saber que não tinha visto a Coroa coisa nenhuma.

Na semana que se seguiu ao encontro, repassei várias vezes os detalhes de nossa conversa. Apesar de ter descoberto mais do que esperava, ainda não era o suficiente. Eu precisava saber onde o colecionador havia adquirido o fragmento. Precisava saber mais a respeito da tentativa de venda da Coroa no Hilton e, particularmente, a identidade dos dois supostos vendedores, para que pudesse localizá-los e rastrear a origem das páginas.

Eu precisava saber por que Moussaieff não comprara as páginas, ou, quem sabe, se o tinha feito. Moussaieff voltara a Londres. Tinha 87 anos. Tantas informações a respeito da Coroa já haviam se perdido. A perspectiva de ver mais algumas escaparem agora que estavam tão próximas era insuportável. Talvez uma mudança de ares me ajudasse a arrancar mais informações dele. Comprei passagem num voo para Heathrow e me atirei na caçada.

..... 27 .....

Negócios no Hilton

Os NÚMEROS INCANDESCENTES do despertador do hotel insistiam que eram 7h, mas não se via o sol em lugar algum lá fora. Um chuvisco desalentador caía sobre os vultos que caminhavam penosamente sob os guarda-chuvas, atravessando a penumbra dezembrina até a estação de metrô em Belsize Park.

Algumas horas depois, quando cheguei a Grosvenor Square, no centro de Londres, o céu já estava limpo e claro. Dwight Eisenhower, do alto de seu pedestal ao lado da Embaixada dos Estados Unidos, dirigia seu olhar de bronze para o outro lado do retângulo verde cercado por algumas das propriedades mais inacessíveis do planeta. Um elevador diferente, uma porta diferente, e um cômodo diferente do outro lado – desta vez dominado por uma paisagem de Jerusalém do século XIX em moldura dourada –, mas os mesmos olhos azuis e lacrimosos. Moussaieff vestia um roupão de banho branco. Ele me mediu dos pés à cabeça, então sumiu e reapareceu vestindo calças e uma camisa de listras rosadas. Ele se acomodou numa poltrona, com um aparelho auditivo em cada orelha. Eu me sentei no sofá, de frente para ele.

Depois de um pouco de conversa fiada, mencionei o fragmento da Coroa que ele havia me mostrado e perguntei se por acaso ele tinha outros. Disse ter apenas aquele. Ele o comprara de terceira mão nos Estados Unidos, afirmou, sugerindo que não era grande coisa. Quando perguntei o preço, ele deu de ombros. "Ainda hoje existem outros nos Estados Unidos... Você pode comprá-los."

Devem custar dezenas de milhares de dólares, se não mais, eu falei. Ele voltou a dar de ombros. "Cada um paga o que pode."

Parou para atender a um telefonema em árabe e, depois de se despedir – "Alá ma'ak" , disse, vá com Deus – e desligar, queixou-se de que seus clientes no golfo Pérsico estavam cada vez mais religiosos, tanto que ele havia providenciado esteiras de oração para o salão de exposição de sua joalheria em Londres. Disse que os dias de hoje são muito diferentes dos despreocupados anos da década de 1970, mas o lado bom era que muitos de seus fregueses mais ricos agora tinham várias esposas. Era bom para o negócio de joias.

A Coroa, eu o lembrei.

"Você não entende", ele disse. "Algumas coisas são segredos."

Quando vi que ele não tinha intenção de continuar, disse-lhe que estava escrevendo um livro no qual eu esperava contar a história da Coroa.

"A história da Coroa não acabou, está só começando", ele falou. Em determinado momento, lançou-me um olhar breve e desconfiado, como se algo lhe tivesse ocorrido.

"Como sabe tanto?", ele perguntou.

"Fiz o dever de casa. Estou trabalhando nesta matéria há meses", respondi.

Ele bufou desdenhosamente. "Vai precisar de anos", disse, então começou a falar.

Moussaieff estava no saguão do Hilton em Jerusalém, aonde chegara, vindo de Londres, acompanhado pela filha Tammy, que fora educada em escolas particulares inglesas e tinha então vinte e poucos anos. Eram meados da década de 1980, provavelmente entre junho e agosto de 1985*. Foram abordados por dois

* Nem Moussaieff nem sua filha Tammy Moussaieff, que eu entrevistaria posteriormente, lembravam-se precisamente do ano do leilão no Hilton.

homens vestindo os trajes negros dos judeus ultraortodoxos. Um deles, um homem gordo de barba comprida e cachos laterais, era alguém que o colecionador e a filha conheciam bem: Haim Schneebalg, um dos mais destacados revendedores de raros manuscritos hebraicos.

Os colecionadores de livros hebraicos eram atendidos por várias dezenas de revendedores, a maioria deles judeus ultraortodoxos que aproveitavam o conhecimento adquirido estudando textos antigos a vida toda. Esses homens rodavam o mundo com seus artigos valiosos – uma obra de misticismo cheia de iluminuras, uma das primeiras Bíblias impressas, um livro de oração da Veneza do século XVI – não em valises de titânio algemadas a seus pulsos, e sim em sacolas de compras esfarrapadas que poderiam muito bem conter o almoço. Era para evitar a atenção indesejada de ladrões e agentes alfandegários. Schneebalg, considerado um dos revendedores mais cultos, era conhecido por enfiar livrinhos em suas meias brancas de cano alto.

Ainda jovem em Jerusalém, Schneebalg fora um seguidor da Dinastia Hassídica de Vizhnitz e aprendera boa parte do que sabia sobre livros na biblioteca da seita. Mais tarde, ele a rejeitou por ser demasiadamente moderada e uniu-se aos mais radicais hassidim da Satmar, mudando-se para o baluarte da seita em Williamsburg, um bairro do distrito do Brooklyn, Nova York. Schneebalg era um homem "bom, caridoso e cheio de compaixão, que alimentava os famintos e ajudava os noivos a se casarem", de acordo com a descrição de um jornalista. "Ele sempre falava alto, era turbulento e não parava um minuto." O colecio-

....

Houve três dessas exposiçoes livreiras na década de 1980: em 1985, 1987 e 1988. Tammy Moussaieff indicou a feira de 1985 como a mais provável e lembrava-se de ter visto "artefatos iemenitas" em exibição. Os catálogos mostram que peças iemenitas foram exibidas apenas em 1985. Isso também é compatível com a alegação de Moussaieff, em sua entrevista para a televisão em 1989, de que a tentativa de venda teria ocorrido "quatro ou cinco" anos antes.

nador William Gross lembrava-se de que o revendedor aparecia invariavelmente no apartamento dele entre meia-noite e uma da manhã: esse era seu horário comercial. O judeu hassídico, na época, trabalhava com um israelense que morava em Viena e tinha, como outros negócios, de acordo com reportagens da imprensa, bordéis e caça-níqueis. Na parceria dos livros, o executivo entrava com o dinheiro; Schneebalg, com o *know-how*. Dividiam os lucros.

Dizia-se que Schneebalg tinha uma memória fotográfica que lhe permitia bater os olhos num manuscrito e identificar imediatamente o escriba. No mundo desregulamentado dos livros raros, em que as transações tendem a ser conduzidas em dinheiro vivo, bem longe dos olhos curiosos de espectadores casuais e fiscais da receita federal, a confiança é a chave. O judeu hassídico era considerado um homem de confiança. Não negociava livros de preço mediano, e sim aqueles que eram raros e caros, e também, de acordo com dois eminentes colecionadores que entrevistei, aqueles que ocasionalmente eram de procedência duvidosa. Quando tinha algo bom para vender, ele saía batendo de porta em porta, tirava o livro de sua sacola de compras na sala de estar de um colecionador, deixava-o lá se fizesse a venda ou voltava a guardá-lo e desaparecia noite adentro.

Quando procuraram o colecionador e a filha no Hilton de Jerusalém, Schneebalg e o sócio tinham uma mala simples que parecia ser feita de palha, Tammy Moussaieff me contou quando a entrevistei posteriormente na suíte do pai num hotel de Israel.

Shlomo, corra aqui, temos uma coisa para você, o revendedor dissera, pelo que o colecionador idoso se lembrava.

O que têm aí?, perguntou Moussaieff.

Quieto, disse o judeu hassídico. Sabemos que ficará calado e não dirá nada a ninguém.

Os quatro subiram para um quarto no andar superior, onde o negociante abriu a valise. Dentro havia um maço de folhas de pergaminho. Tammy, que ficara de lado, ouviu Schneebalg dizer as palavras "Coroa de Alepo". Seu pai, ela se lembrava, ficou impressionado.

Moussaieff, em Londres, disse-me que contara as páginas, estimando-as com a ajuda do polegar e do indicador. Avaliou que seriam umas noventa. No alto do maço viu o livro do Gênesis, o que aparentemente indicava que ele estava diante da parte mais valiosa de todas: a Torá desaparecida.

Quanto?, Moussaieff perguntou.

Um milhão, respondeu o judeu hassídico.

O colecionador me contou que achou muito caro. Foi antes de a Coroa se tornar bem conhecida em Israel com a publicação do livro do Instituto Ben-Zvi e da transmissão do programa do Canal 1. Ele ofereceu 300 mil dólares. O revendedor recusou a oferta. O colecionador se ofereceu para ficar apenas com uma parte do manuscrito. O revendedor disse que era tudo ou nada. Moussaieff foi embora, ou ao menos foi isso que me disse.

Quando falei mais tarde com Tammy Moussaieff, ela declarou: "Acho que foi bobagem do meu pai não comprá-las".

Quando a história de Moussaieff veio a público de maneira abreviada no segmento televisivo que foi ao ar no começo da década de 1990, os estudiosos envolvidos com a Coroa a descartaram. Pode ter sido porque não acreditaram que Moussaieff, que não tinha formação acadêmica, tivesse o *know-how* necessário para identificar a Coroa. Pode ter sido também porque, se as páginas estavam de fato no mercado, significava que alguém as colocara lá. Era mais fácil continuar a acreditar que haviam simplesmente evaporado.

A versão de Moussaieff foi corroborada e elaborada por sua filha de meia-idade, que parecia ter uma atitude totalmente razoável de exasperação terna e imparcial em relação a muitas histórias do pai. E a história, descobri, também tinha o respaldo de uma fonte independente: Amnon Shamosh, o escritor responsável pelo livro do Instituto Ben-Zvi sobre a Coroa.

Shamosh me contou que, pouco depois de o livro ser publicado em 1987, ele recebeu um telefonema de um dos líderes da comunidade ultraortodoxa em Jerusalém. O homem disse a Shamosh que, naquele exato momento, estava sentado em seu escritório com dois livreiros que estavam lhe oferecendo páginas da Coroa de Alepo. O homem sabia que Shamosh escrevera um livro a respeito da Coroa e queria a ajuda dele para apurar a autenticidade das páginas. Baseando-se na descrição feita pelo homem, Shamosh acreditava que o manuscrito que estavam vendendo não era a Coroa, e foi o que lhes disse. Em nossa conversa, porém, ele admitiu não ser um especialista e que não conseguia lembrar por que decidira que era esse o caso nem como foi capaz de fazer essa avaliação pelo telefone. Um dos livreiros era Haim Schneebalg.

Com três testemunhos, é possível concluir com alguma certeza que, em meados da década de 1980, o revendedor Haim Schneebalg estava oferecendo um manuscrito que ele alegava ser parte da Coroa de Alepo. É impossível saber se era ela de fato, obviamente, mas dois argumentos dão uma certa credibilidade a essa alegação. O primeiro era a distinção de Schneebalg como revendedor, que poderia ser arruinada caso fosse apanhado traficando um manuscrito falsificado ou de menor relevância. O segundo é a existência, desde 1976, de uma edição fac-similar das páginas sobreviventes da Coroa: ou seja, o possível comprador poderia verificar a autenticidade das páginas comparando-as com o fac-símile antes de colocar na mesa a quantia considerável de dinheiro que o vendedor pedia.

No apartamento de Moussaieff em Londres, perguntei a ele quanto valeria hoje a parte do manuscrito que lhe haviam oferecido.

"Não tem preço", ele disse.

Falamos um pouco mais, e ele se virou para mim com uma expressão pensativa. "O problema com essa história", disse, "é que ela pode fazer mal à saúde."

O que aconteceu com as páginas depois de Schneebalg oferecê-las a você?, perguntei.

Moussaieff disse que não sabia: aquela fora a última vez que ouvira falar da Coroa. Ou ao menos foi o que me disse em Londres. Depois desse, haveria mais um encontro e mais uma versão da história. "Depois disso a única coisa que me movia era a curiosidade", disse o colecionador. "E só pela curiosidade não se vai muito fundo. Entendeu?" Eu fiz que sim.

De volta a Grosvenor Square, sentei-me num banco de madeira do parque. O céu estava mais uma vez encoberto. Eu havia encontrado o que ali fui procurar: uma versão detalhada da tentativa de negociação no Hilton, incluindo o nome do revendedor. Agora, ao que parecia, eu só precisava localizá-lo.

..... 28 .....

Quarto 915

Em 16 de agosto de 1989, quatro anos depois da feira de livros no Hilton, o telefone tocou no apartamento modesto que Haim Schneebalg mantinha no bairro de Mea Shearim em Jerusalém. Era uma quarta-feira. As ruas animadas estavam tomadas por homens de preto e óculos e suas esposas e filhas vestidas com recato. O revendedor de livros chegara do Brooklyn com a esposa duas semanas antes. Ele passava parte de seu tempo com contatos do mundo dos manuscritos – um deles era Meir Benayahu, um colecionador conhecidíssimo e ex-diretor do Instituto Ben-Zvi – e também com amigos e parentes.

Do outro lado da linha havia um homem chamado Dan Cohen, que queria encontrar Schneebalg no Hotel Plaza no centro da cidade. Cohen havia se instalado no hotel naquele mesmo dia, acompanhado de uma mulher, e informara à recepção um número de identidade e um endereço na cidade de Herzliya: rua Hatchelet, nº 2. O inquérito arquivado pela polícia do Distrito de Jerusalém ainda é sigiloso, mas colaboradores de jornais israelenses da época conseguiram o material com um informante e localizaram os amigos e colegas dos protagonistas. É graças a esses repórteres que sabemos os detalhes da história.

Cohen queria encontrar o livreiro imediatamente. A esposa de Schneebalg, que estava na cozinha, o avisou para não ir, mas posteriormente ela se recusou a dizer aos investigadores seus motivos. Alguns colegas de Schneebalg contaram aos repórteres que ele parecia mais nervoso que de costume dias antes do telefonema, e eles pensaram que isso tinha relação com as dívidas consideráveis que ele havia contraído, algumas delas com agiotas do mercado negro. Um deles contou que Schneebalg lhe havia dito, ao falar de suas dívidas: "Ich mach in meine hoisen", "estou mijando nas calças", em iídiche. Na época, ele e o sócio de Viena dirigiam um negócio de livros que valia milhões de dólares. Em sua própria comunidade, o judeu hassídico era conhecido por andar com maços de dinheiro no bolso, mas também por viver com modéstia e fazer contribuições prodigiosas para a caridade.

Naquela noite, Schneebalg tomou um táxi na porta do seu prédio e foi ao Plaza, uma corrida de dez minutos. Disse à esposa que estaria de volta às 21h30. Foi andando até os elevadores no saguão, entrou em um deles e subiu até o nono andar, virou à esquerda no corredor, então à esquerda mais uma vez e entrou no quarto 915.

No dia seguinte, a camareira que foi limpar o quarto depois do horário em que Dan Cohen deveria ter feito o *checkout* viu uma placa de NÃO PERTURBE pendurada na maçaneta. Ela abriu a porta mesmo assim. Uma janela dava para o norte, para o parque e as construções baixas de pedra do centro de Jerusalém. Ao lado da janela havia uma cadeira, e sobre a cadeira, um chapéu preto. No chão estava o corpo de um homem obeso, de barba e cachos laterais, e um líquido espesso e sanguinolento escorria de seu nariz.

Os policiais da delegacia de Jerusalém chegaram rápido, com um patologista a reboque, mas a notícia se espalhou com a mesma velocidade pelas vizinhanças ultraortodoxas da cidade, e logo dezenas de homens estavam tumultuando o hotel e interferindo na investigação. Os judeus das seitas ultraortodoxas costumam se opor às autópsias, em parte porque acreditam que os mortos têm dignidade e que danificar seus corpos prejudicam suas chances de ressurreição no Fim dos Tempos, e em parte porque sociedades fechadas têm a convicção de que é melhor deixar a critério de Deus a verdadeira causa de uma morte prematura. Ocorrem revoltas em Jerusalém quando a polícia insiste em fazer o procedimento. O patologista conseguiu fazer apenas um exame superficial do corpo de Schneebalg antes de o revendedor de livros ser enterrado no antigo cemitério do Monte das Oliveiras no dia seguinte. "O mundo ultraortodoxo e o mundo dos revendedores de antiguidades judaicas estão em polvorosa, tecendo teorias", escreveu um repórter duas semanas depois. "Homicídio é uma das possibilidades. Morte natural é uma das possibilidades. As alternativas estão gerando medo. O mercado de antiguidades judaicas não sabia o que era assassinato, pelo menos até onde sabemos."

Os investigadores verificaram os registros do hotel e, sem surpresa alguma, descobriram que Dan Cohen não existia. O endereço fornecido ficava numa rua que não existia, e o número de identidade correspondia ao de uma pessoa chamada Shohat, de um dos subúrbios ao sul de Tel Aviv. O patologista não encontrou sinais evidentes de violência no corpo do livreiro, mas destacou em seu relatório: "Sem uma autópsia, é impossível determinar a causa da morte". Um conhecido do revendedor disse à polícia que, no dia anterior, Schneebalg havia se queixado de dores no peito. Baseando-se nesse testemunho e no fato de que o patologista não vira indícios de violência – e influenciados, certamente, pela relutância em inflamar milhares de judeus ultraortodoxos –, os policiais atribuíram a morte a um ataque cardíaco e encerraram o caso.

As complicações que começaram a surgir mais tarde foram relatadas por vários jornalistas israelenses combativos, principalmente por Ben Caspit do *Maariv* e Amos Nevo do *Yediot Ahronot*. Os repórteres descobriram que o sócio do judeu hassídico em

Viena havia aparecido com uma apólice do livreiro no valor de 6 milhões de dólares e tentara receber o seguro logo após a morte do homem. A seguradora alemã, a Gothaer Finanzholding, de Colônia, desconfiou de uma falcatrua e se recusou a pagar, despachando investigadores para retomar o inquérito onde a polícia de Jerusalém o havia abandonado.

O advogado da seguradora em Israel começou lutando para reabrir a investigação e fazer a exumação do corpo. Enquanto isso, os investigadores da empresa na Europa obtiveram detalhes dos dois exames físicos que o revendedor fizera para que a apólice fosse aprovada, um em Viena, outro em Jerusalém. O *check-up* de Viena indicava sua altura como 174 centímetros e seu peso como 95 quilogramas. O exame de Jerusalém indicava 170 centímetros de altura e 90 quilos de peso. Na verdade, de acordo com a seguradora, o morto tinha 180 centímetros de altura e pesava 125 quilos. Com toda a probabilidade, ele nunca aparecera para fazer os exames, e era possível, afirmou a seguradora, que sequer soubesse que tinha um seguro de vida. Os investigadores concluíram que a apólice fora obtida de maneira fraudulenta e associaram a morte do judeu hassídico a um possível veneno injetável. Acreditavam que o patologista, na pressa, provavelmente deixara passar a picada da agulha. Sugeriram que o executivo de Viena talvez estivesse envolvido.

O executivo negou a acusação e entrou no tribunal com um requerimento para permitir a autópsia e provar sua inocência. O caso circulou pelos tribunais de Israel e da Alemanha durante alguns anos, mas o corpo nunca foi exumado, e o seguro nunca foi pago*. "Não há romance policial que não pareça insípido per-

* O advogado israelense da seguradora, Michael Pappe, recusou os convites para uma entrevista, mas me disse que os detalhes relatados pelos dois jornalistas estavam corretos. Uma porta-voz da Gothaer Finanzholding, em Colônia, só se dispôs a confirmar que um tribunal alemão havia arbitrado em favor da empresa em 1997 por causa de "irregularidades" na apólice e que o seguro de 6 milhões de dólares de fato não tinha sido pago.

to dessa história", disse no tribunal Michael Pappe, o advogado da seguradora. Um repórter gracejou que a história poderia ter sido escrita por Agatha Christie, se Agatha Christie fosse uma judia ultraortodoxa. O caso nunca foi resolvido. Oficialmente, na verdade, não houve caso algum, pois o judeu hassídico morrera de ataque cardíaco num quarto de hotel que, por acaso, fora alugado por uma pessoa usando nome falso, que em seguida desaparecera sem deixar vestígio. Mais de duas décadas depois, a morte do negociante no Hotel Plaza ainda é o símbolo perfeito da convergência tenebrosa de livros sagrados e dinheiro.

····· 29 ·····

Dinheiro

Fazia semanas que eu vinha guardando em segredo o fato de ter visto uma das peças desaparecidas da Coroa. Mas não precisava ter me incomodado: eu não tinha visto uma.

De volta a Israel, encontrei o estudioso Raphael Zer, um pesquisador de barba branca e solidéu de tricô. Zer, que trabalha para o Projeto da Bíblia da Universidade Hebraica, é uma enciclopédia ambulante da escritura bíblica e, por usar a Coroa para criar a edição científica mais perfeita da Bíblia, ele conhece o códice melhor do que praticamente qualquer outra pessoa viva. Zer também conduziu outrora uma investigação independente sobre o desaparecimento das páginas da Coroa, e ele me mostrou um diagrama que havia compilado, com nomes, datas e informações. Em 2006, ele chegou a marcar uma reunião com o presidente de Israel, esperando despertar o interesse do homem pela busca, mas não deu em nada. Uma década antes disso, em 1997, ele havia contatado uma empresa de detetives particulares para assumir o caso, e a companhia concordou: por 50 mil dólares, disseram a Zer, poderia localizar pelo menos uma página. Usando seus contatos no Ministério da Educação e Cultura de Israel, Zer conseguiu uma audiência com o próprio ministro, o político ortodoxo Zevulun Hammer, que se interessou pela história e aprovou a despesa, incluindo-a no próprio orçamento –, com a condição de que o Instituto Ben-Zvi desse também seu aval. Mas, quando Zer ligou para o diretor do instituto, este não se interessou. Para Zer, foi exasperador.

Minha conversa com Zer seguiu o padrão costumeiro dos diálogos com os integrantes da contracultura do Códice de Alepo: soltavam informações vagas para ver se eu sabia mais do que eles, e eu fazia a mesma coisa. Zer mencionou que havia alguém que ele acreditava ter peças do manuscrito, mas não queria me dizer quem era a pessoa. Quando o pressionei, ele disse que a pessoa dividia seu tempo entre Israel e um país estrangeiro.

"Shlomo Moussaieff", eu disse, já acostumado com aquilo, e Zer sorriu. Confidenciei que havia visitado o colecionador e que tinha visto uma das peças desaparecidas. Zer ficou visivelmente impressionado, como eu esperava que ficasse. Depois que saí, Zer, exibindo um vigor dos mais jornalísticos e uma diligência rara num acadêmico, ligou para o colecionador, descobriu que ele estava de volta a Israel e marcou uma reunião. Ele chegou à suíte do hotel e papeou com Moussaieff durante algum tempo. Zer não sabia ao certo se Moussaieff entendera que ele era um especialista com formação acadêmica. O colecionador, Zer disse, parecia ter decidido, com base na aparência de Zer, que ele era simplesmente um rabino. Quando Zer pediu para ver a peça, o colecionador foi buscá-la. O estudioso percebeu imediatamente que não era da Coroa.

Zer disse que o pergaminho e a escrita indicavam que a página era de fato de um valioso manuscrito medieval, mas as anotações massoréticas – escritas por Ben-Asher na Coroa – não eram compatíveis. Além disso, o pergaminho não era o mesmo, e a caligrafia não era a de Ben-Buya'a: era mais desleixada, as letras variavam em tamanho. A escrita de Ben-Buya'a era tão precisa que poderia ser o resultado de uma impressão a *laser*.

"Tem certeza?", eu perguntei.

"Não resta dúvida", ele disse.

Minha primeira reação foi concluir que Moussaieff não sabia o que tinha nas mãos e, na condição de colecionador, deveria saber menos do que achava saber. Mas quando sugeri essa ideia a Ezra Kassin, o detetive amador com quem eu passara a contar para me localizar nos trechos mais desconcertantes da história da Coroa, ele riu da minha cara. "Ninguém fica rico daquele jeito bancando o idiota", ele disse. "Moussaieff sabe exatamente o que tem nas mãos." O colecionador não guardaria um fragmento de valor inestimável da Coroa no armário da sala de estar, Kassin disse. "Ele tem aquela coisa para impressionar as pessoas que não sabem a diferença." Eu estava de olho na Coroa, e Moussaieff, de olho em mim. Agora me parecia que ele sabia o que eu queria e o que eu sabia, e me deu algo que eu era ignorante demais para ver que não era o que eu procurava. Caí direitinho. No bazar, teria sido o triunfo de um mercador.

Liguei para a suíte de Moussaieff no hotel em Israel, confirmei que ele estava na cidade, peguei o carro e voltei lá. Eu o encontrei usando enormes óculos escuros Gucci e um anel do dedo mínimo, cercado por seu suprimento de lâmpadas, cântaros e leões de bronze. O assistente estava presente, mas não parecia mais interessado em mim. A filha do colecionador, Dorit, a mesma que havia se casado com o presidente da Islândia, entrava e saía da sala de estar, circulando indiferente em meio à confusão de antiguidades inestimáveis. Por um segundo, tive a impressão de que o colecionador estava feliz em me ver.

Conversamos um bocado. Ele me mostrou alguns itens de sua coleção, movendo um cartaz encostado na parede para revelar uma estela antiga que ele dizia ser da terra bíblica de Sabá. Disse que o presidente do Iêmen, seu amigo pessoal, o ajudara a obtê-la. Explicou que suas aquisições eram motivadas pelo desejo de provar a exatidão histórica da Bíblia.

Pedi para ver o fragmento do manuscrito mais uma vez e, quando ele o trouxe, perguntei por que parecia tão diferente do resto da Coroa. Ele nem sequer piscou. A Coroa foi criada por vários escribas, ele explicou, então mudou de assunto.

Não havia mais razão para tantos rodeios. Moussaieff e seu caleidoscópio de fatos começavam a me cansar, e eu não sabia ao certo se estava fazendo algum progresso. Achei que talvez ele já me conhecesse o bastante para revelar um pouco mais da verdade. Eu passara a acreditar que talvez fosse provável que tivessem de fato lhe oferecido algumas páginas da Coroa, mas não acreditava que ele tivesse recusado a oferta. Um milhão de dólares não era muito... Um milhão de dólares era nada para Moussaieff. Essa parte da história não parecia verdadeira.

Perguntei: onde estão as partes desaparecidas da Coroa?

Agora o assistente estava prestando atenção. "Ele está escrevendo um livro sobre o assunto, sabia?", ele alertou o colecionador.

"E daí?", disse Moussaieff? "Tenho 87 anos, e eu com isso? O que vão fazer? Me mandar para a prisão?" O assistente saiu.

"Hoje existe apenas uma pequena parte do livro do Deuteronômio", o colecionador me disse, acertadamente. Então falou: "O resto... Eu sei onde está". Disse isso como se fosse perfeitamente normal, como se não me tivesse dito em Londres que não fazia ideia de onde poderia estar o resto das páginas.

"E estou preparado para contar tudo a você", prosseguiu. Só havia uma condição. "Traga 1 milhão de dólares e me mostre a quantia. Sem 1 milhão de dólares, não desperdice meu tempo. Você só quer escrever um livro. Com ou sem livro: você tem 1 milhão de dólares?"

Confessei que não tinha.

"Bem aqui diante dos meus olhos", ele disse. "Vou mostrar para você, apresentar você, tudo. São todos assaltantes", acrescentou. Fiquei sem saber a quem ele se referia, mas concordei que ele provavelmente tinha razão.

"Hoje só eu sei onde está", disse.

"Quantas páginas podemos comprar com 1 milhão?", perguntei.

"Umas sessenta ou setenta", ele disse, então se mostrou um pouco reservado. "Tenho de dar 1 milhão de dólares para eles, e mais tarde eles vão me dar as páginas." Recusava-se a dizer quem eram "eles", e só me restou concluir que "eles" eram pessoas próximas a Moussaieff, quando não o próprio Moussaieff, para garantir que ele tivesse como negar tudo e jogar areia nos meus olhos. O dinheiro, dizia, não era para ele mesmo – dificilmente precisava de mais –, e sim para "eles", os misteriosos detentores de uma grande porção do Códice de Alepo, de quem ele conseguiria facilmente obtê-lo se eu arranjasse uma quantia em dinheiro que ele sabia que eu não tinha.

Eu disse que, se havia entendido corretamente, existiam páginas avulsas circulando no mercado, e também uma parte grande do manuscrito. Essa era a Torá, a parte que lhe ofereceram na década de 1980.

Correto, ele disse. "Volte com 1 milhão de dólares. Não espere favores de ninguém."

Isso parece óbvio, eu disse.

"Então vou abrir a porta para você. Sem isso, não há o que fazer. Eles nem sequer vão falar com você se não tiver 1 milhão de dólares na mão. Não estou dizendo só porque você terá de pagar. É *na mão*."

Algumas frases depois, ele voltou ao mesmo tema, caso eu ainda não tivesse entendido no que se transformara a Coroa de Alepo. "Dinheiro", ele grunhiu, batendo na mesa. Ele não tocou mais no assunto.

Sem 1 milhão de dólares, um mandado judicial ou uma percepção clara da diferença entre ser levado a vislumbrar a solução para um grande mistério ou ser feito de idiota, eu não vi mais motivo para procurar o colecionador outra vez.

Sexta Parte

····· 30 ·····

As peças desaparecidas

NA JUVENTUDE, quando era soldado de infantaria, aprendi durante as manobras noturnas que, se não conseguisse encontrar Polaris, a Estrela do Norte, eu deveria procurar um grupo de estrelas brilhantes, o cinturão e a espada da constelação de Órion, que, juntas, formavam uma seta que apontava o norte.

Diante das questões levantadas por esta pesquisa – o que aconteceu com o Códice de Alepo e, se houve roubo, quem foi o ladrão e quando teve a oportunidade de agir? –, fui obrigado a atacar o fato de que os personagens principais da história estavam mortos e, quando vivos, nada disseram, e que as oportunidades que talvez tivessem existido para descobrir a verdade foram desperdiçadas por gente que, em vez disso, decidiu substituir a história por meias-verdades e formulações vagas com a intenção de levantar o menor número possível de perguntas. Nunca se investigou criminalmente que fim levou a Coroa. Portanto, as respostas definitivas a todas as perguntas levantadas por esta história permanecerão indefinidas. E, mesmo assim, no fim das contas, eu me vi em poder de informações adquiridas a duras penas que, como as estrelas das quais me lembrava quando passava a noite atravessando colinas e leitos fluviais a pé, não eram a resposta *per se*, mas indicavam uma resposta ou várias respostas possíveis. Eram bem diferentes daquelas que eu havia esperado a princípio.

Vamos voltar a antes do colecionador octogenário e do livreiro morto, antes do laboratório de restauração do museu, dos exilados na Ocean Parkway, do julgamento em Jerusalém, da desintegração de uma das colônias mais veneráveis do judaísmo, das fugas pelo mar a partir do litoral libanês e da fundação do Estado de Israel, ao verdadeiro princípio desta história: a novembro de 1947 e à grande sinagoga no centro de Alepo. Todas as tentativas anteriores de examinar a questão das páginas desaparecidas se basearam numa narrativa falsa. Agora, removidas as camadas de fraude e autoilusão que revestiam a história da Coroa, resta-nos o relato a seguir do que aconteceu.

No dia da revolta em Alepo, os saqueadores pilharam a sinagoga, violaram o cofre da Coroa e atiraram o códice no chão. Muitas páginas se espalharam. Os saqueadores não viram valor algum nelas e parecem tê-las ignorado quando atearam fogo à sinagoga. Em desacordo com o que se acreditava havia tempos, não há indício de que uma parte significativa da Coroa tenha se perdido no incêndio.

Logo cedo no dia seguinte, o *shamash* da sinagoga, Asher Baghdadi, chegou com seu filho. Eles recolheram as páginas que encontraram e removeram-nas da sinagoga. Mas não encontraram todas elas. Algumas páginas, talvez umas dez de um total de quase quinhentas, já haviam desaparecido ou ficaram para trás*. Algumas foram apanhadas posteriormente naquele dia ou nos dias subsequentes por judeus que passaram pela sinagoga, como Samuel Sabbagh, que guardava um fragmento do Êxodo em sua carteira, e Leon Tawil, que levou uma página das

* Quando o fragmento guardado por Samuel Sabbagh foi enviado a Israel, em 2007, descobriu-se que, ao contrário do resto do manuscrito, este apresentava indícios de dano pelo fogo. Quase todas as páginas foram encontradas após o incêndio, mas o fragmento de Sabbagh levantava a possibilidade de que, dentre o pequeno número de páginas que se perdeu, algumas possam ter sido queimadas.

Asher Baghdadi em Israel, em algum momento antes de sua morte, em 1965.

Crônicas para o Brooklyn. Durante muito tempo, imaginou-se que essas duas peças apontavam o paradeiro do resto das páginas desaparecidas, mas é seguro afirmar que não. Os fragmentos do Brooklyn são exceções.

O *shamash* entregou o códice praticamente intacto aos líderes da comunidade, que o deixaram aos cuidados de um mercador cristão e espalharam a história de sua suposta perda. O códice continuou sob a tutela do mercador durante vários meses até ser transferido para o comerciante de tecidos judeu Ibrahim Effendi Cohen. O rabino de Buenos Aires viu o livro – inteiro, a não ser por um pequeno número de páginas – no almoxarifado de Cohen em 1952, cinco anos depois da revolta. Cinco anos depois disso, em setembro de 1957, a Coroa deixou a Síria e foi enviada para a Turquia com o portador Faham, onde permaneceu cerca de três meses antes de chegar a Haifa, em 16 de dezembro daquele ano. Foi liberada pela alfândega e enviada a Shlomo Zalman Shragai, o chefe da imigração israelense, em 6 de janeiro de 1958, e chegou ao presidente Ben-Zvi e seu instituto em 24 de janeiro. Ninguém que tenha encostado um dedo no códice entre o dia da revolta em 1947 e março de 1958 veio a público dizer que faltava uma grande parte do livro. Ninguém, nem mesmo os acadêmicos do instituto Ben-Zvi, parece ter deixado qualquer registro da condição do livro quando o recebeu ou quando o passou adiante. Apenas três meses depois da chegada do códice a Israel é que encontramos documentos indicando que partes significativas haviam sumido, entre elas os cinco livros de Moisés.

Seja o que for que aconteceu ao livro, portanto, aconteceu entre 1952, quando o rabino a viu quase inteira, e março de 1958. Todos que encostaram um dedo nela nesses seis anos são suspeitos, ao menos em teoria. Já que entre as partes desaparecidas está uma porção grande do começo, uma porção grande do fim e peças avulsas do meio, é possível que o furto tenha ocorrido não uma, mas várias vezes. No período em questão, o livro ficou escondido em Alepo, foi levado para a Turquia e guardado no Instituto Ben-Zvi.

A primeira parada era Alepo.

"Lau kan el-kalam min fida, as-skoot min dahab", diz um velho ditado dos judeus de Alepo. Se as palavras são de prata, o silêncio vale ouro.

Um livreiro de Jerusalém nascido em Alepo descreveu uma "conspiração de silêncio" em torno da Coroa na comunidade alepina. É verdade. O silêncio começou com a revolta e seguiu em frente, passando pelo fim da década de 1950 e pelo julgamento em Jerusalém, onde não há registro de que representantes de Alepo - ou qualquer outra pessoa - tenham mencionado o fato de que aproximadamente quarenta por cento das páginas da Coroa, entre elas as mais importantes, haviam sumido. O silêncio entre os rabinos alepinos envolvidos na trama para esconder o livro e tirá-lo clandestinamente da Síria parece ter sido violado apenas uma vez, pelo rabino de Buenos Aires, que falou com Rafi Sutton diante de uma câmera quatro décadas depois da revolta e pouco antes de morrer.

Um exame mais minucioso dos testemunhos existentes sobre a estada da Coroa em Alepo depois da revolta revela descrições contraditórias da condição do manuscrito. O rabino em Buenos Aires, a autoridade religiosa mais respeitada da comunidade alepina dispersa pelo mundo à época da entrevista em 1989, disse que praticamente não faltava página alguma quando ele viu a Coroa em 1952, aos cuidados da família Cohen. Mas Edmond Cohen fez um relato diferente. Cohen parece ter sido a pessoa encarregada de cuidar mais de perto da Coroa enquanto esta ficou sob a tutela de sua família - seu tio, Ibrahim Effendi Cohen, o guardião oficial, já era um homem idoso -, e foi Edmond quem removeu a Coroa do esconderijo e a levou a Faham para que este a tirasse da Síria. Quando Rafi Sutton o entrevistou diante da câmera, também em 1989, Cohen disse que não se lembrava exatamente do que estaria faltando, somente que parte da Torá havia sumido. A frase "eu não me lembro", como observou Sutton, é repetida no breve segmento gravado não menos de oito vezes.

Encontrei uma outra versão num esboço biográfico de Cohen que apareceu num jornal ultraortodoxo de Israel em 1994. De acordo com esse artigo, que se baseava numa entrevista com

Cohen, depois da revolta, faltava até a porção da Torá de Ki Tissa do livro do Êxodo. Trata-se de uma divergência espantosa em relação a todos os outros relatos, pois implica que faltava um livro e meio do começo do manuscrito: talvez várias dezenas de folhas, mais que o punhado de páginas mencionado por outras testemunhas, mas bem menos que as duzentas folhas desaparecidas por volta de 1958. Mas um outro relato foi feito pelo filho de Edmond Cohen, Moshe Cohen, que me disse ter entendido, pelo que o pai lhe dissera, que todos os pedaços hoje ausentes já estavam ausentes desde a revolta. Em outras palavras, o rabino de Buenos Aires disse explicitamente que a Coroa estava quase intacta quando se encontrava aos cuidados da família Cohen, mas Edmond Cohen disse que não.

Em seu relatório resumindo a investigação que conduzira sobre a Coroa no começo da década de 1990, Rafi Sutton relacionou as pessoas que tiveram acesso ao manuscrito em Alepo nos anos em questão: Ibrahim Effendi Cohen, os rabinos Tawil e Zaafrani, o mercador cristão que cuidou dela durante pouco tempo depois da revolta e o próprio Edmond Cohen. "A pergunta é", Sutton escreveu, "é possível apontar um deles como a pessoa que levou ou ajudou a levar partes da Coroa? A resposta é absolutamente não. Não podemos suspeitar de nenhum deles porque não testemunharam antes de morrer." Ainda assim, ele prosseguiu, e aqui se pode ver a mente do espião em funcionamento, "há que se dizer que, de todos os cinco mencionados aqui, somente Edmond Cohen ainda vive (que tenha uma vida longa), e na entrevista com ele era perceptível que lhe faltavam sinceridade e franqueza ao contar a história da Coroa".

O homem do Mossad mediu suas palavras, mas seu raciocínio era evidente. Edmond Cohen certamente saberia se o manuscrito estava praticamente inteiro enquanto esteve sob seus cuidados ou se já faltava um grande pedaço. Portanto, ele sabia se as páginas haviam desaparecido antes de tê-la recebido ou depois de entregá-la ao mercador de queijos... Ou talvez enquanto a guardou consigo. Em todo caso, ele tinha de saber mais do que havia contado de livre e espontânea vontade. Posteriormente em seu relatório, Sutton voltaria mais uma vez a Cohen.

> À luz das conclusões apresentadas anteriormente, é necessário tentar persuadir Edmond Cohen a aceitar dar mais uma entrevista a fim de tentar esclarecer pontos que foram revelados e levantados nesta tentativa. Se ele se opuser a uma entrevista diante da câmera, teremos de conduzir a entrevista apenas com a gravação do áudio. Porque o senhor Edmond Cohen está se tornando um dos protagonistas de toda essa questão.

Sutton não teve a oportunidade de voltar a entrevistar Cohen antes que este morresse.

Qualquer um que examine o registro irregular do período logo após a revolta, quando a Coroa ainda estava em Alepo, porém não mais na sinagoga, não pode deixar de notar as descrições divergentes do livro feitas por alguns dos homens que o esconderam, bem como uma certa má vontade em falar por parte de outros. Se os judeus alepinos tinham certeza de que haviam mandado um manuscrito quase completo para Israel, é lógico esperar que tenham dito isso publicamente. Nunca o fizeram, e uma explicação para o silêncio poderia ser uma suspeita ou certeza de que um dos seus tenha sido o responsável pelo furto. Se for verdade, o relato fictício do destino da Coroa em *Michel Ezra Safra e filhos*, o romance de Amnon Shamosh sobre uma família alepina, talvez não esteja tão longe da verdade. No livro, o patriarca agonizante de um fictício clã alepino deixa a seu filho mais velho um cofre misterioso que ele só deverá abrir três anos depois. Nesse ínterim, o filho só sabe que o cofre contém um tesouro relacionado a um "segredo terrível".

> No carro, no longo caminho de volta, Rahmo fechou os olhos, recostou a cabeça e pensou no segredo terrível que o pai

> lhe havia legado. Ele não estaria mais apavorado se soubesse que um monstro o aguardava dentro daquele cofre. O pior era que ele teria de arcar com o fardo do segredo terrível e do pecado por três anos inteiros [...].
>
> Agora estava claro que a sensação de pecado havia destruído Michel aos poucos, desde o dia em que deixara sua cidade levando consigo o objeto sagrado. O que era esse objeto, Michel nunca quis dizer. Disse apenas que era sagrado e valioso, e que era possível ganhar milhões com ele. Não se deveria vendê-lo, a não ser numa crise. Não o roubara, afirmou, ele o salvara. E, mesmo assim, sua consciência não lhe dera trégua todos aqueles anos, e seu tesouro escondido apagara a luz de sua vida.

Quando o entrevistei, Shamosh disse acreditar que os judeus alepinos eram os responsáveis por levar a maioria das páginas desaparecidas da Coroa. “Foi passada de um mercador a outro”, ele disse. “E qual mercador, com um tesouro desses nas mãos, não ficaria com um pedacinho?”

Em setembro de 1957, depois de uma década escondida, a Coroa foi removida sob as ordens dos rabinos-chefes e entregue a Murad Faham, que se preparava para deixar a Síria. O mercador a guardou entre seus pertences e a contrabandeou para o outro lado da fronteira com a Turquia.

····· 31 ·····

Silo

FAHAM CHEGOU À cidade fronteiriça de Alexandreta em setembro de 1957 ou em torno disso. Os agentes israelenses que controlavam a rota de imigração através da Turquia sabiam quem era Faham e o que ele estava transportando. Faham permaneceu na Turquia até zarpar para Israel em meados de dezembro.

Ao chegar, Faham contatou um lojista e açougueiro *kosher* que trabalhava para o governo israelense como agente encarregado de providenciar a fuga dos judeus sírios. Neste livro, eu venho me referindo a esse homem pelo pseudônimo de Isaac Silo. Silo, como deixam claro os arquivos da Agência Judaica, era um agente crucial numa rota clandestina importante, a quem se confiavam informações secretas sobre a identidade de contrabandistas e grandes somas em dinheiro, algumas das quais tinham como objetivo subornar guardas de fronteira e agentes aduaneiros. Ele era um homem de meia-idade na época e morreria na década de 1970.

Durante esta investigação, aprendi a observar não só o que os protagonistas da história diziam, mas também o que não diziam: ocasionalmente, o que ficava por dizer era mais importante. O estranho silêncio em torno das peças desaparecidas que percebi nas cartas e transcrições da época parece ter sido mantido não só pelos judeus alepinos, mas também pelos israelenses. O silêncio começou imediatamente após a chegada de

Faham a Israel, quando ele testemunhou duas vezes perante o presidente Ben-Zvi a respeito da Coroa e também escreveu uma carta sobre o manuscrito para o chefe da imigração Shragai. Não há em lugar algum sinal de que os israelenses pediram informações sobre as peças ausentes ou de que Faham as tenha oferecido voluntariamente. No julgamento em Jerusalém, as testemunhas repassaram várias vezes a história de como a Coroa fora entregue a Faham e levada para Israel. Mas, como o próprio Faham, nenhuma delas mencionou o fato de que a Bíblia hebraica mais famosa do mundo havia, sabia-se lá como, chegado a Israel com uma de suas partes mais importantes ausente. O silêncio nos arquivos cinquenta anos depois do fato muito provavelmente não reflete um silêncio legítimo na época: é seguro presumir que a questão foi discutida, mas essas discussões não foram registradas por escrito ou, se existirem registros, estes foram subsequentemente destruídos ou guardados em locais inacessíveis.

Além do que ficou por dizer ou registrar, um observador talvez reparasse no que ficou por fazer. O homem que sem dúvida sabia que a Coroa fora resgatada da sinagoga quase intacta e que, na verdade, não sofrera danos significativos durante a revolta – Asher Baghdadi, o *shamash* – nunca foi interrogado, nem mesmo vários anos depois, quando o presidente de Israel supostamente estava revirando o mundo em busca das páginas desaparecidas e Baghdadi morava ali no fim da rua, em Tel Aviv.

Esse silêncio é uma das características mais espantosas dos primeiros meses da Coroa em Israel. A outra é o comportamento fora do comum de Shlomo Zalman Shragai, o chefe do Departamento da Aliá. Na versão oficial da história, Shragai recebeu a Coroa em 23 de janeiro de 1958 e a levou ao presidente no dia seguinte. Os dois homens divulgariam essa cronologia corrigida mais tarde, e ela seria consagrada como fato no livro publicado pelo Instituto Ben-Zvi. Mas, embora fosse verdade que o códice chegara a Ben-Zvi em 24 de janeiro, não é verdade que tenha chegado a Shragai apenas um dia antes. De acordo com seu próprio testemunho no tribunal, Shragai recebeu o manuscrito não em 23 de janeiro, e sim em 6 de janeiro, dezessete dias antes.

O presidente vinha tentando obter a Coroa havia anos, mas Shragai testemunhou que ele ficara com o manuscrito durante duas semanas sem contar a Ben-Zvi que ela havia chegado. Outros quatro dias se passaram até que ele a entregasse. As arestas da história logo foram aparadas, como vimos, e a participação de Shragai foi apagada: o livro publicado pelo Instituto Ben-Zvi o menciona apenas de passagem e sem explicar que papel desempenhou nisso tudo. A remoção de Shragai permitiu uma narrativa simples: os judeus alepinos mandaram seu livro para Israel e o entregaram ao presidente. Essa se tornou a história oficial, permitindo aos guardiões da história da Coroa esquivar-se do vergonhoso episódio do "homem religioso" e do tribunal para encobrir a maneira como obtiveram o livro. Também apagou o misterioso período de dezessete dias no qual o chefe da imigração de Israel escondeu a Coroa do presidente do país.

O registro documental nos dá uma indicação forte de que Shragai e outros funcionários do alto escalão do governo sabiam de algo que não queriam dizer o que era. "Há complicações na questão da Coroa da Torá", Shragai escreveu numa carta de 1964 ao presidente da Universidade Hebraica, com cópia para o presidente de Israel*. "O homem que trouxe o livro da Torá, e que se encontra nos Estados Unidos, está fora de controle, apesar de todas as minhas cartas tranquilizadoras e de minhas conversas com ele." O homem nos Estados Unidos era Faham, e ele estava ameaçando revelar publicamente algo que sabia. "Receio muitíssimo que a questão se faça conhecer e se transforme num escândalo público e mundial", escreveu o chefe da imigração, acrescentando que sua carta era motivada pelo "desespero".

---

* Zalman Shazar, que substituíra Ben-Zvi após a morte deste no ano anterior.

Não há detalhes na carta, nenhuma indicação explícita do que ele quisesse dizer. Shragai era demasiado sagaz para isso, e o destinatário da carta obviamente não precisava que lhe dissessem o que era. Shragai, que passara décadas envolvido na política combativa de Israel e que ajudara a arquitetar a imigração de centenas de milhares de pessoas, não era nenhum amador e não se alarmava por qualquer coisa: ele não teria usado levianamente palavras como "escândalo público mundial" e "desespero". Algo acontecera ao códice enquanto esteve em poder do mercador de queijos, algo que era suficientemente preocupante para justificar a atenção da personalidade mais importante da academia israelense, o presidente da Universidade Hebraica, e a do presidente do país. Era algo que não poderia vir a público, e pessoas do mais alto escalão estavam envolvidas na tentativa de garantir que não viesse. Tiveram êxito e, portanto, só nos resta tentar adivinhar do que estavam falando.

Pode ser que o segredo de Faham fosse algo que já conhecemos: o fato de ter conspirado com o governo para que este se apoderasse do livro. É difícil acreditar, porém, que o mercador teria se implicado chamando atenção para seus atos, e, embora essa história tenha sido abafada nas décadas que se seguiram, não chegava a ser um segredo na época, certamente não para a comunidade alepina. Creio ser mais provável que Shragai se referisse a algo que aconteceu ao livro enquanto estava aos cuidados de Faham, ou seja, nos três meses transcorridos entre o momento em que lhe passaram o códice em Alepo até o momento em que ele o entregou para os israelenses no porto de Haifa. Também podemos deduzir que, seja o que for que aconteceu, envolvia Shragai de alguma maneira: que outro motivo o chefe da imigração teria para tentar acalmar Faham e escrever a carta? A responsabilidade de Shragai em relação ao códice, como sabemos hoje, começou efetivamente depois que este entrou na Turquia.

Vasculhando uma pasta empoeirada nos Arquivos do Estado em Jerusalém, encontrei três páginas com anotações feitas à mão. O documento não tinha assinatura, mas seu conteúdo indicava que se tratava do primeiro testemunho cedido por Faham ao presidente Ben-Zvi logo depois de sua chegada. Não vi menção a esse testemunho em nenhum outro lugar. Antes que Faham contasse qualquer coisa a respeito do códice – ou de Alepo, ou de sua jornada perigosa –, de acordo com as notas, ele queria contar ao presidente uma outra coisa.

"O que se sabe sobre Qamishli", começava o documento, referindo-se a uma das cidadezinhas na fronteira entre a Síria e a Turquia, "e sobre o assalto aos imigrantes por um judeu de nome [Silo] e por um funcionário da Agência Judaica." Silo, prosseguem as notas, "tomou 11 mil libras turcas de Faham, além do que tirou dos outros".

O homem que transportou o tesouro para Israel alegava ter sido roubado no caminho por um agente israelense. Foi a coisa mais importante que Faham considerou contar ao presidente quando se conheceram. Quem redigiu as minutas sublinhou essas frases curtas, e o testemunho de Faham prosseguia por mais duas páginas e meia sem voltar a mencionar o incidente. Não havia referência a furto algum de parte do códice. Nenhum dos documentos sugeria que Faham tivesse voltado a tocar no assunto.

Comecei a indagar a respeito de Silo. Yitzhak Zaafrani, o filho de um dos rabinos de Alepo que mandara a Coroa para Israel, o identificou como um açougueiro *kosher* treinado em Alepo e enviado a Alexandreta para ser o abatedor ritualístico a serviço dos judeus de lá. Havia dúvidas sobre suas práticas religiosas, disse Zaafrani, e o gume de sua faca – uma questão crucial para um açougueiro *kosher*, que deve matar os animais sem provocar dor –, e havia quem se recusasse a consumir os animais abatidos por ele. Uma mulher idosa de Alepo que fugiu da Síria em 1956 e hoje mora em Tel Aviv me disse a mesma coisa.

Silo ajudara muitos judeus alepinos a escapar e, mesmo assim, a comunidade parecia não se lembrar dele com o apreço que seria de se esperar. Entre os tradicionalistas, ao que me parecia, comentar suas práticas religiosas era uma maneira de dizer que o homem tinha má reputação.

Certa noite, eu estava numa esquina de Tel Aviv com Ezra Kassin, o detetive amador especializado na Coroa. Tínhamos o hábito de passar horas elaborando possíveis cenários para o desaparecimento das páginas e, em seguida, tentávamos achar os furos, e naquela ocasião por acaso falávamos de Alexandreta. Os transeuntes formavam a costumeira galeria telavivense de rapazes de cavanhaque e chinelos de dedo e mulheres de camiseta regata. O idoso que passou por nós vestindo um terno azul antigo e um chapeuzinho preto parecia um visitante de outro planeta. Ele era de Alepo, e Ezra o conhecia da sinagoga. O nome do homem era Leon Naftali. Tinha 74 anos e me chegava à altura dos ombros.

"Como foi mesmo que você saiu de Alepo?", Ezra falou depois que o homem se deteve para conversar. Através de Alexandreta, ele respondeu, no fim de 1949.

Conheceu um homem chamado Silo?, Ezra perguntou.

"Claro", Naftali respondeu.

Naftali e a mãe levavam uma vida relativamente boa e conseguiram passaportes, que lhes permitiram sair legalmente da Síria, ele me contaria quando o entrevistasse posteriormente em seu apartamento. Seus irmãos já tinham escapado, e o pai já havia morrido. Os dois tomaram um ônibus em dezembro de 1949, saindo de Alepo em direção à fronteira entre a Síria e a Turquia, e de lá para Alexandreta, onde perguntaram pela loja de Silo. Disseram-lhes que o representante israelense poderia acolhê-los durante alguns dias e comprar a passagem para Haifa. A mãe de Naftali levava uma bolsa com suas joias de ouro e várias taças de prata do *kidush*, usadas no *shabat* para abençoar o vinho, taças que estavam na família havia tempos. Silo lhe disse que corriam o risco de ter seus objetos de valor confiscados pelas autoridades turcas e sugeriu que deixassem a bolsa com ele, dizendo que a levaria quando já estivessem embarcados no porto e prestes a partir para Haifa. Eles concordaram, Naftali contou, e esperaram Silo aparecer enquanto o navio se preparava para zarpar. Ele nunca deu as caras. Naftali e a mãe nunca esqueceram o ocorrido.

"Não havia um judeu que passasse por Alexandreta que não reclamasse dele", disse Naftali. Ele e a mãe nunca prestaram uma queixa formal depois de chegar a Israel, supondo que não havia a menor chance de alguém fazer algo a respeito.

Parece ter havido mais relatos desse tipo desde a passagem de Faham. Um deles, que chegou à Agência Judaica em 1962, foi mencionado na carta de um agente da imigração israelense na Turquia, datada de 29 de novembro daquele ano: um imigrante que passara por Alexandreta havia se queixado da perda de dois itens de sua bagagem e claramente culpava Silo por isso. O agente escreveu a seus superiores defendendo Silo, dizendo que ele não tivera acesso à bagagem em trânsito e, portanto, não poderia ser o responsável.

Essas histórias, se verdadeiras, dificilmente seriam uma surpresa. Afinal, refugiados que atravessam fronteiras levando objetos de valor ficam vulneráveis ao roubo. E, como qualquer um acostumado a lidar com espiões pode dizer, os melhores agentes costumam ser pessoas sem os escrúpulos que talvez as impedissem de atuar sem dor na consciência dos dois lados da lei.

Silo continuou a servir como o homem da Agência Judaica em Alexandreta por anos depois disso, transferindo vários milhares de judeus para Israel, de acordo com os cálculos de um parente próximo que entrevistei nos Estados Unidos. Ele tinha claramente alguma serventia, e isso deve ter relevado outras considerações. Também pode ter relevado o desaparecimento de parte de um manuscrito antigo que passou por suas mãos e que ele, também um judeu alepino, certamente teria reconhecido como um objeto de imenso valor.

Não há indicação alguma nos arquivos de que Ben-Zvi tenha feito alguma coisa com a informação fornecida por Faham, mas ele deve ter feito algumas perguntas. Entre junho e agosto de 1960, num de seus caderninhos, hoje nos Arquivos do Estado, Ben-Zvi rabiscou a frase breve a seguir:

> De David Sasson: [Silo] tem várias páginas de pergaminho da Coroa de Alepo.

"Silo" aparece escrito sem explicação alguma, indicando que Ben-Zvi agora sabia quem era o homem. A identidade de David Sasson não é clara: o nome é bem comum. A frase é a única indicação contemporânea, por mais fragmentária que seja, de que se cogitava que uma das pessoas por cujas mãos a Coroa passara tinha em seu poder as peças desaparecidas.

O parente de Silo negou que ele tivesse um dia roubado dinheiro ou pertences de refugiados e disse não saber a que a nota sobre "David Sasson" se referia. Segundo ele, a reclamação de Faham a respeito de Silo tinha origem numa disputa comercial entre os dois homens, envolvendo a compra de tecidos. O filho de Faham, que entrevistei em Israel, lembrava-se de uma desavença semelhante. Ambos negaram a possibilidade de que Silo tivesse tirado parte do códice de Faham.

A teoria sobre Silo é uma maneira de explicar por que os israelenses estavam tão ávidos para ocultar onde e quando as páginas sumiram. A divulgação da história prejudicaria a imagem da Agência Judaica – provocando, quem sabe, um "escândalo público mundial" – e colocaria em perigo um de seus principais operadores, expondo um agente que era cidadão de um país estrangeiro e que sabia um bocado. A teoria explicaria o envolvimento de Shragai, o chefe da imigração, que era diretamente responsável por Silo e pela rota clandestina Síria-Turquia. Os dezessete dias de intervalo também se encaixariam nesse cenário: o chefe da imigração recebeu o manuscrito de Faham e também um informe do que ocorrera, e talvez precisasse de tempo para investigar e decidir como proceder antes de levar o livro a Ben-Zvi. Registros escritos de Shragai poderiam ajudar a esclarecer essas suspeitas, mas ele não parece ter deixado nada sobre o assunto. Os arquivos da Agência Judaica em Jerusalém preservam os registros de seu gabinete no Departamento da Aliá, mas faltam os registros da época em que a Coroa chegou.

Quando Amnon Shamosh escreveu a história oficial da Coroa em meados da década de 1980, seu assistente de pesquisa era Yosef Ofer, um jovem universitário que, posteriormente, seria professor da Bíblia e um dos mais eminentes especialistas na Coroa. Ofer passou meses nos arquivos. Encontrou a nota de Ben-Zvi a respeito de Silo e das páginas da Coroa, e as outras referências ao agente de Alexandreta. Ele as passou a Shamosh, que não as incluiu no livro. Silo não é mencionado em suas páginas.

Quando perguntei ao idoso Shamosh sobre isso, ele disse que não se lembrava de ter visto esses documentes referentes a Silo. Mas ele sabia exatamente quem Silo era. O agente de Alexandreta era seu primo em primeiro grau.

Até aqui, minha análise do registro havia levantado perguntas a respeito do tempo que o códice passou em Alepo e oferecia indicações de que talvez o tivessem adulterado na Turquia – embora, a julgar pela anotação de Ben-Zvi, até mesmo sua fonte de informações acreditava que Silo não tivesse mais do que "várias páginas" da Coroa, e não, ao que parecia, todas as peças desaparecidas.

De Alexandreta, o manuscrito seguiu para sua última parada: Jerusalém.

..... 32 .....

O instituto

HÁ TEMPOS os interessados na história extraordinária da Coroa de Alepo tomam como verdade absoluta que o livro não corria mais perigo assim que chegou às mãos de estudiosos em Israel e que qualquer um que quisesse solucionar o mistério das páginas desaparecidas deveria procurar em outro lugar. Não encontrei razão alguma para acreditar que essa suposição fosse verdadeira, e uma boa razão para acreditar que não fosse. Aqui jaz, talvez, o maior segredo no cerne do caso da Coroa e a razão para boa parte da ambiguidade e da ofuscação que tive de enfrentar.

Topei com a chave que destrancava essa parte da história certa manhã, por puro acaso, numa sinagoga em Manhattan a alguns passos do Central Park.

O Instituto Ben-Zvi sempre insistiu que as páginas se perderam durante ou imediatamente após a revolta de 1947 em Alepo. As provas não sustentam essa afirmação; de fato, elas a contradizem. Quando entrevistei Amnon Shamosh – que, depois da publicação do livro do instituto a respeito do códice, partiu numa chamativa turnê pelas comunidades alepinas do mundo todo em busca das páginas desaparecidas, bancada pelo instituto –, perguntei por que ele acreditava que as páginas que faltavam haviam desparecido antes de a Coroa chegar a Israel. Ele pensou por um segundo. "Por educação", disse, "cautela". Ele admitiu que não havia prova que respaldasse sua suposição. Não encontrei documentação alguma sobre as partes desaparecidas da Coroa que datassem de antes de março de 1958, e àquela altura o livro já estava em Israel fazia três meses e, durante boa parte desse tempo, no Instituto Ben-Zvi.

Quando a Coroa chegou, a administração cotidiana do instituto estava nas mãos não do presidente, que se preocupava com assuntos de Estado, e sim de seu secretário e diretor do instituto, Meir Benayahu. Coube a Benayahu, e não ao presidente, a responsabilidade direta pela Coroa. Benayahu, que já mencionei antes, era de uma família bem relacionada, filho de um rabino-chefe e irmão de um futuro ministro de Estado. Um erudito extraordinário, pelo que todos dizem, ele morreu em 2009, depois de uma carreira acadêmica longa e destacada. Em paralelo com suas atividades universitárias, Benayahu comprava, vendia e colecionava livros raros. Ele deixou uma coleção particular importante com cerca de mil manuscritos hebraicos, hoje mantida por sua família em Jerusalém.

Certo dia, em maio de 2010, fui às orações matinais de uma sinagoga alepina numa travessa da Quinta Avenida em Nova York. A sinagoga tinha um espantoso santuário de madeira e pedra para os *shabatot* e as festas, e uma sala mais simples no térreo para uso diário. Ali encontrei algumas dezenas de homens conduzindo o culto diário à moda da antiga Alepo e bebericando café preto em xicrinhas de porcelana, saboreando um pedacinho da Síria logo cedo antes de mergulhar de cabeça nos Estados Unidos. Em seguida, conheci Maurice Silvera, filho de uma importante família alepina, um homem de negócios de setenta e poucos anos que passara vinte anos de sua vida no Japão, onde os judeus alepinos estabeleceram um pequeno posto avançado. Ele ouvira falar que eu estava pesquisando a história da Coroa e achou que eu talvez pudesse ajudá-lo.

Ele me contou que, em 1961, seu pai, o banqueiro e comerciante David Silvera, levou um manuscrito bíblico valioso de

Alepo para Israel e o confiou ao Instituto Ben-Zvi. Esse códice, que também era conhecido como coroa, parecia ter sido escrito no século XV, ou seja, uns quinhentos anos depois da Coroa de Alepo. Disse que a família não sabia ao certo onde estava agora, apesar de imaginar que talvez a tivessem emprestado ao Museu Nacional de Israel. Ele gostaria de saber se eu teria como localizá-la. Quando voltamos a nos encontrar mais tarde naquele mesmo dia numa cafeteria a alguns quarteirões da sinagoga, ele me apresentou duas fotocópias de recibos que a família vinha guardando havia cinquenta anos. O primeiro, datado de 15 de maio de 1961, tinha a assinatura do próprio presidente Ben-Zvi.

> Fiquei contente em receber o senhor hoje em meu gabinete e conhecê-lo. O senhor chegou portando um livro, uma "coroa da Torá" antiga em pergaminho, que foi escrita, ao que parece, em Corfu pelo rabino Yitzhak Zahalon, bendita seja sua memória, e que inclui os cinco livros da Torá e os primeiros livros dos Profetas.
>
> Fico muito grato ao senhor por me ceder esse manuscrito importante, para que possa ficar sob excelente guarda ao lado dos manuscritos arquivados e mantidos no Instituto Ben-Zvi, que eu fundei e expandi.
>
> A antiga e importante comunidade de Alepo está desaparecendo. Os filhos da família Silvera são conhecidos por seus feitos nessa comunidade há gerações. O senhor, descendente dessa grande família, realizou um grande feito ao entregar essa peça bela e importante da biblioteca Silvera em Alepo a uma instituição científica em Jerusalém, a cidade santa. Guardaremos esse manuscrito muito bem e permitiremos que sábios e estudiosos o leiam e estudem as questões da Torá e as tradições textuais.

O segundo recibo, de tom semelhante e datado desse mesmo dia, era assinado por David Silvera e Meir Benayahu.

Levei os recibos de volta a Jerusalém e liguei para um experiente perito em manuscritos que passara décadas trabalhando para o vasto projeto de microfilmagem da Biblioteca Nacional, que tem a intenção de fotografar todos os manuscritos hebraicos do planeta. A equipe do projeto microfilmou a coleção inteira do Instituto Ben-Zvi a partir do fim da década de 1970, e seus registros seriam a maneira mais rápida de encontrar o livro dos Silvera. Mas quando o perito, Benjamin Richler, entrou com os detalhes no banco de dados, nada encontrou. Ele alterou a grafia do nome do escriba, Yitzhak Zahalon, e mais uma vez, nada. Em seguida, fui ao Instituto Ben-Zvi do outro lado da cidade, onde, àquela altura, eu já era conhecido, e mostrei os recibos a um funcionário. Ele confirmou o que eu suspeitava: o manuscrito que Ben-Zvi havia prometido manter eternamente "sob excelente guarda" havia desaparecido sem deixar vestígio.

O desaparecimento do manuscrito dos Silvera do Instituto Ben-Zvi não parecia ser recente. Se estivesse na coleção do instituto no fim da década de 1970, teria sido fotografado pela equipe de microfilmagem da Biblioteca Nacional. Deve ter desaparecido antes disso. Ao mesmo tempo, encontrei um documento nos arquivos do instituto que continha uma referência indireta à exoneração de Benayahu em outubro de 1970. Foi uma surpresa, já que acadêmicos da categoria dele raramente eram demitidos, e teria sido extremamente incomum para um instituto despedir seu diretor desde a fundação.

Quando entrevistei David Bartov, o chefe de gabinete de Ben-Zvi, perguntei por que Benayahu deixara o instituto.

Ele hesitou. "Talvez seja melhor pararmos por aqui", disse.

Ezra Kassin, o detetive da Coroa, que estava comigo, disse: "Talvez não, senhor Bartov. Queremos saber a verdade".

"Que ele descanse em paz", Bartov disse, "e todos diremos amém."

Marquei uma reunião com o professor Yom-Tov Assis, diretor do Instituto Ben-Zvi.

O professor hesitou quando perguntei sobre a exoneração de Benayahu. Admitiu que o instituto tinha um "arquivo farto" sobre o episódio, mas disse que nunca o tinha lido. Declarou que verificaria a informação, então interrompeu toda a comunicação comigo. Nunca mais tive notícias dele, apesar de reiterar meus pedidos durante vários meses.

Nesse ínterim, enquanto me debruçava sobre várias centenas de documentos reunidos por Ezra Kassin, descobri um segundo manuscrito desaparecido. Um pedaço de papel do Instituto Ben-Zvi, sem assinatura, mas, pelo jeito, escrito pelo próprio Ben-Zvi, registrava o recebimento de um livro de Ester danificado que fora resgatado depois do incêndio da sinagoga de Alepo por uma família judaica, os Lerner, que o levaram para ele em 18 de fevereiro de 1955. Usando o banco de dados computadorizado dos manuscritos na Biblioteca Nacional, procurei esse livro na coleção do instituto. Não estava lá. Mandei perguntas por *e-mail* ao professor Assis lá no instituto e não recebi resposta.

Por fim, preenchi um formulário requerendo oficialmente os detalhes sobre a exoneração de Benayahu de acordo com a Lei de Acesso à Informação de Israel, que se aplica ao Instituto Ben-Zvi por ser uma entidade de pesquisa pública e financiada pelos contribuintes. Três meses haviam se passado desde meu encontro com o professor quando o instituto finalmente me enviou uma carta concisa que parecia ter sido escrita por um advogado. A carta informava que os estudiosos do instituto haviam indeferido minha requisição, porque a informação que eu queria poderia violar a privacidade de Benayahu e de sua família. Uma brecha na lei permitiu que sonegassem informações com esse pretexto.

Mas, àquela altura, eu já tinha informações obtidas de outra fonte.

Munido dos recibos de Silvera, eu tinha procurado o Ministério da Educação, o gabinete de Zvi Zameret, que foi o diretor administrativo do Instituto Ben-Zvi durante 26 anos, até 2009. Onde foi parar este livro?, perguntei.

Zameret leu os recibos, e sua expressão se entristeceu. Quando terminou, ele disse: "Posso dizer-lhe uma coisa da maneira mais clara possível?".

Por favor, respondi, e então, medindo as palavras fortes, ele me contou que Benayahu era responsável pelo desaparecimento de "dezenas" de manuscritos do Instituto Ben-Zvi.

O DIRETOR DO INSTITUTO, contou-me Zameret, foi flagrado transferindo manuscritos do instituto para sua própria coleção. Zameret me contou que o presidente de Israel na época, Zalman Shazar, interveio pessoalmente em favor de Benayahu quando o caso polêmico e potencialmente bombástico despontou, garantindo, assim, que não se tornasse alvo de um inquérito legal. O pai de Benayahu era um dos rabinos-chefes do país na época, e um julgamento teria sido vergonhoso demais para o Estado. Os livros desaparecidos vieram à tona durante um caso mais amplo que levou à saída de Benayahu em meio a uma acrimoniosa disputa legal com outros acadêmicos pelo controle do instituto. Ele disse que os livros não foram devolvidos. A ausência deles nunca veio a público.

Vários anos depois, um jovem estudioso chamado Joseph Hacker foi contratado como vice-diretor do Instituto, que ainda estava abalado. Hacker, hoje professor emérito de história judaica na Universidade Hebraica, foi incumbido de ajudar a reabilitar o instituto e teve acesso a toda a documentação relevante. Hacker concordou em falar oficialmente comigo quando o contatei, e ele confirmou e elaborou com todo o cuidado o relato de Zameret. Afirmou ter visto e ainda se lembrar de uma lista dos livros raros que o diretor levara, e sabia de outras obras mais. "Contei àqueles que precisavam saber", disse, mas nada foi feito.

"Parece que todos os lados queriam dar a questão por encerrada e varreram essas coisas para baixo do tapete."

Quando apresentei os recibos de Silvera para um funcionário veterano ainda no Instituto Ben-Zvi, ele também confirmou os detalhes. Não posso dizer que estabeleci exatamente o que aconteceu no Instituto Ben-Zvi, mas não há como ouvir esses testemunhos sem concluir que as pessoas que tinham conhecimento direto de como o instituto funcionava preocupavam-se bastante com a segurança dos livros de lá no período em questão.

Benayahu seguiu carreira em outra instituição, a Universidade de Tel Aviv. Ele chegaria a ganhar um dos principais prêmios acadêmicos do país em 2004, e, ao morrer, cinco anos depois, um obituário no jornal *Haaretz* o louvou como um misto de estudioso judeu tradicional e acadêmico moderno.

Benayahu foi encarregado de cuidar da Coroa de Alepo desde o momento em que esta chegou ao instituto em 1958 até o dia em que ele saiu, doze anos depois.

Não é difícil entender por que o Instituto Ben-Zvi queria desesperadamente manter o incidente em segredo e por que ainda está tentando fazer isso. Tinha um potencial devastador, principalmente porque teria levantado perguntas sobre as partes misteriosamente desparecidas da joia da coleção do instituto. Os arquivos do instituto, como vimos, não preservam indício algum de quantas páginas a Coroa tinha ao chegar.

Quando mandei uma lista de perguntas ao irmão de Benayahu, Moshe Nissim, ex-ministro de Estado e advogado de destaque em Tel Aviv, eu esperava ou uma resposta ameaçadora em legalês, ou absolutamente nada. Em vez disso, recebi uma defesa de Benayahu em cinco páginas datilografadas num hebraico furioso. As acusações contra seu irmão eram "mentiras" e uma "conspiração patética". Nissim escreveu: "Tenho dificuldade para entender como foi que o senhor não entendeu esse fato e veio me questionar a respeito".

Benayahu não poderia ter removido páginas da Coroa porque nenhuma havia sumido desde que o manuscrito chegara a Israel, Nissim escreveu. Ele parecia ter pesquisado sua resposta, instruindo-me a consultar, como prova, um artigo de 1958 escrito por Ben-Zvi e páginas específicas do livro de Amnon Shamosh, que, ele me informou, "inclui informações importantes respaldadas por fatos concretos".

Minhas perguntas, ele escreveu, "exalavam um odor malfazejo", mas ele decidira responder mesmo assim, esperando, com isso, que eu tivesse cometido um erro honesto e não fosse movido por "intenções espúrias", e também "devido à honra do falecido, que não poderia se levantar para rebater as conspirações apresentadas à sua revelia". Ele anexou documentos mostrando que a disputa legal com o instituto terminou com a saída voluntária de seu irmão, chamava os autores das acusações de "perjuros" e sugeria que os acusadores de Benayahu estavam tentando encobrir outros episódios em que manuscritos foram furtados ou que eles mesmos talvez os tivessem roubado.

"Por que, nestes quarenta anos, nunca procuraram as autoridades para prestar queixa?", ele escreveu, e era um bom argumento.

A estratégia do instituto em relação à possibilidade de haver um elo entre os livros desaparecidos e as páginas ausentes do códice parece ser, principalmente, a negativa. Em nossa entrevista, Zameret insistiu que as páginas da Coroa já haviam sumido antes de o manuscrito chegar ao instituto, ou seja, que ninguém ali poderia ser o responsável pelo sumiço. Minha investigação não encontrou provas que corroborassem essa alegação, e só nos resta este fato: no fim de janeiro de 1958, antes que se registrasse a ausência de uma parte significativa do manuscrito, a Coroa de Alepo foi colocada aos cuidados de uma biblioteca na qual os livros não estavam seguros. Por volta de março, era fato conhecido que duzentas páginas estavam faltando.

Com o passar das décadas, os estudiosos do Instituto Ben-Zvi fizeram saber que estavam revirando o mundo em busca das peças desaparecidas. Procuraram na antiga Alepo, no Brooklyn, em São Paulo e no Rio de Janeiro. Pediram a um sensitivo na Suíça que examinasse mapas do sul do Líbano. Olharam em toda parte, ao que parece, menos para seu próprio reflexo no espelho.

····· 33 ·····

Bahiyeh

"NASCI EM 1936, em Alepo, que fica na Síria", contou-me a filha do *shamash*. "Tudo bem se eu fumar?" Ela se inclinou para a frente e tragou.

"São duas portas de entrada para a sinagoga", ela disse, falando de sua infância no tempo presente, os olhos fixos num ponto qualquer em pleno ar de sua sala de estar. Uma porta é enorme: "O ferrolho é deste tamanho" – ela me mostrou as mãos separadas por alguns centímetros –, "e a chave é deste". Ela tocou o cotovelo e as pontas dos dedos. "A gente entra pela porta pequena."

"Nem sei descrever a atmosfera para você. Algo lá nos dá a sensação de calma, uma espécie de beleza divina que não dá para..." Sua voz se embargou. O cigarro ardia esquecido ao lado do cinzeiro. "É impossível descrever como era linda. A gente olha para tudo aquilo... As bênçãos, todas bordadas em ouro, os candelabros, todos de prata e cristal", ela disse. Agora seus olhos estavam fechados. "A gente sobe três degraus, então desce outros dois, e é um lugar escuro, então a gente está na caverna onde fica o cofre."

Estávamos num bloco de apartamentos descorado pelo tempo numa cidadezinha ao sul de Tel Aviv. A filha do *shamash* tinha 74 anos. Não via sua cidade natal fazia mais de seis décadas e, ainda assim, falava como se tudo aquilo ainda existisse:

ela, os irmãos e as irmãs viviam em casa. Seu pai cuidava da sinagoga. Lá dentro, o grande livro estava onde sempre estivera havia seis séculos, escondido e inteiro.

A filha do *shamash* foi a primeira pessoa que entrevistei neste projeto. Eu estava encantado com sua história, com suas lembranças da grande sinagoga e do tesouro lá guardado. Esperava escrever uma história edificante sobre o resgate daquele livro, mas, em vez disso, me vi como a pessoa que abre inocentemente um armário e se vê soterrada por um monte de coisas esquecidas.

Conforme minha investigação se prolongava e ficava mais complicada, li e reli o que talvez seja o relato clássico das paixões que um livro é capaz de evocar nos homens: *O nome da rosa*, do medievalista italiano Umberto Eco. Nessa história, descobre-se que fatos estranhos e violentos num monastério no alto da colina estão relacionados à existência de um volume proibido na biblioteca. É o único exemplar de uma obra de Aristóteles sobre a comédia, que foi escondido porque a Igreja considera o conhecimento ali contido perigoso para seus próprios ensinamentos. O livro se torna o foco das emoções e dos desejos dos monges, alguns dos quais entendem o que está escrito nele, e outros não. Quando a história termina, as ações humanas desencadeadas pelo conteúdo do livro levaram à sua destruição e à redução do monastério a cinzas.

A Coroa foi levada para Alepo no século XIV d.C. Era guardada em local reservado na grande sinagoga e estaria segura enquanto permanecesse ali. Com o passar dos anos, ao cuidado de seus guardiões, tornou-se menos uma fonte de conhecimento para o aprimoramento do homem, como fora a intenção de seus criadores, e mais uma relíquia sagrada de grande valor, como um pedaço de osso ou o fio de cabelo de um santo guardado numa catedral. Depois da revolta que se seguiu à votação das Nações Unidas em Flushing Meadow em 29 de novembro de 1947, o códice foi removido de seu esconderijo pela turba. A sinagoga foi queimada. O cerne do livro se perdeu, e a comunidade antiga que o guardava não tardou a se dispersar.

Se a turba tivesse destruído o códice, minha história seria mais simples. Teria terminado, talvez, com uma alusão ao ataque dos cruzados a Jerusalém no fim do século XI e ao roubo da Coroa por eles, tirando-a de seus proprietários: em Jerusalém, os saqueadores eram cristãos determinados a livrar a cidade santa dos infiéis, enquanto em Alepo foram os muçulmanos descontando a raiva por sua própria fraqueza numa comunidade nativa e sem defesa, muito mais antiga que a sua. Mas, se a análise apresentada nestas páginas estiver correta, a destruição desse livro magnífico foi um serviço interno.

A avidez por coisas antigas e belas não é novidade. Pinturas e outras obras de arte são roubadas e vendidas por grandes quantias rotineiramente. Mas, neste caso, o objeto roubado não é algo estético, e sim um livro que condena o furto. A página que continha a passagem "*Não roubarás*" foi roubada. Desaparecidos também estão os mandamentos de não prestar falso testemunho, não cobiçar a propriedade alheia e não matar, todos os quais foram infringidos nestes capítulos.

A Bíblia hebraica, da qual nosso códice era a cópia mais perfeita, a mesma usada por Maimônides, foi criada para servir de bússola moral aos seres humanos. Sua história é uma tragédia de fraquezas humanas. O livro era o resultado de gerações de erudição em Tiberíades, da tentativa de chegar a uma edição perfeita da palavra divina. Era um feito sem igual e um testemunho da fé dos homens que o criaram. Foi profanado. Maimônides, sem dúvida alguma, teria perdido o alento diante desta história, mas talvez também reagisse com um sorriso triste de reconhecimento: é o que os homens fazem. Talvez dissesse que a história desse livro não deveria surpreender aqueles que o leram. "*Nada há de novo debaixo do sol*", lê-se no livro do Eclesiastes. "*Há alguma coisa de que se possa dizer: Vê, isto é novo?*

Já foi nos séculos passados, que foram antes de nós." Esses trechos também estão nas páginas que desapareceram.

Aqueles que compreendem o significado do livro e aqueles que não; aqueles que queriam protegê-lo e aqueles que queriam destruí-lo; e aqueles que o procuram pelos motivos certos e aqueles que o desejam por razões vis e sinistras: o livro continha todas essas pessoas e suas motivações conflitantes, muito antes que sucumbisse a elas mesmas. Poderíamos incluir este conto entre Caim e Abel e o bezerro de ouro, parábolas sobre nossos muitos defeitos: um volume que sobreviveu a mil anos de história turbulenta foi traído em nossa época pelas pessoas incumbidas de protegê-lo. Foi vítima dos instintos que foi criado para moderar e devorado pelas criaturas que foi criado para salvar.

AGRADECIMENTOS

Enquanto escrevia este livro, tive a assistência de muitas pessoas, inclusive algumas que aparecem nestas páginas ou outras que desempenharam um papel crucial nos bastidores.

Devo muito ao inimitável Rafi Sutton, que concordou em dividir comigo seus arquivos, pensamentos, histórias e suspeitas, e que me apontou a direção correta. E devo um bocado a Ezra Kassin, que me orientou em algumas das partes mais complicadas da história, serviu como parceiro e interlocutor, e me disse, acertadamente, como ficaria evidente, para eu deixar de ser tão ingênuo. E um obrigado a todos aqueles que aceitaram dividir comigo suas lembranças: seus nomes, numerosos demais para que sejam mencionados aqui, aparecem no texto e nas notas sobre as fontes.

Agradeço também a todos os estudiosos que me emprestaram seu *know-how* enquanto eu explorava território desconhecido, entre eles meu amigo Jonathan Rubin, da Universidade Hebraica, no que toca às Cruzadas; Rafael Zer, do Projeto da Bíblia da Universidade Hebraica, a respeito da Massorá e da criação da Bíblia Hebraica; Yosef Ofer, da Universidade Bar-Ilan, sobre a Massorá e as andanças do códice; Gish Amit, da Universidade Ben-Gurion, a respeito da chegada de manuscritos antigos ao jovem Estado de Israel; e Benjamin Richler, da Biblioteca Nacional de Jerusalém, e Angelo Piatelli, especialista e livreiro extraordinário, sobre o mundo dos raros livros hebraicos. Aprendi muito sobre Maimônides com a obra de Joel Kramer, da Universidade de Chicago. Todos os erros, obviamente, são meus e somente meus.

Este livro não teria sido escrito sem minha agente, Deborah Harris, cujo estímulo e *know-how* me fizeram seguir em frente numa empreitada que acabaria se revelando muito mais interessante e complexa do que qualquer um de nós esperava. Agradecimentos também a Judy Heiblum, da Sterling Lord Literistic em Nova York, por trabalhar no projeto e por seu olhar aguçado de leitora. Um obrigado muito especial para Amy Gash, minha editora na Algonquin Books, de Chapel Hill, cujo pulso firme deu forma ao livro e o conduziu até a publicação. Sou grato a Amy e ao resto da equipe na Algonquin por acreditarem neste projeto e por sua disposição em apostar num autor de primeira viagem num momento de incerteza no ramo editorial. Fosse a preparação sem igual de Rachel Careau ou o empenho promocional de Kelly Bowen, eu não poderia ter trabalhado com pessoas mais capazes, profissionais e agradáveis.

Também devo muito àqueles que aceitaram ler o manuscrito e contribuíram com sugestões e incentivo: George Eltman; meus mentores no jornalismo David Horovitz e Gershom Gorenberg; o rabino Shimon Felix; Mitchell Ginsburg; Tali Ginsburg; Aliza Raz-Meltzer; Amiad Meltzer, Brian Murphy; minha irmã Sarah Sorek; e Jonathan Safran Foer. Agradeço a meus ex-colegas do escritório de Jerusalém da Associated Press pelo estímulo e pela tolerância – mais do que seria obrigação deles – quando permitiram que eu dedicasse meu tempo a escrever, e ao chefe de redação Steve Gutkin, ao editor-chefe Joe Federman e ao chefe de redação Dan Perry, que também contribuíram com críticas incisivas.

Agradeço a Herb e Carol Ginsburg por sua generosidade em me permitir escrever no lendário Ashtray em Jerusalém por vários meses decisivos, a Paul Brykczynski por encontrar os mapas de Alepo na Universidade de Toronto, e a Amir Zohar em Israel e Ellis Levine em Nova York pela orientação legal.

Agradeço aos funcionários dos Arquivos Centrais Sionistas, aos Arquivos do Estado de Israel e aos arquivos da Universidade Hebraica no monte Scopus, a Michael Glatzer, no Instituto Ben-Zvi, que sempre fez o possível; e a James Snyder, Adolfo Roitman, Galit Bennet e Dena Scher, do Museu de Israel, onde esta história começou.

Devo muitas, muitas coisas a meus pais, Imogene e Raphael Zev Friedman, incluindo meu interesse pela escrita e a história. Este livro não teria sido escrito sem eles. Obrigado a meus filhos, Aviv, Michael e Tamar, que passaram boa parte de suas vidas com o Códice de Alepo e que não me deixam esquecer, antes mesmo de raiar o dia, o que realmente importa. E, por último e sobretudo, agradeço a minha esposa, Naama, sem cujo apoio, aconselhamento e paciência inesgotável nada disto teria sido possível.

NOTAS SOBRE AS FONTES

Introdução

A citação original do *Guia dos perplexos*, de Maimônides, foi extraída de "Introduction to the First Part" na tradução para o inglês de Shlomo Pines (Chicago, University of Chicago Press, 1963).

Capítulo 1: Flushing Meadow

As descrições da votação na ONU se baseiam em cenas do documentário *Day of Decision*, de 1957, preservado pelo Arquivo Virtual de Filmes Judaicos de Steven Spielberg. Outros detalhes sobre a votação são de *Mandate of Destiny: The 1947 United Nations Decision to Partition Palestine* (Nova York, Jacob Blaustein Institute for the Advancement of Human Rights, 2008) e de Benny Morris, *1948* (New Haven, Yale University Press, 2008).

As descrições de Alepo na noite da votação vêm de entrevistas com Rafi Sutton em sua casa em Israel em 2009 e 2010. A descrição da rotina diária do *shamash* vem de entrevistas com sua filha Batya Ron (outrora Bahiyeh Baghdadi) em sua casa em Israel em 2009 e 2010.

As citações dos representantes árabes são de Morris, *1948*; *Mandate of Destiny*; e Norman Stillman, *The Jews of Arab Lands in Modern Times* (Filadélfia, Jewish Publication Society, 2003).

O delegado sionista junto às Nações Unidas citado aqui é David Horowitz, futuro presidente do Banco de Israel. As citações foram extraídas de seu livro *A State in the Making* (Nova York, Knopf, 1953), citado em *Momentous Century: Personal and Eyewitness Accounts of the Rise of the Jewish Homeland and State, 1875-1978*, organizado por Levi Soshuk e Azriel Eisenberg (Nova York, Cornwall Books, 1984).

As descrições de Jerusalém na noite da votação e a citação de Golda Meir são de Morris, *1948*, e Larry Collins e Dominique Lapierre, *O Jerusalem* (Nova York, Simon and Schuster, 1972).

Capítulo 2: Alepo

As descrições da rotina da família Baghdadi vêm de entrevistas com Batya Ron (Bahiyeh Baghdadi) e sua irmã Carmela Dweck (Baghdadi de nascimento) em Israel em 2009 e 2010.

A descrição que Murad Faham fez desse dia vem da transcrição de um testemunho oral que ele gravou na Universidade Hebraica em 1976, fornecida por seu neto Jack Dweck.

O relato de Rafi Sutton vem de entrevistas de 2009 e 2010, bem como de um extenso testemunho oral que ele gravou na Universidade Hebraica no fim da década de 1980.

Os judeus alepinos chamados Lênin, Stálin e Karl são mencionados na coleção em hebraico de Amnon Shamosh, *Gluyot Meolam Haemet* (Tel Aviv, Massada, 2010), no capítulo intitulado "Lênin e Stálin fazem uma visita".

O menino que tinha a boina arrancada é Isaac Tawil, entrevistado em Israel em 2009. O menino que se lembrava de correr para casa ao voltar da escola é Yosef Entebbe, entrevistado em Israel em 2010.

O texto do anúncio publicado pelo clube juvenil judaico de Damasco e o número de judeus mortos nas revoltas do pós-guerra vêm de Stillman, *The Jews of Arab Lands.*

Capítulo 3: O incêndio

As descrições da revolta em Alepo vêm de entrevistas com o rabino Isaac Tawil em Israel, 2009; Rafi Sutton em Israel, 2009 e 2010;

Batya Ron (Bahiyeh Baghdadi) em Israel, 2009 e 2010; Carmela Dweck (Baghdadi de nascimento) em Israel, 2010; Yosef Entebbe (o menino que escapou pela viela quando os revoltosos invadiram sua casa) em Israel, 2009; professor Yom-Tov Assis em Israel, 2009; Maurice Silvera em Nova York, 2010; e Leon Tawil em Nova York, 2010.

A edição de 2 de janeiro de 1948 do *Haaretz*, com o artigo sobre a Coroa do professor Umberto Cassuto, está preservada em microfilme na Biblioteca Nacional de Jerusalém. As traduções para o inglês são minhas.

Capítulo 4: O escriba ligeiro de Tiberíades

A inscrição que começa com "este é o códice completo" é do colofão da Coroa de Alepo, copiada por Umberto (Moshe David) Cassuto em 1943, publicada em hebraico em "Keter Aram-Tzova – Le'or reshimotav shel M. D. Cassuto", por Yosef Ofer, em *Sefunot, 19* (1988-89). O colofão estaria, posteriormente, entre as páginas desaparecidas.

O relato de Eli, o Nazireu, vem do artigo em hebraico de Nehemia Aloni em *Leshonenu, 34* (1969-70), "Eli ben Yehuda Hanazir vehiburo 'yesodt halashon ha-ivrit'."

O material a respeito da Massorá é da *Encyclopedia Judaica* e de entrevistas com o doutor Raphael Zer do Projeto da Bíblia da Universidade Hebraica em 2009 e 2010. Sou grato ao doutor Zer por me ajudar a preparar este capítulo.

O material a respeito da criação da Coroa em Tiberíades vem de Mordechai Glatzer, "Melechet hasefer shel Keter Aram-Tzova vehashlachoteha", *Sefunot, 19* (1988-89).

Capítulo 5: O tesouro da sinagoga

A quantidade de escolas, casas e estabelecimentos comerciais destruídos na revolta foi extraída de relatos contemporâneos que constam em Stillman, *The Jews of Arab Lands.*

A descrição das orações na sinagoga Señor Moshe e da récita do Salmo 83 vem de uma entrevista com o rabino Isaac Tawil em Israel, 2009.

Como exemplo da alegação de que "dezenas" de pessoas foram mortas, veja-se Hayim Tawil e Bernard Schneider, *The Crown of Aleppo: The Mystery of the Oldest Hebrew Bible Codex* (Nova York, Jewish Publication Society, 2010).

A descrição das autoridades sírias e do médico armênio rico que procuravam a Coroa vem da transcrição de uma conversa no fim de 1958 entre o presidente Ben-Zvi e o rabino Moshe Tawil. Dos arquivos do Instituto Ben-Zvi.

A primeira versão do resgate da Coroa, fornecida pelo rabino Sadka Harari, da Cidade do México, e a segunda, que fala do ministro sírio, são narradas na história da Coroa de Amnon Shamosh, *Haketer: Sipuro Shel Keter Aram-Tzova* (Jerusalém, Yad Ben-Zvi, 1987).

O relato de Murad Faham salvando a Coroa vem de seu testemunho oral gravado em 1976.

O rabino idoso que entrevistei na sinagoga em 2010 era Yaakov Attiyeh. Uma outra versão do salvamento da Coroa, dessa vez contada por Samuel Sabbagh, encontra-se no capítulo 22.

O relato de Asher Baghdadi salvando a Coroa vem de entrevistas com suas filhas Batya Ron (Bahiyeh Baghdadi) e Carmela Dweck (Baghdadi de nascimento) e de uma entrevista para a televisão concedida por seu filho Shahoud (Shaul) Baghdadi em 1989 (transmitida em 1993). Essa versão é corroborada em testemunho concedido em 1948 por Sarah Haver, de Alepo, em Jerusalém; pelo tesoureiro da comunidade, Yaakov Hazan, em São Paulo em 1961; e pelo rabino Itzjak Chehebar, durante a investigação de Rafi Sutton, em Buenos Aires em 1989.

O relato da transferência da Coroa para um mercador cristão e de quanto tempo ficou em seu poder vem da conversa de 1958 do rabino Moshe Tawil com o presidente Ben-Zvi, mantida nos arquivos do Instituto Ben-Zvi. O nome do mercador – Fathi Intaki – e o fato de a Coroa ter sido transferida depois disso para Ibrahim Effendi Cohen foram descobertos por Rafi Sutton em sua investigação de 1989.

Capítulo 6: O círculo de Jerusalém

As descrições de Jerusalém no começo de 1948 são de Morris, *1948*, e de Collins e Lapierre, *O Jerusalem*.

Uma transcrição da reunião dos estudiosos para tratar da Coroa encontra-se em Shamosh, *Haketer*. Em muitos casos, os documentos originais usados por Shamosh em sua pesquisa não foram devolvidos aos arquivos do Instituto Ben-Zvi e se perderam, e o único registro existente está em seu livro.

Informações sobre Isaac Shamosh e sua viagem a Alepo são de uma entrevista de 2009 com seu irmão, Amnon Shamosh, em Israel.

As citações extraídas da carta do secretário vêm de uma cópia da carta, escrita em hebraico no papel timbrado do Hotel Palmyra e fornecida por Ezra Kassin. A referência a uma tentativa de fotografar em segredo o manuscrito vem de Shamosh, *Haketer*.

As citações do diário de Cassuto e as descrições do tempo que passou em Alepo em suas próprias palavras são de seu artigo sobre a Coroa, publicado em *Haaretz*, 2 de janeiro de 1948, e de Shamosh, *Haaretz*. Os detalhes das observações de Cassuto sobre a Coroa são de Ofer, "Keter Aram-Tzova - Le'or reshimotav shel M. D. Cassuto", e Glatzer, "Melechet hasefer shel Keter Aram-Tzova vehashlachoteha".

O rabino que vigiava Cassuto era Yaakov Attiyeh, a quem entrevistei numa sinagoga em Bat-Yam, Israel, em 2010.

Os detalhes da história trágica da família Cassuto saíram de entrevistas com David Cassuto, seu neto e filho de Nathan e Chana Cassuto, em Israel, 2010.

Capítulo 7: O saque de Jerusalém

Alguns estudiosos postularam no passado que a Coroa foi tirada de Jerusalém não pelos cruzados em 1099, e sim pelos turcos seljúcidas várias décadas antes. Estudos mais recentes, porém, atribuem a captura da Coroa aos cruzados. Veja-se Haggai Ben-Shammai, "Notes on the Peregrinations of the Aleppo Codex", in *Aleppo Studies, I* (Jerusalém, Yad Ben-Zvi, 2009).

A descrição da queda de Jerusalém foi retirada, em parte, de Benjamin Z. Kedar, "The Jerusalem Massacre of July 1099 in the Western Historiography of the Crusades", in *Crusades*, vol. 3 (Farnham, Surrey, Ashgate, 2004). Mais informações a respeito do saque à cidade e dos rumores messiânicos que o precederam vêm de Joshua Prawer, *History of the Jews in the Latin Kingdom of Jerusalem* (Nova York, Oxford University Press, 1988). Devo muito ao estudioso das Cruzadas Jonatham Rubin da Universidade Hebraica por sua ajuda inestimável na preparação deste capítulo.

Gesta Francorum et aliorum Hierosolimitanorum (Os feitos dos francos e outros peregrinos rumo a Jerusalém) foi escrita por um cavaleiro anônimo, aparentemente normando ou italiano, que participou da Primeira Cruzada e do assalto a Jerusalém. Traduzida para o inglês por Rosalind Hill (Nova York, Oxford University Press, 1967).

O poema épico de Gilo foi extraído de *The Historia Vie Hierosolomitanei of Gilo of Paris and a Second, Anonymous Author*, editado e traduzido por C. W. Grocock e J. E. Sieberry (Oxford, Clarendon Press, 1997).

A descrição dos judeus que foram queimados numa sinagoga é do historiador damasceno Ibn al-Qalanisi, apud Kedar, "The Jerusalem Massacre of July 1099".

O material sobre a redenção dos livros judaicos de Jerusalém é de S. D. Goitein, "Contemporary Letters on the Capture of Jerusalem by the Crusaders", *Journal of Jewish Studies*, 3 (1952), e de S. D. Goitein, *A Mediterranean Society: The Jewish Communities of the Arab World as Portrayed in the Documents of the Cairo Geniza*, vol. 5, *The Individual: Portrait of a Mediterranean Personality of the High Middle Ages as Reflected in the Cairo Geniza* (Berkeley, University of California Press, 1988).

Capítulo 8: O pulo

A descrição da fuga de Bahiyeh Baghdadi vem de entrevistas com ela em Israel em 2009 e 2010.

O pano de fundo para a chegada em Israel dos judeus das terras árabes foi extraído de Tom Segev, *1949: The First Israelis* (Nova York, Henry Holt, 1986).

A descrição da fuga de Rafi Sutton vem de uma entrevista com ele em Israel em 2009 e 2010 e de seu testemunho oral gravado na Universidade Hebraica no fim da década de 1980.

Capítulo 9: O presidente

A descrição da preocupação de Ben-Zvi com a Coroa vem de uma entrevista com David Bartov em Israel em 2010.

O artigo da *New Yorker* é de John Hersey, edição de 24 de novembro de 1951 da revista.

A descrição feita por Amos Elon da geração de Ben-Zvi é de *The Israelis: Founders and Sons* (Nova York, Penguin, 1983).

Detalhes da atitude de Ben-Zvi em relação aos judeus do Oriente são da tese de doutorado de Gish Amit, apresentada em 2010 à Universidade Ben-Gurion, "The Jewish National and University Library 1945-1955: The Transfer to Israel of Holocaust Victims' Books, the Collection of Palestinian Libraries during the 1948 War, and the Appropriation of Books of Jewish Emigrants from Yemen".

A carta do rabino-chefe Ben-Zion Ouziel e as cartas de Ben-Ziv e seu secretário são dos arquivos do Instituto Ben-Zvi. As traduções para o inglês são minhas.

Capítulo 10: A missão do mercador

As informações sobre Ibrahim Effendi Cohen vêm de uma entrevista com seu bisneto Moshe Cohen em Israel, 2010.

As informações sobre a condição dos judeus de Alepo na ocasião e o fato de um terço deles não ter recursos vêm de uma carta enviada por um agente de imigração israelense na Turquia em 5 de dezembro de 1958. Dos Arquivos Sionistas, Jerusalém.

A citação sobre os judeus vivendo em "medo constante" é de um relatório confidencial despachado para o Comitê Judaico-Americano por Don Peretz em julho de 1957, citado por Stillman, *The Jews of Arab Lands*.

O relato da tortura de Faham foi extraído da transcrição de seu testemunho oral de 1976 e de uma entrevista com seu filho, Avraham Pe'er, em Israel, 2010.

O relato de Faham sobre sua conversa crucial com os rabinos às vésperas de sua partida foi extraído de seu testemunho de 1958 no tribunal. O relato de Tawil é do testemunho do próprio rabino em 1958.

Sarina Faham contou ter acondicionado a Coroa dentro de uma máquina de lavar numa entrevista para a televisão concedida a Rafi Sutton e gravada em 1989 no Brooklyn, Nova York, Estados Unidos, transmitida pelo Canal 1 de Israel em 1993.

Capítulo 11: Maimônides

Detalhes sobre a vida de Maimônides e citações extraídas de suas cartas vêm do fascinante e abrangente *Maimonides: The Life and World of One of Civilization's Greatest Minds*, do professor Joel Kraemer da Universidade de Chicago (Nova York, Doubleday, 2008).

Detalhes sobre a viagem da Coroa do Cairo para Alepo foram extraídos de Menahem Ben-Sasson, "The 'Libraries' of the Maimonides Family between Cairo and Aleppo", in *Aleppo Studies I* (Jerusalém, Yad Ben-Zvi, 2009).

Passei a entender melhor o pensamento de Maimônides e, particularmente, o conteúdo do *Guia dos perplexos*, em conversas com meu pai, o especialista em Maimônides R. Z. Friedman da University College, Universidade de Toronto.

A citação sobre a Coroa no *Mishnê Torá* pode ser encontrada nas leis que regem a escritura dos rolos da Torá, seção oito, capítulo quatro.

Capítulo 12: Alexandreta

Os detalhes do esforço de imigração de Israel, incluindo informações sobre subornos pagos por israelenses e a citação de Shlomo Zalman Shragai, são de Segev, *1949: The First Israelis*.

A carta para Silo que trata de "salvar nossos irmãos que apodrecem no exílio de Ismael" foi escrita pelos agentes de imigração israelenses

H. Shadmi e Y. Pa'el na Turquia, em 5 de dezembro de 1958, e saiu dos Arquivos Sionistas em Jerusalém. A carta que se refere ao "incentivo feroz" foi escrita pelos mesmos agentes e mandada à sede do Departamento da Aliá em Jerusalém na mesma data. As listas de judeus alepinos, o telegrama de Faham e a carta do rabino – Itzjak Chehebar de Buenos Aires – também são dos Arquivos Sionistas. Sou grato ao professor Yosef Ofer por colocar à minha disposição sua pesquisa abrangente dos arquivos.

A história pregressa de Shlomo Zalman Shragai, incluindo seu interesse, na época, pelos judeus de Cochim, vem de sua vasta coleção de documentos nos Arquivos Sionistas em Jerusalém.

As informações sobre Yitzhak Pessel vêm de uma entrevista com o seu filho, Avner Fassal, em Israel em 2010.

Capítulo 13: A mala marrom

A descrição dessa noite na casa de Shragai saiu de uma entrevista com seu filho, Eliyahu Shragai, em Israel, 2010.

A carta de Shragai a Faham e a de Faham a Shragai estão preservadas na pasta sobre a Coroa nos Arquivos do Estado de Israel, bem como na pasta mantida pelo Tribunal Rabínico de Jerusalém. As traduções para o inglês são minhas.

Capítulo 14: O julgamento

O relato de Yitzhak Zaafrani vem de seu testemunho perante o Tribunal Rabínico de Jerusalém em 4 de maio de 1958 e de uma entrevista com ele em 2010.

O relato de Faham sobre sua interação com o rabino Dayan vem de seu próprio testemunho no tribunal em 1958 e de seu testemunho oral gravado em 1976.

A carta de Meir Laniado descrevendo Faham como o "portador desonesto" foi enviada a Meir Benayahu, secretário de Ben-Zvi, em 9 de setembro de 1960, e está guardada nos arquivos do Instituto Ben-Zvi.

Capítulo 15: Um homem religioso

O testemunho de Faham e as perguntas que lhe fez o advogado vêm das transcrições preservadas pelo Tribunal Rabínico de Jerusalém.

As anotações à mão de Ben-Zvi que documentam os informes do advogado do governo, Shlomo Toussia-Cohen, vêm da pasta sobre a Coroa nos Arquivos do Estado em Jerusalém.

Capítulo 16: Nossa última gota de sangue

As cartas apresentadas ao tribunal por Shragai estão na pasta guardada no Tribunal Rabínico de Jerusalém e na pasta sobre a Coroa nos Arquivos do Estado em Jerusalém.

A carta furiosa em que Meir Laniado acusa o Estado de tentar fechar um acordo com Isaac Shalom é a mesma citada no capítulo 14, enviada a Meir Benayahu, secretário de Ben-Zvi, em 9 de setembro de 1960, e guardada nos arquivos do Instituto Ben-Zvi.

O relato de Faham sobre como o julgamento terminou vem de seu testemunho oral de 1976.

Os rabinos alepinos testemunharam ao tribunal em 1º de março de 1960. Tawil, que chegara em 1958, havia concedido previamente um testemunho semelhante em 4 de dezembro de 1958.

A nota de Rachel Yanait Ben-Zvi ao funcionário do governo, um tal senhor Ziegel, saiu da pasta sobre a Coroa nos Arquivos do Estado em Jerusalém.

O documento de curadoria original, assinado pelo presidente Ben-Zvi, está arquivado no Tribunal Rabínico de Jerusalém.

Capítulo 17: O livro

As traduções da Bíblia para o inglês são de *JPS Hebrew-English Tanakh* (Filadélfia, Jewish Publication Society, 1999).

A carta dos três rabinos alepinos e a carta do rabino Dayan que menciona "páginas desaparecidas" estão nos arquivos do Instituto Ben-Zvi.

A primeira menção pormenorizada ao que estava faltando vem do primeiro acordo de curadoria proposto pelo Estado, datado apenas "3.1958 – Adar 5718". Fornecida por Ezra Kassin.

Capítulo 18: Os guardiões da Coroa

O caso do livro iemenita foi descrito em detalhes na tese de doutorado de Gish Amit de 2010 da Universidade Ben-Gurion, "The Jewish National and University Library 1945-1955". Sou grato a Amit por colocar generosamente seu trabalho à minha disposição.

A descrição da visita de Ben-Zvi a Áden vem de Segev, *1949: The First Israelis.*

O número de judeus mortos na revolta de Áden de 1947 saiu de Stillman, *The Jews of Arab lands.*

A transcrição da reunião de 1º de novembro de 1962 dos curadores da Coroa está na pasta sobre a Coroa nos Arquivos do Estado em Jerusalém, assim como a carta de Mordechai Rigbi a Ben-Zvi e a resposta do secretário do presidente.

A decisão de Ben-Zvi de que fotografias da Coroa seriam publicadas apenas em seus artigos é de uma carta que ele escreveu em 8 de março de 1959. Dos arquivos do Projeto da Bíblia da Universidade Hebraica.

Os rabiscos com os cálculos de Ben-Zvi se encontram na pasta sobre a Coroa nos Arquivos do Estado em Jerusalém. O cálculo posterior e mais preciso de quantas páginas faltavam foi feito pelo professor Yosef Ofer.

As cartas trocadas pelo gabinete do presidente e pertinentes às páginas desaparecidas são dos arquivos do Instituto Ben-Zvi.

O diplomata na América do Sul era Alexander Dotan. Uma cópia de sua carta de 7 de novembro de 1961 a Ben-Zvi com o testemunho de Hazan foi incluída em Shamosh, *Haketer.* A anotação de Ben-Zvi a respeito desse testemunho e a afirmação de que se tratava de um "erro cabal" estão nos arquivos do Instituto Ben-Zvi.

Os filhos de Asher Baghdadi afirmam que nunca lhe perguntaram nada sobre a Coroa depois que ele chegou a Israel. Um documento nos arquivos do Instituto Ben-Zvi mostra que o presidente sabia que o *shamash* já se encontrava em Israel desde 1952, mas não existem documentos sugerindo que ele tenha sido um dia contatado ou entrevistado.

Capítulo 19: O oficial e o manuscrito

O relato de Rafi Sutton sobre o incidente com o Rolo do Templo vem de entrevistas com ele em 2009 e 2010 e de suas memórias, ainda inéditas e manuscritas, que ele disponibilizou para mim. Mais informações sobre a temporada de Sutton como oficial de inteligência vêm de uma entrevista com seu então suboficial Samuel Nachmias em Israel, 2010.

O relato de Yigael Yadin sobre esses acontecimentos vem de seu livro em língua inglesa *The Temple Scroll*, vol. 1 (Jerusalém, Israel Exploration Society, 1983), bem como de seu livro em hebraico *Megilat Hamikdash* (Tel Aviv, Steimatzky, 1985). A impressão que Yadin tinha de que a descoberta dos Manuscritos do Mar Morto era de uma sincronicidade simbólica vem de seu livro *The Message of the Scrolls* (Nova York, Crossroad, 1992).

Capítulo 20: *Exodus*

As anotações dos estudiosos de 11 de julho de 1963 e 11 de março de 1971 que descrevem as condições nas quais a Coroa era mantida são dos arquivos do Projeto da Bíblia da Universidade Hebraica.

A opinião do diretor dos laboratórios de conservação do Museu de Israel, Dudu Schenhav, foi externada numa reunião dos curadores da Coroa em 27 de março de 1971, cuja transcrição se encontra nos arquivos do Instituto Ben-Zvi.

O parecer emitido em 1970 pelas especialistas em conservação Leah Ofer, do Museu de Israel, e Esther Alkalai, da Biblioteca Nacional, foi mencionado num documento de 6 de dezembro de 1970 escrito por M. Peled, diretor interino do Instituto Ben-Zvi, e identificado como "Memorando Interno". Dos arquivos do Projeto da Bíblia da Universidade Hebraica.

A viúva do presidente falecido fez suas críticas diante de uma reunião da diretoria do instituto em 12 de agosto de 1974. A transcrição está nos arquivos do Instituto Ben-Zvi.

Moshe Cohen contou a história de sua fuga da Síria numa entrevista em Israel em 2010. Mais informações sobre as tentativas secretas de Israel de tirar judeus da Síria naquela época saíram de uma entrevista em 2010 com Yitzhak Shushan, um ex-espião natural de Alepo que ajudou a dirigir a operação em nome do governo israelense.

Capítulo 21: *Aspergillus*

Os detalhes sobre a restauração da Coroa vêm de duas entrevistas com Michael Maggen em seu escritório em 2009.

A afirmação equivocada do perito, em 1970, de que "nenhum agente biótico" havia danificado a Coroa está numa carta de 17 de dezembro de 1970 do doutor H. Friedman do Israel Fiber Institute [Instituto de Fibras de Israel]. Dos arquivos do Projeto da Bíblia da Universidade Hebraica.

As descobertas de Maggen, Polacheck e de seus colegas foram publicadas em *Nature*, *335*, nº 6187 (15 set. 1988). Um artigo científico sobre o mesmo assunto foi publicado no ano seguinte: veja-se I. Polacheck, I. F. Salkin, D. Schenhav, L. Ofer, M. Maggen e J. H. Haines, "Damage to an Ancient Parchment Document by *Aspergillus*", *Mycopathologia*, *106* (1989).

O artigo do *Jerusalem Post* que mencionava "partes do manuscrito outrora completo que foi perdido em um incêndio" é da edição de 26 de março de 2010.

Capítulo 22: Brooklyn

Leon Tawil contou sua história numa entrevista no Brooklyn em 2010. Isadore e Renee Shamah falaram comigo em Manhattan em 2010.

A chegada da página do livro das Crônicas foi publicada em hebraico por Malachi Beit-Arie da Biblioteca Nacional de Israel em "Daf nosaf le-Keter Aram-Tzova", *Tarbitz*, *51* (1981-82).

A descrição da viagem de Michael Glatzer a Nova York em nome do Instituto Ben-Zvi saiu de uma entrevista com ele em Israel em 2010. O pesquisador em Israel era Yosef Ofer, que publicou sua análise do fragmento em *Pe'amim*, 41 (1989).

Rachel Magen falou comigo em Israel em 2009.

As cartas e os mapas relacionados à tentativa de adivinhar a localização das páginas desaparecidas por intermédio de um sensitivo estão nos arquivos do Instituto Ben-Zvi. A carta que pedia ajuda das forças armadas israelenses foi enviada pelo diretor do instituto, Nehemia Lev-Zion, a seu amigo Amnon Shamosh no Kibutz Ma'ayan Baruch em 12 de setembro de 1985. Shamosh confirmou os detalhes para mim numa entrevista em 2010.

Capítulo 23: As brumas se adensam

Amnon Shamosh falou comigo em Israel em 2009 e 2010.

A citação de Toussia-Cohen alertando que Shamosh deveria se desviar da controvérsia referente à posse da Coroa vem da transcrição de uma reunião dos curadores da Coroa de 19 de novembro de 1985, mantida nos arquivos do Instituto Ben-Zvi.

Menahem Ben-Sasson, presidente da Universidade Hebraica, e Zvi Zameret, diretor do Conselho Pedagógico do Ministério da Educação de Israel, falaram comigo em Israel em 2010.

O livro de Hayim Tawil e Bernard Schneider, *Crown of Aleppo: The Mystery of the Oldest Hebrew Bible Codex*, foi publicado pela Jewish Publication Society em 2010. Tawil, em Nova York, falou comigo por telefone em 2011. O doador que apoiou o livro, o neto de Murad Faham, Jack Dweck, falou comigo em Israel em 2009.

Capítulo 24: A investigação do agente

Os detalhes da investigação sobre a Coroa conduzida por Rafi Sutton são de entrevistas com Sutton em 2009 e 2010 e do programa de TV resultante dessa investigação, que foi ao ar no Canal 1 de Israel em 1993, *Hatoanim Laketer* (Os pretendentes à Coroa). O programa foi produzido por Miki Laron e dirigido por Ido Bahat.

O testemunho do tesoureiro Yaakov Hazan de que ele teria visto a Coroa quase inteira depois da revolta é mencionado no capítulo 18.

Capítulo 25: O colecionador

As informações sobre o mercado de manuscritos hebraicos vêm de entrevistas com William Gross em Israel em 2009 e com o revendedor de livros Angelo Piatelli em Israel em 2009 e 2010.

Capítulo 26: Os magos

A entrevista com Shlomo Moussaieff se deu em Israel em 16 de novembro de 2009.

Capítulo 27: Negócios no Hilton

A entrevista com Moussaieff se deu em Londres em 2 de dezembro de 2009.

Tammy Moussaieff falou comigo em Israel em 5 de janeiro de 2010.

Os catálogos das feiras de livros do Hilton foram disponibilizados por Angelo Piatelli.

A declaração de Amnon Shamosh de que recebera um telefonema a respeito de uma tentativa de Haim Schneebalg de vender as páginas da Coroa surgiu numa entrevista em Israel em 2009.

Capítulo 28: Quarto 915

O relato sobre a vida e os últimos dias de Haim Schneebalg foi extraído dos artigos de Zvi Singer no suplemento de fim de semana

"7 Yamim" do jornal diário *Yediot Ahronot* em 1º de setembro de 1989, várias semanas após a morte de Schneebalg; de Amos Nevo na mesma publicação em 14 de maio de 1993; e de Ben Caspit do diário *Maariv* em 30 de novembro de 1990.

Capítulo 29: Dinheiro

Zer falou comigo em Israel em 2009 e 2010.

A terceira entrevista com Moussaieff se deu em Israel em 5 de janeiro de 2010.

Capítulo 30: As peças desaparecidas

A entrevista com Edmond Cohen apareceu no jornal ultraortodoxo *Hamodia* em 21 de outubro de 1994.

Moshe Cohen, filho de Edmond, falou comigo em Israel em 2010.

As citações extraídas da investigação de Rafi Sutton sobre a Coroa são de uma cópia do relatório de investigação, fornecido pelo próprio Sutton.

As passagens do livro *Michel Ezra Safra e filhos* de Amnon Shamosh são da edição hebraica. A tradução para o inglês é minha.

Capítulo 31: Silo

Ben-Zvi afirmou ter recebido a Coroa apenas um dia depois de Shragai tê-la recebido na primeira reunião dos curadores da Coroa em 1962 (aparece na transcrição da reunião na pasta sobre a Coroa nos Arquivos do Estado). Muitos anos depois, em 21 de julho de 1987, Shragai foi entrevistado por Michael Glatzer do Instituto Ben-Zvi a respeito do papel que ele havia desempenhado na história da Coroa. Ele disse a Glatzer que decidira entregar o manuscrito a Ben-Zvi imediatamente depois de recebê-lo, mas que "Ben-Zvi não estava em Jerusalém naquele dia". Ele continuou: "No dia seguinte, liguei para Ben-Zvi, e ele me pediu para ir até lá e levar a Coroa comigo". As anotações de Glatzer referentes a esse encontro estão nos arquivos do Instituto Ben-Zvi.

Uma cópia da carta de Shragai de 28 de julho de 1964 a respeito do "escândalo público mundial" foi fornecida por Ezra Kassin. Mais tarde encontrei a original nos arquivos de Eliyahu Elath, presidente da Universidade Hebraica na época, a quem a carta foi endereçada (esses arquivos ficam no *campus* da universidade no monte Scopus). O texto, na íntegra, é:

> Há complicações na questão da Coroa da Torá. O homem que trouxe o livro da Torá, e que se encontra nos Estados Unidos, está fora de controle, apesar de todas as minhas cartas tranquilizadoras e de minhas conversas com ele.
>
> Receio muitíssimo que a questão se faça conhecer e se transforme num escândalo público e mundial.
>
> Se não houver meio de chegarmos a um acordo, não terei alternativa senão insistir que a Coroa da Torá seja trancada e que as chaves fiquem com você, que ninguém seja capaz de usar a Coroa da Torá, e que cessem todas as pesquisas.
>
> Esta proposta é fruto do desespero e de minha avaliação da gravidade da situação e do que pode acontecer se não encontrarmos um meio de resolver o problema em conformidade com a lei e as condições do acordo de curadoria. Sinto muitíssimo por ter de escrever esta carta, mas não posso me eximir de fazê-lo.

O testemunho de Faham que menciona o "assalto aos imigrantes" em Alexandreta está na pasta sobre a Coroa nos Arquivos do Estado em Jerusalém.

Leon Naftali falou comigo em Israel em 2010.

A carta do agente de imigração referente a uma queixa sobre a bagagem perdida foi enviada ao Departamento da Aliá em Jerusalém em 29 de novembro de 1962. Dos arquivos da Agência Judaica.

A nota que menciona "David Sasson" foi preservada num dos caderninhos de Ben-Zvi, hoje guardados nos Arquivos do Estado em Jerusalém. Sou grato ao professor Yosef Ofer, que descobriu essa nota na década de 1980, por me contar onde eu poderia encontrá-la em meio a dezenas de arquivos e centenas de cadernos inclusos nos documentos de Ben-Zvi.

O filho de Silo falou comigo nos Estados Unidos em 2010. O filho de Faham, Abraham Pe'er, falou comigo em Israel em 2010.

O professor Yosef Ofer falou comigo em Israel em 2009.

Capítulo 32: O instituto

Benjamin Richler, da Biblioteca Nacional, colocou seu conhecimento a meu dispor em várias ocasiões em 2010.

A exoneração de Benayahu do Instituto Ben-Zvi em outubro de 1970 foi mencionada em uma carta de 9 de abril de 1971 do diretor interino M. Peled para Dudu Schenhav do Museu de Israel.

O doutor Zvi Zameret falou comigo em Israel em 2010.

O professor Joseph Hacker falou comigo em Israel em 2011.

CRÉDITOS DAS FOTOGRAFIAS

13 Coleção Ernst Herzfeld, Galeria de Arte Freer e Arquivos da Galeria Arthur M. Sackler. Instituto Smithsonian, Washington, DC, Estados Unidos. Doação de Ernst Herzfeld, 1946. Fotógrafo: Ernst Herzfeld, negativo nº 5166.
21 Cortesia de Asher Ron, neto de Asher Baghdadi.
50 Cortesia de David Cassuto. Fotógrafo: Efraim Degani.
69 Cortesia de Rafi Sutton.
75 Cortesia dos Arquivos do Estado de Israel, Jerusalém, Israel.
84 Cortesia do Instituto Ben-Zvi.
100 Cortesia dos Arquivos Centrais Sionistas, Jerusalém, Israel.
103 Cortesia dos Arquivos Centrais Sionistas. Fotógrafo: Zvi Oron.
133 Cortesia do Centro da Memória Alepina, Tel Aviv, Israel.
144 Cortesia do Instituto Ben-Zvi.
167 Cortesia do coronel da reserva de Israel Yigal Simon.
249 Cortesia de Asher Ron.

1ª edição abril de 2022 | **Fonte** Minion Pro
Papel Holmen Vintage 80 g/m² | **Impressão e acabamento** Imprensa da Fé